信息化发展与人力资源管理创新

邢玲玲　李阳阳　付灵姿　著

中国商业出版社

图书在版编目（CIP）数据

信息化发展与人力资源管理创新 / 邢玲玲，李阳阳，付灵姿著. -- 北京 ：中国商业出版社，2025. 4.

ISBN 978-7-5208-3386-8

Ⅰ. F243

中国国家版本馆CIP数据核字第20257G16W3号

责任编辑：石广华

策划编辑：张 盈

中国商业出版社出版发行

（www.zgsycb.com 100053 北京广安门内报国寺1号）

总编室：010-63180647 编辑室：010-63033100

发行部：010-83120835/8286

新华书店经销

三河市悦鑫印务有限公司印刷

*

710毫米×1000毫米 16开 13.5印张 271千字

2026年1月第1版 2026年1月第1次印刷

定价：79.00元

* * * *

（如有印装质量问题可更换）

前言

PREFACE

在当今快速变化的商业环境中，企业的成功越来越依赖其核心竞争力的构建和维持。人力资源作为企业最宝贵的资产，其管理和开发对于形成和增强这种竞争力至关重要。本书旨在深入探讨人力资源管理在现代企业中的战略价值，以及如何通过信息化手段提高人力资源管理的效率。

本书共分为九章，每一章都围绕人力资源管理的不同方面进行深入分析，并探讨信息化在其中所扮演的角色。第一章从人力资源与企业核心竞争力的关系入手，阐释了人力资源管理的基本概念，企业核心竞争力的特征及其重要性，以及人力资源管理战略如何与企业核心竞争力相结合；第二章着重讨论了信息化在企业发展中的作用，特别是人力资源管理信息化的发展趋势和对现代企业管理的影响；第三章深入分析了人力资源信息化在招聘和培训管理中的应用，以及互联网时代对这些传统职能的影响；第四章详细介绍了人力资源管理信息系统（HRMIS），探讨了其建设的必要性、有效性以及在业务中的应用；第五章聚焦于劳动关系管理信息化，分析了信息化对劳动关系管理的价值和挑战，并提出了优化策略；第六章讨论了企业员工绩效评估管理，包括绩效评估的标准、方法、系统设计、具体操作以及创新路径；第七章涵盖了薪酬与福利管理，探讨了现代企业薪酬管理的新发展和员工福利管理的重要性；第八章讲述了人力资源网络建设的几个方面；第九章则从更宏观的角度出发，探讨了当代人力资源竞争力提升的时代要求，包括跨文化管理、人力资源管理模式创新、风险管理能力的提升以及变革中的人力资源管理。

本书为人力资源专业人士提供理论和实践的指导，也为企业管理者提供战略规划和决策的参考。我们希望读者能够通过本书获得深刻的见解，了解如何利用信息化手段来优化人力资源管理，从而提升企业的竞争力和市场地位。本书在编写过程中参考了众多书籍和资料，在此表示诚挚的感谢。由于水平有限，本书内容可能存在疏漏之处，恳请广大读者予以批评指正！

作　者
2024 年 10 月

目录

CONTENTS

第一章 人力资源与企业核心竞争力

第一节　人力资源与人力资源管理

一、人力资源概述

（一）人力资源的概念

资源是指在创造物质财富的过程中所投入的各种生产要素，是推动社会经济发展的重要基础。这些资源大致可以分为四大类：自然资源、资本资源、信息资源以及人力资源。人力资源特指具备劳动能力的个人所拥有的技能与知识，包括已经参与社会生产和建设活动中的劳动力，也涵盖了那些虽已达到工作年龄但尚未正式加入劳动市场的潜在劳动者群体。鉴于其在所有生产活动中表现出的高度灵活性与创造性，人力资源被广泛认为是最为关键的一环，甚至被誉为“第一资源”以强调其不可替代的重要性。

（二）人力资源的特征

作为经济资源的独特组成部分，人力资源具备量、质、时间及空间等属性，还融合了自然的生理特征。对其特性的深入研究，对于精确掌握人力资源的数量与质量，以及进一步探索其生成、开发、分配和利用机制至关重要。接下来将对这些特性进行详细的分析。

1．时效性

人力资源本质上是一种蕴含于人类生命过程中的活力资源，其形成、开发及利用均受到时间因素的影响。

从个人发展的角度来看，作为有机体的人类拥有自己的生命周期，如童年阶段、成年阶段以及老年阶段。各个时期个体的劳动能力存在差异，这意味着在不同的人生阶段，这种资源的有效利用率也会有所不同。

从社会学视角来看，人才的成长与利用同样遵循着培训阶段、适应阶段、高效使用阶段直至最终退出的周期性规律。随着时代的进步和社会的发展，科技水平也在不断提高，个人的知识和技能相对而言会逐渐变得陈旧，这是自然且不可避免的现象。因此，在进行人力资源管理时，必须遵循其内在的发展规律，确保人力资源的形成、开发、配置及应用能够保持一种动态平衡的状态。

2．主观能动性

人类与其他自然界生物的重要差异体现在其主观能动性的展现上。人们能够有意识地、积极主动地去理解和改变周围的世界，而且还能在这一过程中利用自身的意识来分析行为、选择方法并对结果作出预判。这种社会意识以及个体在社会生产活动中的核心角色，使人力资源具备了独特的主动性特征。

人力资源的能动性主要体现在以下三个方面。

（1）自我提升。通过接受教育或主动学习，人们能够持续增强自身的综合素质，这涵盖了知识水平、技能掌握、意志力及身体健康等多个方面。这种不断自我完善的能力赋予了人力资源以持续进步与适应新环境的可能性。

（2）职业选择。在就业市场中，个体享有选择工作的自由权，能够依据个人兴趣与专长来决定自己的职业生涯路径。这种选择上的灵活性有利于促进个人成长与发展，同时也实现了社会资源的有效分配与利用。

（3）积极投身于劳动。在这一过程中，人们展示了高度的职业精神，能够自发地运用个人的知识、技能、思想以及价值观，高效地利用自然、资本及信息资源，为推动社会经济进步而创造性地工作。

人类具备创新思维的能力，这种能力在两个维度上展现其价值。

（1）在社会进步与经济发展中，人们能够构思出前所未有的方法来促进社会变革和经济增长。

（2）在面对环境变化及其带来的挑战时，个体能够灵活适应新情况，还能够主动承担起变革、探索及推动持续发展的责任，这使各类团体或机构变得更加生机勃勃。

3．两重性

人力资源体现了投资的价值，也是财富创造的重要源泉。它在经济活动中扮演着双重角色——既是生产活动的参与者也是消费市场的主体。鉴于这一特性，我们在关注人口规模管理时更应该注重提高人力资源的质量及促进人才的发展。合理地利用与开发现有的人力资源，是减少成本开支、实现人力资源价值最大化的基本策略。

在人力资源的开发与管理过程中，必须妥善处理其作为生产者和消费者这两重身份之间的关系。通过加强教育和专业培训来提高员工的能力水平，使其能够更加高效地贡献于社会财富的增长；同时，还需重视个体作为消费者的权益，确保他们的基本生活条件和发展需要得到充分保障，以此促进他们长期稳定的工作表现。

4．社会性

每个民族或团体都拥有其独有的文化特性，这些特性通过个体的行为得以体现。鉴于每个人受到的民族文化及社会环境影响各不相同，因此他们的价值观也会有所差异。在参与生产活动、人际交往等社会活动中，个人的行为有时可能与所属民族或团体所推崇的行为规范相冲突，抑或是与其他人的行为标准产生矛盾。

人力资源管理需重视团队构建，同时关注个体与他人、集体乃至整个社会间关系及其利益的和谐统一。具体而言，这涵盖了以下几点。

（1）团队构建。通过有效的团队活动，旨在加强成员间的相互理解和合作意愿，从而推动共同目标的达成。

（2）关系调和。致力于促进个人间、个体与集体以及个体与社会之间的和谐互动，旨在减少对立与摩擦，构建更加和睦的社会氛围。

（3）价值观融合。推崇集体主义精神与民族自豪感，指导个体的价值取向与所在社群或民族文化提倡的行为规范相契合，从而推动个人成长与社会进步的同步实现。

5．可再生性

如同物质资源一样，人力资源在被利用的过程中也会经历不同程度的损耗。这种损耗可以分为物理性质的磨损和个人能力相对于科技进步而言的相对落后两种形式。前者主要体现在个人身体上的疲劳与老化，这是一个不可避免且不可逆的过程；后者则指的是随着科学和技术的进步，个体所掌握的知识和技能逐渐显得过时。值得注意的是，与物质资源相比，人力资源具有显著的特点：其可以通过持续的学习和发展实现自我更新与成长。

人力资源的可再生性体现在以下几个方面。

（1）终身学习。个体在进入职场后，通过持续不断地获取新知来更新自身的知识体系，并提升专业技能。这种能力让人力资源能够灵活应对不断变化的工作环境与挑战。

（2）经验积累。通过实际工作，个人能够逐步积累宝贵的经验，从而实现自我提升与完善。经验积累有助于增强个体的专业技能和个人素质，同时也为所在的社会群体和组织机构贡献了额外的价值。

（3）自我补偿与更新。人力资源具备自我调节、持续进步以及不断充实的能力。这意味着，在人力资源的培养与发展过程中，应当重视终身学习的理念，加强后续教育和职业发展，以促进个人道德素质的不断提升。

（三）人力资源的构成

在数量方面，人力资源是由以下八部分人口构成的。

（1）适龄就业人口，指的是那些处于法定劳动年龄范围之内，并且正在参与社会生产活动的人口群体。这部分人群构成了劳动力资源数量的主要组成部分。

（2）未成年就业者，指的是那些年龄尚未达到法定劳动年龄标准，但已经参与社会工作的人群（不包括法律特别允许的情况）。

（3）老年就业人口，指的是那些已经超过了法定劳动年龄范围，但仍积极参与社会劳动的人群。

（4）求业人口，指的是在法定劳动年龄范围内，具备工作能力且有意愿参与社会劳动的群体。

（5）就学人口，指的是处于劳动年龄之内的、继续教育的人口。

（6）家务劳动人口，指的是处于法定工作年龄范围内，主要从事家庭内部事务处理的人群。

（7）军队服役人口，指的是在劳动年龄范围内并正在服兵役的人员。

（8）处于劳动年龄之内的其他人口。

在上述分类中，（1）～（3）部分所涵盖的人口构成了当前社会实际参与就业的群体，也就是现实状态下可利用的人力资源；而其余部分则被视为潜在的人力资源。

二、人力资源管理概述

（一）人力资源管理的概念

人力资源管理构成了当代管理科学的关键组成部分，其核心目标在于组织最大化地对员工才能与技能的有效利用。从宏观视角审视，该领域涵盖了整个社会范围内的人力资源规划及调配；而在微观层面上，则集中于组织内部的人力资源活动管理，与生产、营销、财务管理等其他职能共同构成企业运营的基础架构，是支撑机构正常运作不可或缺的一部分。

基于这一观点，从微观层面来看，人力资源管理是指组织通过运用现代化的管理理念和技术，比如规划、架构搭建、激励机制以及管控等方法，对人才的招聘、培训、留任及效能发挥进行全面管理的过程。其核心目标在于确保人力资源能够被高效且恰当地分配与利用，以此支持组织达成其预定的战略和业务目标。

在企业的日常运作过程中，人力资源、财务资源、物资资源和信息资源共同构成了支撑企业发展的四大支柱。在这四个要素中，人力资源管理占据着核心位置，因为没有员工的积极参与与贡献，其他资源便难以发挥其最大效用。

随着知识经济时代的来临，人力资源的价值愈发凸显。员工的工作热情、创新能力及专业技能成为提高组织效率不可或缺的关键因素。因此，人力资源管理工作重要性显著增加，而且变得更为复杂且充满挑战。这要求管理者需具备更高层次的专业能力以应对。

（二）人力资源管理的发展阶段

人力资源管理的演变是经历了多个时期、持续进步的过程，它与工业革命的开始、管理理念的进步以及社会环境的变化紧密相连。基于以往的研究成果，我们可以将这一领域的发展划分为五个主要阶段。

1．人事管理初始和科学管理阶段

18 世纪末蒸汽机技术的兴起，标志着工业革命的到来，此时也见证了人事管理初步形态的发展。在这一时期，大量基于工厂制度的企业纷纷涌现，促使众多农业劳动者向工业劳动力转型。在此阶段，人事管理工作实质上主要集中在招聘与雇用适合从事工业化生产的工人方面。工人在这个时代主要承担着简单且重复性的机械操作任务，而管理活动则以完成具体工作任务为目标，相对而言较少关注员工个人的其他需求。

伴随着资本主义体系的不断进步，一种新的管理理念——科学管理理论逐渐形成。这一理论的主要倡导者之一弗雷德里克·温斯洛·泰罗提出了一系列更加系统化与高效的管理策略。在此阶段，劳动人事管理也开始崭露头角，其职责范围不仅包括招聘员工，还包括了人力资源的有效配置，通过引入科学管理方法，工作时间、操作规范以及专业分工等方面实现了更为精确化的控制与优化。

2．工业心理学阶段

与科学管理阶段侧重于理性和效率不同，工业心理学阶段开始更加注重工人个体及其差异。在此期间，人们逐渐意识到，员工不仅是受物质和经济利益驱动的“经济人”，而且是具有复杂社交、心理及精神需求的“社会人”。非正式组织的作用及其影响力也得到了认可，领导技巧和管理方式的人性化成为研究的重点。这一转变标志着人事管理从单一追求效率向更加全面关注人性化的方向发展。

3．人际关系管理阶段

人际关系管理阶段的开启，与霍桑工厂开展的一系列研究密切相关。该时期的研究工作，例如埃尔顿·梅奥领导的霍桑实验，阐明了员工满意度对于生产效率的重要性。这一转变标志着人事管理步入了更加正规化和系统化的时代，其中强调平等就业机会，并坚决抵制任何形式的歧视行为。企业设立了专门的人事管理部门，而且在该部门之下还进一步细分为多个小组，分别负责薪酬体系、绩效评估、劳动关系调解、福利待遇及职业培训等方面的工作，展示了更为细致周全的管理理念。

4．人力资源管理阶段

随着管理理论与实践的不断深化，传统的人事管理模式逐步转变为更加现代化的人力资源管理体系。这一转变在理念层面实现了根本性的革新。人力资源管理涵盖了更为宽泛的内容领域，包括但不限于人力资源的战略规划、职位分析、员工招聘及选拔、绩效评估等。相较于以往以工作任务为核心的管理模式，现代人力资源管理更加注重以人为本的原则，通过合理配置人员及其特长来优化工作流程，旨在最大限度地发挥出每位员工的潜力。

5．战略性人力资源管理阶段

自 20 世纪 90 年代以来，随着商业环境的快速变迁，一种新的管理理念——战略性人力资源管理逐渐兴起。在此期间，企业开始更加重视内部资源、策略与组织绩效之间的相互作用，而非仅仅关注外部因素的影响。该管理模式将人力资源视为企业战略不可或缺的一部分，强调了其与公司整体规划的高度契合。它倡导在制定和执行人力资源政策时，必须全面考量企业的长远目标及其所处的市场状况，以确保这些措施能够有效促进企业战略目标的达成。这一时期还特别突出了人力资源管理的整体性和系统性特征，以及其与日常运营活动之间更为紧密的联系。

（三）人力资源管理的显著特征

在当今的企业环境中，人力资源管理以其特有的管理模式和核心价值观，在众多管理学科中显得尤为突出。

1．先进的管理理念

在当今社会，企业普遍意识到人力资源在其所有资源中占据着极其重要的地位，拥有巨大的发展潜力。通过合理开发与利用，人力资源能够持续增值，为企业创造显著的经济效益。因此，在人力资源管理实践中，尊重员工、关怀员工、依靠员工、团结员工以及培养和发展员工被视为核心原则。这些原则旨在最大限度上激发个人潜能，满足员工的成长需求，从而促进企业和个人的共同进步与发展。

2．战略性目标设定

随着信息技术和知识经济的迅猛发展，人力资源的重要性达到了前所未有的高度。鉴于其稀缺性、独特性以及难以被复制的特点，人力资源已成为企业最为宝贵的资产之一，并且是构建核心竞争力不可或缺的一部分。因此，人力资源管理的角色已经超越了传统的行政职责范畴，逐渐演变为组织战略规划中至关重要的组成部分。它与企业的整体经营策略紧密相连，通过制定符合长期发展目标的人力资源规划及相应措施，为实现公司愿景提供了坚实的保障。

3．广泛的管理职能

随着人力资源管理在企业内部的重要性日益提升，其职责范围也在逐步扩展，功能变得愈加多样化。除了基本的招聘流程、薪酬体系构建及绩效评估等传统职能，现代人力资源管理还涉及组织架构设计、岗位职责定义、高层管理人员的选择与任命、员工技能培养和个人职业规划、激励机制的设计实施、员工关系维护与咨询服务提供、团队协作精神的培养以及企业文化塑造等多个维度。这种全面覆盖的工作范围使人力资源部门成为推动企业发展不可或缺的力量。

4．多层次的管理主体

在表面上，人力资源管理似乎主要由专门的人力资源部门负责。然而，实际上这一过程涉及企业内部从高层到基层各个管理层级的共同参与。具体而言，员工培训、工作指导、日常行为规范及思想引导等工作，并非单纯依靠人力资源部门独立完成，而是需要各级管理人员之间的紧密协作来完成。每位员工也需承担起自我管理的责任，积极促进个人职业发展与企业发展协同进步。因此，可以认为，有效的人力资源管理体系是由高层领导引领方向、人力资源部门组织协调、全体职工积极参与的一种集体努力的结果。

5．信息化的管理手段

随着信息技术的持续进步，人力资源信息系统在企业运营中的应用日益广泛。该系统的部署极大地减少了人力资源管理过程中所需的人力与时间资源。它能够自动生成各类结果及报告，为决策者提供及时且精确的支持依据。人力资源信息系统还具备大规模信息存储和共享的能力，为企业未来的发展积累了宝贵的参考材料。

6．人性化的管理方式

人力资源管理遵循以人为本的核心理念，充分重视个人价值。它通过提供职业指导和培训机会来支持员工发展，并利用工作设计与岗位轮换等策略，为员工创造更多展现才能的空间。该管理体系还特别关注员工的安全健康状况，开展劳动保护相关的教育活动，而且配备了相应的设施和服务。在保障员工日常生活方面也给予了充分考虑，提供了必要的后勤支持。更重要的是，人力资源管理部门致力于构建开放交流、和谐共处的工作氛围。

7．高回报的管理结果

从管理层面来看，传统的人事管理模式主要集中在现有人才资源的有效利用上；相比之下，现代人力资源管理则更加侧重于挖掘个人潜能与提升其内在素质。这一过程涵盖了专业知识和技能的培养与发展，同时也强调了对个人意志力、创新能力及团队协作精神等方面的培养与强化。通过这种注重潜力开发和个人品质提升的管理方法，现代人力资源管理能够为组织带来更为显著的经济效益以及持续发展的动力。

（四）人力资源管理的模式

1. “一分钟”管理

“一分钟”管理策略已被西方企业界广泛采纳，并且成效卓著。此策略主要由以下三个关键要素构成。

（1）目标规划。企业员工需将自身的核心职责与目标以书面形式明确记录下来。每一项目标及其评估标准都应简洁明了，确保在一分钟内可以清楚阐述。这样做有助于员工更清晰地理解其工作目的、具体任务及执行方法，同时也有利于自我监督和检查。

（2）即时认可。这种方法属于人力资源激励策略的一种。在实践中，企业管理者会迅速对员工表现出色的行为给予正面反馈和肯定，以此激发员工的积极性，促进其持续改进工作表现和个人行为。

（3）即时反馈。当员工未能达到其应有工作标准时，公司会立即给予该员工建设性的反馈，明确指出不足，并强调这是出于对其能力的认可与期望。此方法旨在鼓励员工积极面对批评，从中汲取经验教训，进而避免未来重复同样的失误。

2. “抽屉式”管理

“抽屉 式”管理模式，作为一种形象化的表述方式，旨在描绘管理者在执行职责过程中所遵循的一套规范化体系。该模式强调，在管理者的日常工作中，每项任务都应有明确而具体的指导方针，确保职务、责任、权力与利益之间形成紧密且协调的关系。也就是说，拥有某一职位的同时也意味着承担相应的职责，并享有匹配的权限，从而防止出现权力与责任不匹配的现象。“抽屉式”管理方法在现代企业管理中，常被视为一种“职务分析”工具。其实现过程大致可以分为五个阶段。

（1）组建跨部门的工作小组负责职务分析；

（2）合理界定企业内部的集中决策权和分散执行权之间的关系；

（3）基于公司的总体战略目标，将其细化为不同层次的具体任务，并分配给各级员工；

（4）针对各岗位制定详尽的工作要求及标准，撰写职务说明书；

（5）建立绩效评估机制，此制定奖励或惩罚措施。

（五）人力资源管理的基本职能

作为企业管理体系中的关键环节，人力资源管理承担着一系列核心职责，包括但不限于制定人力资源策略、招募与选拔人才、促进员工个人成长与发展、设计薪酬体系以及构建积极的企业文化氛围，它还涉及领导力培养及劳动法规的遵守等方面。这些功能彼此交织、相互作用，共同支撑起了全面而系统化的人力资源管理体系。

1．员工招聘和选拔

在当今愈发激烈的市场竞争环境下，确保拥有足够数量且符合机构需求的人力资源成了推动组织成长及获取竞争优势的关键。战略性人力资源管理重视招聘与选拔过程中的创新思维，致力于探索、吸引并建立潜在新员工的供应渠道，并从中挑选出最契合组织需求的人才。这种职能上的转变彰显了企业对人才价值的认识提升，也体现了通过有效的人才获取与配置来促进组织战略目标实现的决心。

2．人力资源规划

人力资源规划涉及对组织所需人力资源的系统性评估与确定，其目的在于确保机构能够在适当的时间获取符合岗位要求的人才。这一过程的基础在于职位分析，它清晰地定义了各个职位的具体职责、任务以及执行这些任务所需的知识、技能及能力水平。职位分析为招聘和选拔人才提供了必要的指导，也是构建全面人力资源管理体系的关键步骤。通过实施科学合理的人力资源规划策略，企业能够更好地预测未来的劳动力需求变化，并据此采取相应措施，从而保障组织长期发展的稳定性和市场竞争力。

3．员工薪酬管理

报酬与福利是员工辛勤工作的正当回馈，同时也是组织吸引并激励人才的关键工具。具备竞争力的薪酬及福利框架能够招揽优秀的人才，还能激发员工的积极性与创新能力。全面的薪酬结构应当涵盖直接经济补偿和非经济性奖励两大部分，以此来满足员工多样化的需要。通过实施合理的薪酬管理策略，企业可以构建起公正、透明且富有激励性的薪酬体系，从而提高员工的忠诚度和工作满意度。

4．人力资源开发

在人力资源管理领域，人力资源开发占据着至关重要的战略地位。鉴于组织所处的环境不断演变，为了维持其竞争优势，持续地对人力资源进行投资和培养，显得尤为必要，实现人力资本的价值增长，这一过程涵盖员工职业路径规划、个人成长促进及绩效反馈等多个方面，它们伴随员工整个职业生涯，并与机构的整体目标相契合。通过高效的人力资源开发策略，企业能够显著增强员工的专业能力，提高知识水平及技能掌握程度，从而为企业的长远发展注入源源不断的活力。

5．企业文化和领导艺术

当代人力资源管理的核心理念是强调“以人为本”，重视在管理过程中体现对人的关怀与尊重。将企业文化构建纳入人力资源管理体系之中，其目的在于确立组织内部共享的价值观体系，还旨在通过这种文化来指导和规范员工的行为模式。“以人为本”的管理哲学也促使领导力的发展成为现代人力资源管理工作不可或缺的一部分。健康向上的企业文化和有效的领导策略能够共同促进形成积极正面的工作环境，进而提高员工对于企业的认同感及忠诚度。

6．劳动关系与劳动法律

人力资源管理涵盖了多个方面，包括但不限于员工的招聘与配置、工作时间安排、薪酬体系设计、职业安全与健康保障以及劳动纠纷处理等。随着相关法律框架的不断完善，企业的人力资源管理部门在操作这些事务时必须严格遵循法律规定，以保证组织运作符合法律法规要求，并有效保护员工的基本权益。通过加强劳动关系管理和确保运营合法合规，企业能构建稳定和谐的工作环境，还能促进自身的持续健康发展。

从传统的人力资源管理模式到现代人力资源管理实践，其职能与作用经历了显著转型。过去，人事管理工作主要集中在执行诸如招聘、员工培训、薪酬发放及档案维护等行政事务上；现在，人力资源管理部门已不再局限于处理这些基础性的行政事务，而是致力于通过全面的支持促进机构战略目标的达成。过去，人事部门面对的问题往往具有一定的规律性，可以通过既定程序解决；现在，在复杂多变的工作环境中，人力资源专家必须运用专门的知识和技能来应对各种挑战，如设计合理的薪酬体系、挑选合适的招聘渠道以及推动个人职业成长等。

当前，众多机构正逐渐将日常运营活动外包给专业的人力资源服务公司，以此将资源集中于更为关键的领域，如制定人力资源策略、设计相关工具以及向员工和业务单元提供咨询服务等。这一趋势凸显了现代人力资源管理在企业架构中所扮演角色的重要性及其战略地位的提高。通过聚焦于核心任务与长远目标，人力资源部门能够更好地支持组织达成其使命，促进企业的持续进步与发展。

（六）人力资源管理的意义

在当前的社会经济背景下，人力资源管理发挥着极其关键的作用。作为所有资源中最核心的部分，人力资本对于机构的繁荣至关重要，同时也深刻地影响着社会的整体进步与发展。

1．激发员工潜力

个体既是追求经济效益的主体，也是社会互动中的成员。这一双重身份表明，职工的工作表现不仅受到所在机构内部条件的影响，还深受更广泛的社会环境因素的制约。相关研究指出，在多数情况下，员工仅需发挥其潜能的20%～30%，便足以完成岗位的基本职责。然而，通过优化人力资源管理策略，如营造积极向上的工作氛围、设计科学合理的激励方案以及实施有效的价值观念引导等措施，组织能够显著提升员工的工作热情、主动精神和创新能力。

2．促进组织和社会发展

通过高效的人力资源管理，组织能够确保各项生产要素之间达到良好的协同效应，无论是从质量还是数量的角度来看，都能实现最优配置。这种协同有利于维持正常的生产经营活动秩序，同时保障人力资源管理措施与企业整体战略目标的一致性，进而推动组织乃至社会层面发展目标的有效达成。

3．实现管理者与被管理者的共同发展

人力资源管理致力于组织层面的整体发展，同时也注重促进管理者与下属之间的共同进步。通过实施有效的人力资源管理和培训措施，可以助力每位员工更好地认识自我价值，并学会相互尊重，进而营造和谐的工作环境。持续性的教育和培训能提高个人的专业技能水平，还能增强员工对组织及社会变化的适应能力。

第二节　企业核心竞争力的特征及重要性

自20世纪90年代起，随着全球经济一体化进程的加速，国内外企业间的竞争变得愈发激烈。因此，有关企业竞争力，特别是其核心竞争力的问题，已逐渐成为行业、学术界以及政府部门共同关注的重点议题。探讨这一主题具备深刻的理论价值，同时也具有显著的实际意义。

一、核心竞争力理论的兴起

核心竞争力理论的发展，是对现有企业理论局限性的深入反思与突破。在传统观点中，企业被视作一种行政协调机制或契约网络，其理论框架侧重于交易过程中的各类“规制”，而往往忽略了企业作为生产实体的本质特征。在此种理论视角下，企业的决策制定、物资供应及产品销售等环节均脱离了对生产成本的考量，转而单纯聚焦于交易成本，这显然未能充分反映实际经济活动的复杂性。当面对诸如企业因过度借贷而导致经营困境等问题时，传统企业理论解释力显得不足，难以给出全面且合理的解答。它倾向于将企业的负债经营行为归结为企业边界设定的结果，即认为负债水平是由市场交易成本与内部管理成本之间的平衡点所决定的。然而，这种看法忽视了这样一个事实：即使在某些情况下，内部协调成本高于外部市场交易成本，企业仍可能出于获取特定资源功能的需求而选择引入外来资源。这样的做法可能会导致企业关键知识信息的泄露，从而给企业带来不利影响。

主流企业战略理论中存在的不足为核心竞争力理论的发展提供了契机。回顾管理科学的演变历程，从18世纪中后期的经验管理阶段，到20世纪初的科学管理理念，再到20世纪40年代末至60年代末的行为科学方法，直至20世纪60年代末至70年代的战略管理模式，每一次变革都标志着管理思想的进步。然而，在20世纪80年代初期，尽管迈克尔·波特提出的竞争战略理论成为该领域内的主导观点，"五力分析模型"却暴露出了根本性的局限性。波特实际上将产业组织理论中的结构—行为—绩效（SCP）范式引入了企业战略管理之中，为解析企业如何制定策略以实现持续超额收益提供了经济学视角下的框架。遗憾的是，波特的方法论未能克服将企业视为封闭系统的限制，忽视了企业内部力量动态变化对企业战略决策过程的影响；他的研究重心更多地放在了行业层面而非企业的成长机制上，这使其理论在指导企业制定与执行竞争战略时显得不够全面。

鉴于理论与实践层面存在的双重挑战，众多企业理论及战略管理领域的研究者们开始探索新的理论框架，旨在更加全面地解答"企业是什么""企业竞争优势源自何处"以及"企业如何保持持续的竞争优势"等核心议题。在此过程中，关于企业核心竞争力的理论逐渐成为关注焦点，并在20世纪90年代为企业理论和战略管理领域注入了新鲜活力。这一理论从企业内在能力出发，强调企业所持有的独特资源或能力，为解决上述关键问题开辟了一条全新的思路。

核心竞争力理论的提出，催生了一系列具有里程碑意义的研究成果。1990年，《哈佛商业评论》刊载了普拉哈拉德与哈默合著的文章《公司核心竞争力》，首次全面解析了核心竞争力的概念，并强调其对企业获取竞争优势的关键作用。4年之后，哈默再次发表《企业能力基础竞争论》，进一步拓展和完善了该领域的理论体系，推动了相关研究达到新的高度。这些学术贡献充实了企业管理领域的知识宝库，为实际操作层面提供了坚实的理论支撑，助力企业在识别、发展和增强自身核心竞争力方面取得进展，从而能够在激烈的市场竞争中保持领先地位。

二、企业核心竞争力的内涵

在实际的商业世界里，企业所展现出来的经营策略、架构布局以及技术上的领先，并非只是表面现象，而是其智力资本潜力得以充分发挥的表现。企业的持久竞争优势，并不单纯来自某一特定时间点的战略决策或资源分配，而是一种根植于组织内部的能力——这种能力让企业在进行生产和经营活动时比竞争对手更有效率，并且能够更好地处理各种复杂问题。换言之，企业的持续性竞争优势源于一种独特的能力，该能力超越了简单的职能层面的战略规划，使企业在激烈的市场竞争中保持领先地位。因此，致力于培养和发展核心竞争力是企业达成长远战略目标的关键途径。

按照美国知名战略专家普拉哈拉德与哈默的定义，企业核心竞争力指的是“一系列先进技能的有机整合”。此处提到的“技能”不限于科学技术领域，还包括了管理、组织结构及市场营销等多方面的才能。这不是指单一或少数几项独立存在的技术，而是通过特定方式结合而成的技术体系。比如，产品创新力、生产工艺、成本管控能力、市场推广技巧以及客户服务水准等各方面的能力，这些因素共同作用，决定了企业在开发新产品、服务现有市场乃至开拓新商机方面的能力，进而体现了企业的竞争优势。

要透彻理解核心竞争力的概念，需要区分竞争力与能力之间的差异，以及核心要素与非核心要素的不同。竞争力和能力代表了两种虽有区别但相辅相成的企业战略模式。其中，竞争力侧重于特定技术及生产环节上的专业知识；相比之下，能力的定义更加宽泛，覆盖了企业运作的全链条。对于一家公司来说，能力是开展业务活动的基础，也是其存续和发展不可或缺的部分；而竞争力则是让企业在激烈的市场竞争中脱颖而出、赢得优势的关键因素。然而，值得注意的是，竞争力的发展离不开多种能力的支持。以日本企业索尼为例，微型化作为其一项重要核心竞争力，实际上是由多个方面的能力综合而成的。这涉及对目标客户群体微型化需求的理解（市场界面能力），还包括通过教育训练等方式促进技术专家、工程师以及营销团队等成员之间形成共识的过程（基础设施能力），再加上微处理器设计、小型电源开发、能量管理及封装工艺等一系列专业技术的应用。

“核心竞争力”这一概念的提出，最显著的价值在于实现了无形资产领域的范围经济效益。在生产经济学领域内，范围经济指的是同一企业通过共同利用生产要素来制造多种产品时所实现的成本节约。对于企业来说，这意味着相比单独生产每一种产品而言，将相关产品的生产结合起来更加经济高效。在多元化的产品设计与制造过程中，由于能够共享特定的固定投入（如资源），因此能够产生范围经济效益。传统意义上的范围经济理念主要关注通过实体资源的共用来达到成本节约的目的。然而，随着技术知识等无形资源对企业创新及日常运营的重要性日益增长，这类非物质性资源的共享已成为促进范围经济的关键因素之一。作为一类特殊的无形资源，核心竞争力中的“核心”一词实际上暗示了这种能力具有跨领域扩展的特点，同时也反映了它对实现范围经济贡献的程度。衡量一项核心竞争力的标准之一是考察其是否为进入多个市场提供了潜在机会，以及能否有效降低企业多条生产线的成本。

由此，我们可以将核心竞争力定义为企业独有的资源或独特组合的资源所构成的能力，这种能力能够直接为企业带来持久的竞争优势，或是为一系列竞争优势奠定基础。尽管人们通常认为核心竞争力与高科技紧密相关，但将其等同于高科技是片面的看法。高科技虽然可能是核心竞争力的重要组成部分，但并非全部。企业作为追求盈利的实体，如果缺乏有效的市场推广和预测能力的支持，即使拥有先进的技术也难以准确地把握市场需求，从而无法将这些技术成功转化为实际的市场竞争优势。例如，在 1994 年互联网兴起之时，微软公司未能充分认识到网络技术和产品未来的巨大潜力，而是继续专注于 Windows95 及 WINT 的研发工作。直到发现越来越多用户转向互联网，并且网络技术逐渐成为行业的新趋势时，网景公司已经占据了网络浏览器市场 80% 的份额，迫使微软面临被淘汰的风险。幸运的是，微软凭借其强大的技术和财务实力迅速调整策略，最终勉强与网景平分秋色。这表明，核心竞争力既可以通过如英特尔公司的微处理器技术、佳能公司的成像技术等形式展现出来，也可以通过其他方式体现，比如麦当劳快速的服务体系或是美孚全球化的销售服务网络。无论如何表现，核心竞争力都是多种技术和能力协同作用的结果。以日本企业索尼公司的微型化能力为例，它涵盖了产品设计与生产中的小型化技术，还包含了对未来消费趋势向小型化发展的预见力。为了构建这一核心竞争力，公司内部的技术人员、工程师以及销售人员必须对消费者未来需求的小型化方向及其自身技术如何适应这种变化达成一致意见，以便于各部门之间的协作更加顺畅。

三、企业核心竞争力的特征

企业的核心竞争力是其长期保持竞争优势的关键所在，具有一系列独特的属性，这些属性共同赋予了核心竞争力深刻而丰富的意义。

（一）独特性

相较于其他竞争者，企业所拥有的核心竞争力展现出独有的特性。正是这种独特性让竞争对手难以模仿或复制，从而赋予了企业在长期竞争中保持优势的能力。构建并加强这种独特且持久的核心竞争力，需要依赖企业持续不断的学习过程、自主创新以及在市场环境中经历的多次考验。该竞争力的独特之处不仅局限于技术和产品层面，还深入地体现在企业文化、管理方式以及团队协作能力等多个方面。

（二）用户价值

企业核心竞争力的关键属性在于能够为顾客带来独特的价值。这种能力对于实现顾客所重视的产品与服务的价值至关重要，构成了企业核心竞争力存在的基础理由。由于消费者对企业所提供的价值具有最终评判权，因此所有旨在创造价值的活动都应当围绕着满足消费者需求、增加其感知到的价值这一目标而展开。

企业价值活动涵盖了三个方面：价值保障、价值提升及价值创新。其中，价值保障是指一种确保在成本持续降低的情况下，产品本身及其为顾客提供的感知价值保持不变的有效机制。这一原则不限于产品层面，还渗透企业的经营理念、日常工作流程以及管理模式中。价值提升侧重于通过持续地对现有产品或服务进行评估与改良，以期达到更高水平的质量标准和用户满意度，从而更好地契合市场需求。价值创新代表了企业创新能力的极致展现，它鼓励组织不断探索未知领域，无论是推出前所未有的新产品还是彻底改造既有项目，都是为了适应市场环境的变化及满足消费者日益增长且多样的需求。

（三）占用性

企业核心竞争力的独占性体现在个人对企业内部特定战略资源所创造，但无法完全归属于企业的那部分收益的占有程度上。显然，当这些资源的个人独占性较低时，企业保持长期盈利能力的可能性就更大。如果某项资源已经深深融入企业的运作体系和文化当中，成为其不可或缺的一部分，则该资源很难被外界复制或挪用。即使有杰出的管理人才或是团队成员选择离开，也不会对企业的核心竞争力构成重大威胁。这是因为企业的盈利基础更多地依赖全体职工日常工作的积累以及他们作为整体所展现出的卓越表现。这种基于团队合作与企业文化的力量，使任何单一人员流失所带来的负面影响都被大大削弱了。

（四）延展性

企业核心竞争力的延展性体现为其能够基于某项核心能力开发出一系列新的产品或服务。这种能力经历了“核心能力—核心技术—核心产品—最终产品”的逐步发展过程。具体来说，企业的核心竞争力首先促进了一种或多种关键技术的发展。随后，这些技术之间相互作用，促进了特定核心产品的形成。接着，由这些核心产品进一步演变出或多个面向市场的终端产品，从而持续不断地向消费者提供新颖的产品与服务。正是由于这种延展性，企业的核心竞争力成为推动创新的重要动力源，为企业赢得了持久的市场优势及盈利能力。

（五）耐久性

企业的核心竞争力的耐久性主要体现在它作为持续盈利基础的能力上。即使产品与技术的更新换代速度日益加快，但企业如果具备了强大的核心竞争力，则能够跨越多个产品周期而依然保持其市场地位。只要这样的核心竞争力得以维持，该企业在创新能力、运营效率及产品质量方面的优势就不会显著减弱，同时其商业信誉也不会轻易受到时间流逝的影响。例如，家乐氏、雀巢和杜邦这些知名品牌之所以能够长时间保持良好的声誉，正是因为它们各自都拥有独特且稳固的核心竞争优势。然而，一旦企业在经营过程中出现负面事件或表现不佳的情况，这种长期建立起来的竞争优势可能会遭受损害。因此，对于任何希望实现长远发展的公司而言，不断巩固和发展自身的核心竞争力显得尤为重要，这是保证其能够在激烈市场竞争中站稳脚跟的关键所在。

（六）可变性

企业核心竞争力的可变性主要体现在其价值随时间流逝及外部条件变化而变化。这种能力通常是通过长期的学习与实践积累而成，使企业在特定领域取得显著优势后，其他竞争者难以在短期内迎头赶上。然而，值得注意的是，这些核心竞争力同样遵循着从萌芽、发展到成熟乃至最终衰退的生命历程。当出现剧烈的外部环境变迁或内部管理不当的情况时，企业的关键竞争优势可能会迅速削弱甚至完全丧失。特别是对于那些直接面向市场的最终产品、基础性的核心产品以及专有技术而言，在日益激烈的市场竞争和技术进步的压力下，它们很容易失去原有的市场地位乃至被彻底淘汰。因此，为了确保自身能够在不断变化的商业环境中维持有利的竞争态势，企业需要持续不断地探索新知并培养新兴的核心竞争力。这样的动态特性要求组织必须保持高度的警觉性和敏锐的市场洞察力，以便能够适时地调整策略并对现有优势进行优化。

（七）相互关联性

企业核心竞争力源于众多个体或环节之间的相互作用，这种力量往往与个人的心理状态及情绪紧密相关。正是这些复杂的交互关系，使企业的核心竞争力难以被竞争对手轻易模仿或复制。它并不属于传统意义上的“资产”范畴，因此不会体现在公司的财务报表之中；它也不同于品牌、专利等无形资产。然而，对于当前的成功而言，它是至关重要的因素之一，并且是未来保持竞争优势不可或缺的基石。鉴于此，企业在培养和发展自身的核心竞争力时，应当重视系统性整合以及团队间的协作精神，以确保能够有效地将各类资源和能力融合为一，从而构建出更为强大的综合竞争实力。

四、企业核心竞争力的重要性

在当前这个愈发复杂且充满变数的商业环境下，为了达到持续稳健的成长目标，企业需要不断地增强自身的竞争优势。其中，建立并巩固企业的核心竞争力显得尤为重要。接下来将对企业核心竞争力的重要性展开深入探讨。

（一）保障企业经济效益的重要基石

追求经济收益的最大化是企业运营的核心目标之一，这要求企业在既定的资源成本范围内尽可能地增加经济效益。企业能否成功实现这一目标，在很大程度上取决于其核心竞争力。通过采用创新技术手段来优化资源配置，能够有效降低运营开支，还能显著提高工作效率，使企业在激烈的市场竞争中占据有利地位，进而促进企业的持续成长与发展。在此过程中，核心竞争力的作用尤为突出，它使企业能够更加灵活地应对市场环境的变化，把握住发展机遇，并在与同行的竞争中保持优势，最终获取更大的市场份额及更高的盈利水平。

（二）战略规划与方案决策的核心依据

企业核心竞争力的强弱，直接决定了其未来发展的潜力。无论是在规划长远战略还是在具体方案的选择过程中，公司都需要立足于当前的实际状况，并紧密结合自身的竞争优势来进行。这是因为，企业发展目标的设定需要恰到好处，既不能过于保守也不能过分激进，必须与公司的核心能力相吻合。如果发展目标定得过低，则可能导致资源分配不合理、利用效率低下，进而影响企业的整体进步；反之，若目标过高，超出了企业现有竞争力所能支撑的范围，同样会对企业构成挑战，甚至成为发展的障碍。因此，在制定策略和决策时，企业应始终围绕自身的核心竞争力展开思考，以确保所有计划切实可行，而且能够真正促进组织的成长与发展。

（三）提升企业综合竞争力的核心要素

企业核心竞争力是在长期经营与管理实践中逐步形成的宝贵财富，对于企业在市场上的竞争优势至关重要。它是企业能够在激烈竞争环境中占据有利地位的基础，而且是推动企业全面进步、增强竞争力以及提高净收益水平的重要因素。通过有效整合各类资源，企业的核心竞争力成了创新发展的关键驱动力，为企业注入了持续的生命力和强大的综合实力，从而确保其在市场上能够保持持久的竞争优势。

第三节　人力资源管理战略价值与企业核心竞争力

在当今充满挑战的商业环境中，企业的核心竞争力成了其能否持续成长与繁荣的关键。其中，人力资源管理作为企业运营不可或缺的一环，在塑造和强化这一竞争力方面扮演着至关重要的角色。接下来的部分将深入探讨人力资源管理如何影响企业核心竞争力的发展，并提出通过优化人力资源管理策略来增强组织竞争优势的具体方法。

一、人力资源管理对企业核心竞争力构建的重要作用

（一）人力资源管理是企业创新的动力保障

创新能力构成了企业核心竞争力的关键部分，而人力资源管理在推动这一过程中扮演了极其重要的角色。技术革新主要依靠的是人才的力量；员工的专业素养、技能水平及其创造力直接决定了组织的技术创新能力。通过实施有效的人力资源策略，公司能够挖掘并激发员工潜在的创新意识，鼓励他们积极贡献新思路和解决方案。合理规划培训与发展项目也能够帮助提高团队成员的知识水平和技术能力，从而为公司的长期创新发展奠定坚实的基础。由此可见，良好的人力资源管理体系是促进企业创新不可或缺的动力源泉，也是构建与增强企业竞争优势的重要手段。

（二）提高企业的环境变化适应能力

面对日益复杂且不断变化的市场环境，企业必须增强其适应外部变动的能力以克服各种挑战。在此过程中，人力资源管理扮演着极其重要的角色。通过改进人才配置策略，企业能够构建更加灵活高效的工作架构，从而提升对外界变化的敏感度与反应速度。优质的人力资源使监控环境复杂性的责任得以分散至更广泛的员工群体中去，这不限于核心部门，还包括那些直接接触关键利益相关者的职工，他们能提供更为丰富和有价值的信息反馈。因此，强化人力资源管理对于提高企业应对市场波动的能力至关重要，它有助于企业在竞争激烈的环境中维持其优势地位。

（三）提高管理决策的执行能力

战略决策的有效实施对于企业达成其既定目标至关重要。通过增强员工的灵活性与适应力，人力资源管理能够显著增强决策执行的效果。在面临新兴技

术或市场环境变化时，企业需要依靠员工快速掌握并运用新技术，或是调整工作模式以适应新情况。那些拥有高质量人力资本的企业，在应对这种转变时有更佳的表现，原因在于这些企业的员工通常具备更强的学习能力和适应性。这样的能力使企业在推进战略计划的过程中能够更加高效和敏捷，进而更好地抓住机遇、克服挑战。

二、基于企业人力资源管理的核心竞争力构建

（一）提高员工培训的有效性

员工培训与发展是企业提升员工技能、知识以及潜能的关键途径。通过这种方式，公司能够使员工的能力与岗位需求更加契合，从而增强个人绩效及组织的整体竞争力。为了提高培训活动的有效性，组织应当实施一系列策略。首先，设定清晰的培训目标和规划，保证培训内容、方式及其形式符合员工的实际需要和公司的长远目标。其次，采用多样化的教学方法，如讲座式教育、案例研讨等，可以满足不同个体的学习偏好，激发他们的学习热情。最后，对培训成果进行评价并收集反馈信息同样重要，这有助于及时识别并解决培训过程中出现的问题，持续改进培训质量。通过加强培训的有效性，企业能够不断提高员工的专业知识和技术水平，还能培养其管理能力，进而推动企业的持续发展，并巩固或构建起企业的核心竞争优势。

（二）建立合理的薪酬体系

薪酬制度是企业用来激发员工潜能、增强工作热情的关键工具。设计合理的薪酬框架能够有效促进员工的积极性与创新能力，进而推动企业的持续成长。在构建薪酬结构的过程中，企业必须全面考量多个维度的因素，如岗位的重要性、员工的专业技能水平、公司的财务健康状况以及遵循国家的相关法律规章等。综合考虑上述因素后，企业便能设计出一套既体现公平原则又能保持市场竞争力的薪酬方案。这套薪酬机制有助于吸引和保留顶尖人才，还能进一步激励员工为公司的发展贡献更多力量。由此可见，建立科学合理的薪酬体系对于塑造和加强企业的核心竞争优势具有不可忽视的作用。

（三）加强企业人力资源规划

人力资源规划构成了企业人力资源管理体系的基础，并且是其中不可或缺的一环。它旨在通过确保在正确的时间点和职位上配备合适的人员（涵盖数量、技能水平、类型及层次等多方面），以及实施促进企业和员工共同成长的策略，来支撑企业的持续发展。在这一过程中，依据自身具体情况与长远目标，企业需

运用科学预测技术评估未来的人力资源需求与供给情况。有效的人力资源规划能够保障企业在不同发展阶段对人才的需求得到满足，而且有助于实现组织发展目标，同时兼顾员工个人职业发展愿望，增强企业的整体竞争优势。

（四）建立科学的绩效考核体系

绩效评估构成了企业人力资源管理的核心环节之一，旨在通过对员工的工作行为及其成果进行全面审查、分析与评价来衡量其表现。设计合理的绩效评估系统能客观公正地反映员工的工作情况，还能为其他人力资源活动奠定坚实基础。通过这样的体系，组织能够更准确地掌握员工的表现及能力水平，从而为职位晋升、专业发展以及薪酬调整提供参考依据。良好的绩效评估机制还有助于激发员工的积极性与创新意识，鼓励他们更积极努力地工作，进而推动整个组织效能的提升。因此，建立健全有效的绩效评估制度被视为增强企业核心竞争力不可或缺的一环。

第四节　新时期人力资源管理面临的挑战及发展趋势

一、新时期人力资源管理面临的挑战

在人力资源管理领域，核心观点认为不同的人事决策会产生不同的后果。这一观点之所以成立，在于管理层的决策影响自身的业绩表现，也极大地塑造了员工的行为模式、工作成效及其满意度，这些因素进一步作用于员工与客户互动的态度、他们对公正性的感知，乃至整个组织的整体绩效。然而，鉴于管理者在做人事决定时所依据的客观条件和主观考量都处于动态变化之中，这给人力资源管理理论的发展及实际应用带来了显著的限制和挑战。

在进行人力资源管理决策的过程中，需要综合考量组织属性、工作特性以及内外环境等多维度因素。外部环境由经济状况、政治氛围、社会文化特点及法律制度等多个层面构成。而从组织内部角度来看，则需关注其规模大小、所属行业、地理位置以及研发活动在其战略中的位置等因素。与人力资源管理密切相关的还有财务健康状况、技术应用水平、商业策略选择及组织架构设计等方面。这些因素共同作用于人力资源管理实践，对其产生重要影响。

（一）员工对工作生活质量的要求

在快速变化的现代社会中，企业面临着一系列前所未有的挑战。其中，员

工对于提高工作环境质量的需求变得尤为突出。工作环境的质量直接影响到员工的工作满意度和生产力水平，更是对企业长期稳定发展起着至关重要的作用。

工作生活质量的概念不仅涵盖了物质环境和薪酬福利等外在条件，还包括员工在职场上的心理状态、职业成长的机会以及工作与个人生活之间的和谐度等多个层面。简言之，工作生活质量反映了员工对其所在工作环境及条件的整体感知，及其从工作中获得的幸福感与满足感的程度。

随着社会的不断发展以及个人价值观念的变化，越来越多的职业人士开始注重其工作的整体体验质量。他们不再局限于追求职业稳定性和经济收益，而是更加渴望获得深层次的心理满足和个人成长的机会。因此，在规划组织管理策略的过程中，领导者应当充分认识到员工对于提升工作满意度的需求，并采取有效措施来促进这一目标的实现。

如何有效提高员工的工作生活质量？这一问题的解决需从多维度出发。首先在于确保合理的物质条件。公平且具竞争力的薪酬体系与全面的福利政策是满足员工基本生活需求的关键，使他们能够安心专注于职业发展而无后顾之忧。其次，构建安全健康的工作环境同样至关重要。企业应当严格执行相关法律法规，为员工创造既安全又能促进身心健康的工作空间。最后，仅仅关注物质条件的满足显然是不够充分的。为了进一步提升员工的工作体验，企业还应致力于构建一种能够激发成员归属感与成就感的文化氛围。这要求创建积极乐观的工作环境，使每位成员都能深刻体会到团队协作所带来的温暖和支持，而且还需要通过提供丰富多样的职业成长路径及专业培训课程来助力个人能力的发展，从而帮助他们实现自我价值的最大化。

企业应当激励员工参与管理决策，使其真正感受到自身是公司不可或缺的一部分。通过诸如员工大会、意见箱等渠道收集员工的见解与建议，让其在公司的决策过程中拥有发言权。这样做能够提升员工的责任意识和归属感，还能够让管理层更加深入地理解员工的需求与期望，进而制订出更加合理有效的决策方案。在执行这些策略时，企业可能面临一系列挑战与障碍。比如，在追求经济收益的同时如何兼顾员工的利益？怎样才能既维护好员工的基本权益，又能促进企业的持续健康发展？这些问题要求管理层必须细致考量，并依据实际情况提出有效且可行的解决办法。应当指出，改善员工的工作生活质量是渐进的过程，需要企业持续地投入努力与不断优化。这一过程离不开管理层与员工之间深入的交流和相互理解。唯有如此，才能构建起充满活力与创新精神的团队，为企业的长期稳定发展打下稳固的基础。

从部分成功企业的案例中，我们能够学到许多有价值的策略。例如，一些著名企业通过推行员工持股方案、构建全面的培训机制以及组织多样化的团队建设活动，有效提升了员工的工作与生活品质。这些措施加强了员工对企业的归属感和满意度，同时也促进了工作效率及创新能力的提高。

（二）组织的发展战略与人力资源管理的协同作用

组织的战略旨在为机构设定长远目标，并深入探讨进入特定领域的方法及与对手竞争的有效策略。这种战略将决策导向与成长路径紧密结合，以达成既定目的。需指出的是，随着发展阶段的不同，组织会调整其发展战略。从宏观角度来看，战略发展首先涉及选择适合的行业领域，而微观层面则是企业内部各业务单元（如利润中心）面对的具体市场定位和竞争策略问题。

一家企业通常由财务部、市场部及人力资源管理部等多个职能单元组成。这些部门的具体战略旨在更好地支持整个组织及其所属领域目标的实现。在此层面，应将战略细化为具体且可执行的目标。以人力资源管理部门为例，其核心职责主要涵盖三个方面：首先是确保组织的人力资源与公司整体经营策略相匹配；其次是设定清晰的人力资源发展目标和规划；最后是与各部门经理紧密协作，保障人力资源方案的有效实施。

当前，学术界特别重视“战略人力资源管理”这一概念。该理论的核心假设在于，与组织环境相匹配的人力资源管理决策能够提高组织的绩效。换句话说，通过战略性的人力资源决策，管理者可以作出更加科学合理的人事选择，进而推动组织的整体成功。更具体地说，为了制定重要的人力资源策略，必须考虑到外部环境、内部条件以及员工个人特质之间的相互作用。这种综合考量有助于提升组织在多个层面的表现，如实现其战略目标、改善财务状况、增加市场价值及提高员工工作效率等。

（三）人力资源管理观念的演变

人力资源管理的理念，究其根本在于对员工行为的基本假设及其基于这些假设所实施的人事管理措施。这一理念涵盖了若干核心议题：员工是否可以信赖？他们对待工作的态度是否积极主动？他们是否拥有创新精神？为什么他们的言行有时会出现不一致的情况？又该如何恰当地对待他们？这些问题的答案直接影响企业内部人事管理的决策与实践。而组织内形成的人力资源管理理念，则是多种关键因素共同作用的结果。

企业高层领导的哲学理念对人力资源管理方式产生着深刻的影响。以美国拍立得公司为例，其首席执行官埃德温·兰德所倡导的管理原则是赋予每位员工展现个人才华、表达自我见解的机会，共享企业发展成果，并确保他们获得合理薪酬，从而使工作成为生活中的重要组成部分。这种积极向上且健康的管理态度为制定和实施既能促进员工个人发展又能助力企业成长的人力资源策略提供了稳固的基础。同样地，在韩国三星集团中，李健熙会长也持有相似的观点。他认为，三星不仅属于个人，而是全体员工共同拥有的事业。此观点突出了团队协作与共同进步的价值观，极大地促进了人力资源管理领域的革新与发展。

对于人性本质的理解也是构建人力资源管理理念的关键要素之一。在管理理论的发展过程中，众多学者提出了多种关于人性假设的观点。其中，麦格雷戈提出的X理论与Y理论尤为突出。X理论认为，普遍而言，人们倾向于逃避工作，并且只有通过强制、监督和惩罚等措施才能促使他们投入工作；这类人更偏好于被指导而非自主承担职责。相比之下，Y理论则主张人的本性并非天生厌恶劳动；除了高压控制和威胁，满足个人成就感、尊重感以及自我实现的需求同样能够激发员工的积极性；在合适的环境下，大多数人都愿意并且能够主动承担责任，而且大多数人拥有足够的想象力、智慧及创新能力去应对组织内部的各种挑战。基于这两种截然不同的人性观，形成了多样化的人力资源管理模式与实践。

员工激励的需求也是塑造人力资源管理理念的关键因素之一。管理者依赖团队成员来达成组织目标，因此，如何有效激发员工的积极性成为他们面临的一大挑战。有效的激励机制基于两个核心方面：

（1）识别出员工真正重视的事物，并将其作为工作表现的奖励；

（2）评估员工是否具备完成指定任务的能力。

简言之，动机与能力构成了成功激励的基础。这种模式对于企业制定人力资源政策提供了宝贵的指导方向。在实践过程中，公司应当密切关注员工的工作热情水平。如果发现积极性不足，则可以通过多种手段加以改善，比如：通过岗位分析、人员选拔、培训及职业发展等途径提升个人技能；利用薪酬体系设计、额外奖励发放以及提供各种福利等方式满足其需求；定期开展绩效评价，及时发现问题并采取相应措施以持续优化激励策略的效果。

（四）财务状况、技术进步与人力资源管理决策环境的互动关系

从公司的财务健康角度来看，其稳定性对人力资源管理策略有着直接的影响。如果一家公司缺乏足够的利润，则难以向职工提供合理的薪酬、实施必要的培训计划或为失业人员提供转职援助。在组织的人力资源活动中，招聘人数、薪酬标准以及员工培训等项目占据了相当大的成本份额。因此，在规划这些方面时，企业必须全面考量自身的经济状况。在法律法规较为完善的环境下，人力资源管理还可能涉及企业在何种经济条件下能够合法地采取临时裁员措施等问题。值得注意的是，通过利润共享方案，可以使员工的收入随着公司业绩的变化而灵活调整，从而增加了一定程度上的灵活性。

企业所运用的技术涵盖了在生产和提供服务过程中采纳的各种程序与方

法。技术的演进极大地革新了工作模式，使劳动者得以摆脱危险、繁重及单调的手工劳动。特别是对于那些能够快速采用最新科技成果的小型企业而言，它们因此获得了与规模庞大但响应速度较慢的大企业竞争的机会。不过，新技术的应用也伴随着新的难题。由于新岗位通常需要比现有职位更高的技能要求，这就迫使各家企业必须培养员工具备足够的技能灵活性，以便更好地适应持续变化的技术环境。让员工参与工作流程的设计决策，可以有效增强他们对不断更新的技术标准的适应能力。

技术大致可以划分为两大类：大规模生产和灵活分工。

（1）在采用大规模生产方式时，企业倾向于利用专门化的工艺来制造标准化产品，这样的生产模式仅需员工掌握基础技能即可胜任。相比之下，在实行灵活分工策略的企业中，任务的复杂度有所增加，相应地提高了对从业人员专业能力的要求。这些复杂的任务往往由团队而非个人承担，成员们以小组形式协作完成工作。即使是在生产相同商品的情况下，不同的技术水平亦可被采纳。

（2）灵活分工方法的应用有助于减少工作岗位之间的界限划分，并增强了企业对外部环境变化作出响应的能力。这种增强的灵活性给人力资源管理部门带来了新的挑战，即如何更有效地激发拥有高水平技能员工的积极性，同时确保组织能够在快速演变的技术环境中保持其竞争优势。

（五）人力资源决策与组织结构的相互配合

在当代企业管理实践中，人力资源策略与组织架构之间的协调至关重要。一方面，组织架构揭示了机构的运作机制，同时也对人力资源管理决策产生深远影响；另一方面，根据不同的架构特征采取相应的人力资源措施，则能够更有效地支撑组织结构的独特性，从而有助于达成组织既定的目标。

在传统的层级化管理框架内，重视的是指令的下达、管控及任务执行。在此类体系下，员工的具体职责被清晰界定，组织对其成员的角色期待也十分明确。职业发展路径往往沿着垂直方向展开，职位提升通常伴随着更广泛的责任范围、更高的社会地位以及更加优厚的薪酬待遇。有关人力资源调配的关键信息主要由高层领导掌握，决策制定过程倾向于集中化处理。

在此类组织架构下，人力资源管理的核心任务在于明确每位员工的职责范围，并通过实施严格的绩效考核体系来促进个人职业发展。还需构建有效的激励机制，旨在激发员工的工作积极性及对企业的忠诚感。

与之相对，在扁平化的组织架构里，更加注重赋予员工更多的自主权，并将这些获得授权的个体编入协作小组。这样的架构促进了员工个人职责范围的扩大，增强了他们的适应能力和灵活性。公司通过设计支持横向发展的培训及薪酬制度来鼓励这一趋势，不局限于传统的纵向晋升路径。因此，在此类结构中工作的人员往往更偏好于在其专业领域内追求更为广泛的发展机会。

在扁平化的组织架构下，人力资源管理的主要目标在于构建开放的工作环境，以促进员工间的协作与创新。为了满足这种结构的特定需求，人资部门需设计出灵活多变的工作安排，并营造支持性的职场氛围。

在基于网络的组织架构中，不同企业依据其员工的专业技能组建跨公司的工作团队，以协作完成特定项目。这种模式重视员工参与管理过程，并突破了传统的企业界限，构建了更为灵活且能快速适应变化的组织形式。在此类架构下，人力资源管理工作更加注重个体与团队层面的职业成长及就业保障责任，同时将团队整体表现视为关键评价指标。

在互联式的组织架构下，人力资源管理部门需致力于促进不同单位间的合作与资源的有效共享。为此，构建高效的沟通平台及团队协作体系显得尤为重要，以增强各工作小组之间的协调配合能力。

随着组织架构的演变，管理层的角色也得以调整。在传统金字塔型结构下，管理者主要承担着指导员工、激发员工最大潜能、推行由上至下的改革措施及确保信息传达清晰直接的任务。当组织采用更加扁平化的管理模式时，管理者的职责则转向了提高团队成员参与度、促进不同工作单元间的协作、为项目组争取必要的支持资源以及与下属开展双向交流。在网络化的企业环境中，领导者的作用进一步扩展到了建立跨部门或跨公司的合作关系、协助多元化团队共同致力于达成公司愿景、推动技术创新以更好地满足市场需求，并且敏锐地识别出改进工作流程的机会。

二、人力资源管理的发展趋势

（一）科学的考评与合理的价值分配是激发员工创造性的关键

在知识经济时代，知识型员工已成为企业创造价值的核心力量。这类员工追求基本的薪酬回报，更渴望与资本持有者共同分享公司成长所带来的成果。因此，对于他们而言，报酬的意义已超越了简单的生理需求层面，而是成为实现个人成就感和社会地位的重要标志。这种内在动机的复杂性无疑增加了设计合理薪酬体系的挑战。为了充分挖掘员工潜力，企业应当采取基于知识贡献的分配原则，通过提供多样化的价值形式，包括但不限于组织权利（如股权、管理权及职业发展机会）和直接经济利益（如工资、奖金、分红及福利待遇）。科学合理的评价体系与公平的价值分配机制，将成为激发员工创造力、增强企业竞争力的关键所在。

（二）人力资源管理与企业战略规划的一体化

当代企业经营策略的核心是在特定条件下，为了达成既定目标而合理调配包括人力资源在内的各项资源。在此过程中，有效的人力资源管理扮演着极其关键的角色。通过优化人力资源的管理实践，组织能够激发员工对于共同目标和战略实施的积极性，促进个人职业规划与企业发展愿景之间的和谐统一，从而实现企业和员工双方利益的最大化。

因此，人力资源管理将紧密地融入企业的战略规划与管理。它不再局限于执行层面，而是更积极地参与战略规划的构建及执行过程。这一转变凸显了人力资源管理的战略价值，也对企业长远发展产生了重要影响。

在新时代指导下，企业要想在竞争激烈的市场环境中获得或维持优势地位，就必须高度重视战略规划与人力资源管理。这两方面需要紧密结合，因为人力资源作为战略规划中不可或缺的一环，其支持对于实现各项规划目标至关重要。此发展趋势同样深刻影响着人力资源管理领域，因为它强调了人力资源规划的重要性——通过合理配置人力资本来促进企业绩效的提升。如果忽视了对企业长远目标的理解，未能将人力资源策略与整体发展战略有效对接，则会导致人力资源规划失去实际意义。

因此，企业应当将人力资源管理与战略规划紧密结合，以此为基础为企业的发展创造价值。这样的结合不仅能够帮助企业更有效地制订并实施其战略计划，而且能显著增强企业的竞争力及其持续发展的潜力。

（三）工作设计与职业生涯管理是人力资源开发的永恒主题

对于知识型员工来说，其工作积极性主要受工作本身相关因素的影响。这类员工追求的是更高层次的需求，并以此作为行为的动力源泉。因此，在设计工作任务时，管理者需要充分考虑到员工多样化的潜在需求，采用角色定位说明来替代传统的岗位描述方式，从而实现人力资源的分层与分类管理。依据不同层级和类别，制定相应的任职条件、行为准则及作业规范，以实现企业价值诉求与个人成就愿望之间的平衡。企业还应当强化人才风险控制措施，利用信息技术手段组建虚拟或项目团队，以便更好地适应瞬息万变的市场环境。

在人力资源规划的过程中，组织应当重视职业路径的设计与优化，以此为员工提供更加广阔的职业发展平台。通过确立长远目标，并培养一种致力于公司成长的不懈追求精神，可以有效激发员工的工作热情和创新能力。企业还应该通过教育和培训等手段积极支持并指导员工进行个人职业规划，助力其实现职位上的横向调动与纵向晋升。如此一来，在岗位变动过程中，员工能够更好地认识自我，充分挖掘自身潜力，从而为企业贡献更大的价值。

（四）人力资源管理者的角色重新界定

随着人力资源管理部门职能的转型，企业内部的人力资源管理者也面临着角色定位上的重要调整。他们不再仅仅局限于执行传统意义上的人事管理职责，而是更加积极地融入企业的核心运营活动，成为企业发展战略决策的重要参与者。

1．人力资源管理者将在企业运营决策过程中扮演更加关键的角色

他们会着眼于企业的长远发展目标，积极参与战略规划的制定与执行，还会协助部门经理及员工处理日常管理工作，为他们提供必要的支持和专业建议。

2．人力资源管理者的角色正逐渐成为首席执行官职位的主要候选人

随着企业对人才管理重视程度的增加以及人力资源在实际运营中所扮演的关键作用日益显著，该领域专家的地位也在不断提升。未来将有更多高层人力资源负责人获得晋升至最高管理层的机会，甚至加入董事会，从而能够对企业决策产生更深远的影响。

3．人力资源管理专家将扮演直线经理的辅助与服务角色

通过与不同部门经理的密切协作，共同致力于达成公司的战略目标。人力资源团队还将负责提供必要的培训及支持，积极传播组织内部的人力资源管理原则与实践方法，旨在培养各级主管的专业能力。他们也将努力构建与管理层之间的合作伙伴关系，成为其坚实的后盾与顾问，携手促进企业的持续发展。

（五）人才主权时代的人力资源管理的重心转移

21 世纪被视作人才主权占据主导地位的时期，人力资源管理的重点逐渐向知识型员工倾斜。这里提到的人才主权，指的是个人拥有更广泛的就业选项及工作自主权，而非被动地去适应公司或岗位的需求。在这个背景下，企业需要尊重个人的职业选择及其在工作中所享有的自由度，并从满足人才内在需求的角度出发，提供相应的人力资源服务，以此来获取人才的认可与忠诚。

人才主权时代形成的驱动力主要体现在两个层面。

1．知识工作者及职业经理人在企业价值创造过程中扮演了核心角色

企业需正视这些创新者与专业管理者的贡献及其价值，并向他们提供相匹配的激励措施。这一转变重塑了资本持有者与知识持有者之间的互动模式，使利润分配权成为支持人才主导地位的关键原则和理论基础。21 世纪，社会对于知识与智力资本的需求达到了前所未有的高度，这种情况加剧了知识创新者及专业企业家等关键人才的稀缺状况，促使资金方积极寻求这些宝贵的人力资源。这些人才掌握了更多的职业选择主动权，能够通过吸引风险投资等多种途径将个人的知识转化为实际价值。

2. 全球经济一体化促进了国际上的人才竞争

随着中国加入世界贸易组织，本土企业在吸引和保留人才方面遭遇了前所未有的挑战。尤其是在企业家以及掌握关键技术领域的人才争夺上，竞争愈发激烈，导致人才的流动更加频繁，个人在职业选择上的自由度也相应增加。在这种环境下，能够成功吸引、培养并激励顶尖人才的企业，将更有可能在激烈的市场竞争中脱颖而出。不过，人才主权时代的到来也可能给企业带来短期不利影响，如可能出现人才泡沫现象及人才流失风险上升等问题。鉴于此，企业必须采取有效策略来应对此类挑战。

（六）人力资源管理的全球化、信息化趋势

随着全球经济与组织结构的不断扩展，人力资源管理领域正经历全球化和信息化转变。这种变化为企业在人才管理方面带来了前所未有的挑战，同时也孕育了新的发展机遇。

未来，超越国界的限制，人才的迁移将更加国际化。企业将会从全球视角，进行人才的招募与甄选。

人才市场的竞争格局正逐渐向全球范围扩展。国际的人才交流与合作将成为主流模式之一。个人的专业技能和价值不再局限于某一特定区域市场内被认可，而是能够在更为广阔的国际舞台上获得体现。因此，企业必须加强对国际人才流动趋势的关注，以便更有效地规划并实施其人才战略。

在全球化进程中，跨文化的人力资源管理能力将成为企业不可或缺的一部分。面对来自多元文化背景的员工与客户群体，组织必须培养有效处理文化差异的能力，以此来更好地激发团队潜力，并促进不同文化间成员的合作与交流，从而增强企业的全球竞争力。

人才网络平台将成为一种关键的人才市场形式。企业应当充分利用互联网的优势，以促进人才的交流与流动，并向客户提供人力资源方面的增值服务。这样做能够帮助企业更有效地进行招聘和人才选拔，还能够显著提高招聘过程的效率及质量。

鉴于当前人才流动速度加快，以及相关成本和风险的上升趋势，企业应当转变策略，从单纯阻止员工离职转向优化内部人力资源管理机制。具体而言，就是要构建有利于人才发展的良好环境，有效调控人才流动的数量与节奏。这种做法有助于挽留核心团队成员，还能显著减少因人员流失给组织带来的潜在威胁及其经济负担。

第二章

人力资源管理信息化发展及其影响

第一节　企业发展的信息化

在当今这个信息爆炸的时代，信息技术的普及与信息网络规模的持续扩大正推动着企业信息化水平的不断提高。这种趋势使企业在运营模式上经历了深刻的变化，包括向知识密集型、数字化管理、虚拟协作环境、网络化运营方式、定制化服务以及全球市场拓展等方向发展。企业的成长轨迹与其信息化进程紧密相连。

企业在内部建立了网络化的信息系统，实现了信息处理的自动化与资源的共享，从而提高了整体运营效率。通过连接外部网络，企业还构建了广泛的互联互通体系。如今，信息及其相关技术、系统已经成为一种战略性的资产，它们支撑着企业的战略决策过程，更是影响企业发展成败的重要因素。因此，在现代企业策略规划中，信息战略占据了至关重要的位置，成为不可或缺的一部分。

在当今时代，众多发达国家，例如欧洲与北美的国家，已广泛采用信息技术于企业日常运作的各个方面，从而形成了一种依托互联网及信息科技的新发展模式。由此可见，信息化的引入、构建与发展已成为现代企业界普遍认同的发展方向。凭借其独特的优势，信息化技术在商业领域内得到了广泛应用，并且已经成为企业发展策略中不可或缺的一部分，代表了不可阻挡的进步趋势。

一、信息化与企业信息化

“信息化”这一概念在当前社会中频繁出现，它代表了国民经济及社会各个层面的技术革新。具体来说，它指的是通过广泛推广并应用计算机、通信技术和互联网等先进信息技术及其他智能技术，在国民经济的多个领域内推动发展，以期达到提高经济运行效率、增加劳动生产率、增强企业竞争力和改善人民生活质量的目标。这一进程涉及技术层面的更新换代，更体现了从工业时代向信息时代的深刻转变。

在这个转变的过程中，信息技术产业逐渐崭露头角，成为国家经济体系中不可或缺的一部分，其影响力持续增强。随着工业化与信息化之间界限的日益模糊，信息作为一种新兴的关键资源，在生产活动中扮演的角色越来越重要。就像工业革命一样，信息化进程极大地推动了生产力的发展，还深刻地重塑了生产关系的本质。

在国民经济的数字化转型过程中，企业作为经济活动的主要参与者，其信息技术的应用程度对国家整体信息化战略的成功推进及经济持续健康发展具有决定性影响。因此，企业的信息化建设是推动社会全面信息化的基础，也是增强国家竞争力的关键因素。

企业信息化是指企业运用信息技术及其相关产品进行升级的过程。这个过程涵盖了从内部扩展到外部、从局部覆盖到整体、从短期策略转向长期战略的全面技术渗透。借助以计算机技术和网络技术为核心的现代信息工具，企业通过内部局域网连接、跨企业的互联网合作，直至全球互联网平台的应用，实现了信息资源的有效共享。这种转变减少了企业的交易成本，也极大地优化了其管理与运营模式，增强了创新力，并且促进了核心竞争力的发展。

从实践角度来看，企业信息化涵盖了生产流程的自动化、管理模式的网络化、决策支持系统的智能化以及商业活动的数字化。这一系列转变为企业带来了显著的利益与竞争优势，但重要的是要认识到，信息化本身并非终极目标，而是达成更高效运营的一种工具。为了有效应对不断演进的外部环境挑战，企业需要充分利用现代信息技术及网络技术等先进资源，构建基于信息网络和计算技术的新平台，从而促进前后端信息系统之间的无缝整合。

信息化的主要目的在于提高企业的整体运营效率，通过促进技术、管理、组织及制度等方面的革新来加强其核心竞争力。实施信息化不仅是为了追求形式上的现代化，更是为了提升营利能力，并为企业达成战略目标提供关键支持。换句话说，应当将信息化策略与企业长远发展规划紧密结合，使之成为助力实现公司长期愿景的有效工具。从更深层次来看，企业信息化限于技术层面的创新，它还象征着一种管理理念与运营模式的根本转变。这意味着企业需要对其组织架构、业务流程及人力资源配置等方面实施全面的优化与调整，以应对信息化进程所带来的全新挑战。这一变革不局限于技术领域的进步，同时也涵盖了企业文化、员工能力以及管理模式等多维度的升级与发展。

在推进信息化建设时，企业应明确其发展战略与规划，以保证信息系统的投入能够支持企业的长远发展目标。加强员工的信息技术培训，提高他们的信息技术素养和应用技能，对于确保信息化项目的成功实施至关重要，这将为企业提供坚实的人才基础。

二、企业信息化建设的必要性

企业信息化，这一充满挑战与探索的历程，如今已迈入了变革迫在眉睫的新纪元。对于当今的企业来说，透彻理解并掌握信息化进程与企业发展之间的内在关联，已经成为一项至关重要的议题。接下来，本书将从增强企业的核心竞争力、改善企业管理效能、顺应全球经济发展的趋势、优化业务流程以及满足知识管理的需求等五个方面出发，全面探讨推进企业信息化建设的重要意义。

（一）提高企业核心竞争力的内在要求

在激烈的市场竞争环境中，企业赖以生存与发展之根基在于其核心竞争力。这种力量反映了企业在特定行业中所占据的独特位置及其不可或缺的作用，是企业整体素质与能力的综合体现。虽然可以通过一系列具体的因素和专门设计的评估体系来衡量企业的竞争力，但最终决定一家公司能否长久发展的关键，在于其核心竞争力的强度。

企业的核心竞争力体现在那些能够让企业从众多竞争者中脱颖而出的独特优势上，如专有的技术、高水平的专业技能以及高效的管理流程。能够持续保持领先地位的企业，往往拥有难以被外界轻易复制的核心能力。但是，即使一家企业具备了强大的核心竞争力，它也不能因此而放松警惕，因为竞争对手总是有可能通过学习和模仿来缩小差距甚至实现超越。以美国微软公司为例，尽管其在操作系统开发领域长期占据主导地位，但微软并未因此停滞不前。相反，该公司不断对其现有产品进行改进，并且积极开发新产品以适应市场日益多样化的需求，这些举措旨在进一步加强其在全球计算机操作系统市场的领导地位。

企业信息化建设的核心目标在于增强其核心竞争力及确保竞争优势。通过信息技术与制造技术的深度融合，诸如ERP（企业资源计划）、CAD（计算机辅助设计）/CAM（计算机辅助制造）等系统的集成应用，实现了从生产管理到库存、人力资源乃至营销管理的高度整合。这一过程使企业的运营更加同步化、智能化和虚拟化，同时也显著提高了工作效率、市场响应速度以及满足客户需求的能力。随着互联网及相关信息系统如ES、EFT、CSCW、EMS等工具的应用普及，企业能够实现跨地域的信息同步交流，在信息获取、传播和利用上展现出前所未有的灵活性、效率性和开放性。这种变革增强了企业在信息处理方面的能力，还实际降低了设计与生产的成本，加速了产品创新和技术进步，并减少了对现有产品进行更新或改进所需的成本。信息化制造技术的引入特别有助于优化库存控制，降低库存水平，使经济资源得以更有效地调配使用。电子商务的发展则进一步削减了商业交易中的成本障碍，拉近了商家与消费者之间的距离，拓宽了企业的业务范围。通过采用先进的信息收集系统，企业能够更好地激发创新潜能，迅速而精准地回应市场需求变化，持续提供多样化的产品和服务，从而构建起难以被竞争对手复制的竞争优势。

（二）提高企业管理水平目的的推动

提高企业的管理水平对于促进其长期稳定发展至关重要。然而，在我国的众多企业里，由于受到传统计划经济管理模式的影响，管理方式较为粗放、过分依赖领导个人意志及经验主义的现象仍然普遍存在。这些因素极大地限制了企业的发展潜力及其市场竞争力。为此，越来越多的企业正积极寻求通过信息化建设来解决上述问题。

随着信息技术的进步及其广泛应用，企业获得了强有力的技术支撑。通过构建和利用信息系统，企业能够实现信息处理的智能化，从而提高管理者的资讯处理能力和决策效率。诸如专家系统、决策支持系统、群体决策支持系统及电子会议系统等专业信息系统的建立与实施，显著增强了管理者决策过程中的科学依据和说服力。这样一来，在日常运营管理中，企业能够减少非理性和主观判断的影响，使决策制定更加合理化和科学化。

在构建信息系统的过程中，企业高层管理者应当树立正确的信息建设观念。信息系统的建立目的限于提高管理效率，更重要的是推动传统管理模式的革新与进步。这一点在我国企业的信息化进程中尤为重要。鉴于每家公司的运营特点及业务需求各不相同，在推进信息化建设时应倾向于采用定制化解决方案而非直接购置现成软件包安装使用。只有将企业独特的管理理念融入其管理信息系统中，才能真正实现管理水平的有效提高。

通过加强信息技术的应用，企业能够精简管理流程，提高运营效率，并有效控制成本。信息系统的部署还使企业能更准确地捕捉市场动态及消费者偏好，据此制订更为精确的市场营销和产品开发计划。这种做法有助于增强企业的市场竞争力，也为其实现长远发展目标提供了有力支撑。

（三）顺应全球经济发展趋势的要求

随着全球化进程的不断推进，世界经济正日益展现出一体化与全球化的显著特征。这一趋势如同历史洪流般不可阻挡，促使各类资源在全球范围内得到有效分配与利用。鉴于各国经济发展状况存在显著差异，在参与国际资源配置时，各国均能基于自身特色展现独特的比较优势。作为市场经济的重要参与者，企业追求的核心目标是实现利润最大化。在当前全球经济融合的大环境下，为了达成这一目的，企业需充分利用本国所具有的比较优势，并积极寻求与其他国家合作，开拓更广阔的国内外市场空间，通过扩大生产规模和深化专业分工来增强竞争力。

以信息技术为基石的信息革命正在深刻重塑全球经济格局。如今，国际化经营不再仅仅是大型企业的特权，中小企业也能够便捷地参与国际贸易；虚拟企业数量激增，传统企业之间的界限日益模糊；网络社会的发展促进了市场经济的进一步扩展，地理距离对商业活动的影响逐渐减弱；消费者几乎可以通过互联网购买到全球各地的商品，享受来自世界各地商家的服务。这些新兴商业现象的背后，都离不开信息技术的强大支持。

在当前全球经济一体化的大背景下，加强企业信息化建设显得尤为关键。利用信息技术，企业能够更有效地整合世界各地的资源，改进生产流程，并提高运营效率。信息技术的应用还促进了企业与其国际合作伙伴间的交流与合作，共同面对市场的挑战和机遇。鉴于此，为适应全球经济发展趋势并增强自身竞争力及适应力，企业应当积极投入于信息化建设。

（四）业务流程重组的要求

在全球化竞争日益激烈、市场需求日益多样化及经济环境不稳定的大背景下，业务流程重组（BPR）作为一种管理理念应运而生。它主张基于信息与知识的运用，以提升顾客需求满足度和服务体验为核心目标，对企业内部运作机制进行全面审视与革新设计。实施此类变革后，企业能够在效率、成本控制、产品质量、服务水平以及响应速度等多个维度实现显著改善，更好地适应信息化社会的发展趋势。

随着信息技术的不断进步，它为企业流程再造提供了强有力的技术支撑。利用这些技术工具，企业能够跨越传统组织结构及其职能界限所带来的限制，围绕核心业务流程展开全新的审视与规划。这意味着企业管理层需要从流程的角度出发，而不是仅仅基于职位职责来重新评估企业的各项活动，以此达到优化和重构业务流程的目的。

在企业形态与规模层面，信息化管理的应用为企业带来了深刻的变革。借助信息网络技术的普及应用，企业内部不再需要为每一项职能都配置专门人员。利用信息网络的优势，不同部门可以根据实际业务需求灵活调配人力资源。这样一来，企业能够将更多的精力集中于经营管理之上，而减少对传统组织架构构建的关注。这种转变促进了企业价值体系、组织结构以及激励机制等方面的全面革新。

将业务流程重组与信息化建设相结合，能够促进企业内部流程的优化和革新，提高工作效率及市场竞争力，而且有助于企业更灵活地应对市场的波动以及消费者需求的变化，从而支持企业的长期稳定发展。因此，实施业务流程重组是推进企业信息化进程的重要驱动力，也是企业在信息时代保持适应性和持续发展的必要条件。

（五）知识管理的需要

在企业运营中，知识管理作为一项关键活动，正逐渐成为公司治理的核心部分。这一过程以知识的积累为基础，并且本质上是围绕着如何更好地利用知识来指导管理实践展开的。对于组织来说，无论是显性的还是隐性的知识，都是极其宝贵的资产，它们包括了技术、经验教训、思维方式、工作方法论、数据集、信息资源、产品详情、客户资料以及知识产权等多方面内容。鉴于此，对这些知识资产实施有效的管理和优化变得尤为重要。

知识管理涵盖了企业内知识的识别、获取、开发、拆解、运用及储存等环节。在此过程中，利用先进的信息技术与网络平台对于促进知识的有效积累和迅速传播至关重要。随着网络技术及其应用领域的迅猛发展，为企业的知识管理体系构建提供了更为现代化的技术支持环境，进而推动了基于互联网架构的知识管理系统的设计与实践。此类系统能够帮助企业更有效地整合内外部的知识资源，提升员工的专业素养和创新能力。

信息技术的知识管理构成了企业知识体系中的重要部分，它承载着独特的重要性与意义。企业的信息化建设涵盖了与其经营、科研、销售及生产活动紧密相连的各种信息技术和管理实践。随着信息技术在科研和生产领域作用的日益增强，企业对于信息技术的应用依赖也愈发明显。然而，在实际执行过程中，许多企业由于缺乏相关领域的专业人才而难以有效地推进知识管理的信息化进程。因此，探索如何促进信息技术与知识管理之间的良性互动，即利用信息技术推动知识管理水平提高，并通过优化知识管理来加速信息化进程，成为当前企业面临的关键挑战。

借助信息化建设，企业能够构建起一套健全的知识管理框架，从而实现知识的有效存储与迅速传播。利用信息技术工具，企业还能够对所掌握的知识进行系统性的分类、整理及深入挖掘，以识别并发挥其内在价值与潜力。此举有助于增强企业的创新能力与市场竞争力，而且对于支持企业的可持续发展也具有重要意义。

三、企业信息化实施中的障碍

企业信息化，作为一种有效提升竞争力的策略，展现出极大的吸引力。然而，在实际操作中，许多企业在推进信息化的过程中遇到了诸多挑战，甚至导致项目的失败。以 ERP 系统为例，国际研究显示，全球范围内超过 70% 的 ERP 项目未能达到预期目标，并且其成本通常超出预算 240%，安装时间也比计划延长了 178%。在中国，近 20 年来，企业对 ERP 项目的总投资接近 100 亿元人民币，但成功实施的比例仅为约 15%，这表明大部分企业的投入并未转化为相应的收益。面对这样的情况，一些人开始对信息化产生顾虑和犹豫，甚至有人用“实行信息化就是找死，不搞信息化就是等死”这样的说法来形容这种困境。虽然这句话带有夸张成分，但它确实反映了企业在追求信息化道路上所面临的复杂局面。

（一）管理现状与信息化要求的冲突

信息时代的到来促使企业必须对其管理模式进行根本性的转变，这涵盖了生产和运营流程的重新构建。这一过程可能会引起企业内部结构的变化，包括职位、权力分配、责任以及利益关系等方面。如果这些变化处理不当，则有可能引发企业内部的矛盾冲突，从而阻碍信息化进程的发展。随着管理变得更加标准化和透明化，企业的各项活动也变得更为精确与公开，这对国内的企业构成了新的挑战。当基于信息技术的管理方法与传统的人治模式之间产生摩擦时，只有那些能够坚定信念推进信息化改革的企业，才能真正实现向现代化管理方式的成功转型。

企业中的决策层与管理层往往对推动信息化进程持保守态度。他们可能不愿投入过多的时间和资源于信息系统的建设和优化中，担忧的是效率提高可能会导致人员结构的变化，如岗位调整或裁员，从而给高层管理者带来额外的压力。这种顾虑成为阻碍信息化项目顺利推进的重要因素。

（二）观念滞后于技术进步

在应对信息化的过程中，国内企业常常表现出两种截然不同的态度：一种是将之视为高风险操作而犹豫不决；另一种则是过分乐观地认为它能够解决所有问题。这两种看法均不利于信息化的有效推进。诚然，实施 ERP 这样的大型信息系统确实伴随着一定的挑战与不确定性。但是，从长远来看，随着我国加入 WTO（世界贸易组织），面对着来自海外那些已经拥有成熟信息技术体系的竞争者，如果我们自己不在这一领域内作出相应的变革和发展，则很难在全球化的市场中找到自己的位置。

许多企业在信息化建设的理解上存在偏差。他们倾向于认为，只要用计算机取代传统的人工操作，就算是实现了信息管理，并且能够直接为企业创造竞争优势。这种认知误区使这些企业往往将信息化进程简化为购置计算设备与软件、铺设网络设施的过程，而忽略了技术与业务流程深度融合的重要性。实际上，企业信息化涉及技术层面的应用，更是对企业整体运营模式的一次深刻变革。在此过程中，技术应作为支持工具，服务于业务需求，而非主导业务发展方向。唯有当信息化策略促使企业的运作机制和管理模式发生根本性转变时，其潜在价值才能得以充分释放。

（三）复合型人才的匮乏

尽管我国企业已经意识到人才在推动信息化进程中的关键作用，但这一领域的发展仍受到人力资源限制的影响。理想的信息化建设需要的是能够同时掌握业务知识、管理技巧以及信息技术能力的复合型专业人才。然而，在实际操作中，许多国内企业在推进信息化的过程中往往过度依赖信息技术人员来主导和实施相关项目，这种做法存在一定的局限性。由于技术专家可能缺乏对企业运营需求的深刻理解，而业务领域的工作人员又未必熟悉技术的具体应用方法，导致了技术和业务两方面难以实现有效融合。实际上，信息化的核心目标在于更好地服务于企业的主营业务，从最初的用户需求分析到后续的技术选型乃至整个实施方案的设计过程，都离不开业务部门员工的积极参与。由此可见，培养或引进具备跨学科背景的人才对于确保信息化战略的成功执行具有极其重要的意义。

薪酬待遇问题同样是导致具备跨领域技能的人才流失的关键因素。许多在业务知识和信息技术方面都有所涉猎的员工，其收入水平与普通业务人员相差无几，然而市场上 IT 专业人员的整体薪资却相对较高。这种情况往往使这些复合型人才感到不满，进而可能不愿意长期留在企业中发挥更大作用。因此，合理的薪酬制度对于吸引并留住这类稀缺人才显得尤为重要。

四、企业信息化发展的思路

企业信息化应当与管理层面的进步紧密结合。从先前的讨论中可以发现，阻碍企业信息化进程的主要因素往往不是技术瓶颈，而是源自企业内部的问题。因此，在推进信息化的过程中，首先需要对企业自身进行深入反思，明确哪些方面需要改进、如何实施这些改进措施以及怎样克服变革过程中遇到的阻力，只有这样，才能确保信息化工作的顺利开展。信息化并非难以跨越的障碍，相反，它为企业提供了革新管理模式、理念及方法的重要机会。唯有积极拥抱信息技术，并将其有效地融入企业的日常运营，企业才能够实现信息化建设的成功。

（一）信息化必须以科学管理为奠基石

构建管理信息系统依赖技术支撑，还需要坚实的管理基础。在提高和优化管理水平的过程中推动企业信息化进程，进而利用信息技术促进企业管理效率与质量的进一步提高与发展。通过这种良性互动机制，企业的管理和信息化建设能够实现和谐共进。

在实际操作层面，企业各级管理人员特别是高层领导需要具备前瞻性思维和发展信息技术的决心与勇气。作为企业的核心力量和灵魂人物，决策层及管理层只有充分认识到信息化的重要性，才能有效推动企业在这一领域的发展。管理层应当理解到，信息化并非额外负担，而是能够极大程度上提供必要的支持服务。通过推进信息化建设，可以开阔管理者的视野，促进思想解放，还能借鉴西方先进的管理模式，从而增强企业的国际竞争力，逐步实现与国际标准的接轨，为实现现代化、国际化奠定基础。其关键点在于引入创新的管理理念。信息化不是个别人员或单一部门的责任，它需要整个组织共同参与和支持，这意味着实施信息化项目时必须调动全体员工的积极性。之前已经提到，在推进信息化的过程中，可能会遇到因个人利益考量而产生的抵触情绪，解决这一问题的关键在于优化管理制度。在此过程中，可以采用变革管理（Change Management）的理念来教育全体员工，强调变革对于企业生存与发展的重要性，并开展相关培训以帮助员工从情感上接纳这种变化。建立合理的激励机制也是必不可少的，以此促使员工的行为符合信息化的要求。

（二）要注重信息化人才的培养和引进

企业在追求信息化的过程中，仅需要管理型或技术型的单一人才，更迫切需求的是那些能够深刻理解业务流程、掌握相关专业知识、具备良好管理能力并且熟悉信息技术的复合型人才。这类人才是真正意义上实现了信息“化”的关键力量。因此，企业应当重视寻找并培养此类人才。针对业务部门的员工，应鼓励其深入了解信息化的重要性，并积极接纳新兴技术；对于技术部门的工作人员，则需激发他们超越纯技术层面的兴趣，引导他们探索企业的核心业务及其运营模式。只有当这两类人员能够有效结合各自的优势时，才能为企业孕育出既懂技术又通晓业务的高素质信息化人才。

（三）信息化的建设要充分与企业的实际需要和实际应用相结合

企业的信息化建设旨在提升其活力与竞争力，必须紧密贴合企业实际需求。我们反复强调信息技术是一种工具而非终极目标，正是基于这一理念。以交通领域为例，尽管飞机是速度最快的出行方式之一，但并不能完全替代其他交通工具，因为人们在不同情境下对交通工具的选择有着特定的需求。同理，在采用信息技术时也应遵循相似的原则，即在恰当的时间点为合适的环节引入合适的技术，而不是盲目追求最新、最高端或最昂贵的技术解决方案。因此，准确找到信息化推进的起点至关重要。这要求识别出那些当前可通过信息技术手段解决且技术上可行的问题，并且这些问题解决后能够带来显著效益。随着系统的运行，能够更好地理解现有需求，还会激发新的需求，从而促进企业信息化水平的持续提高。

（四）企业信息化是动态发展过程，需要与时俱进

信息化的实现既非一朝一夕之功，也非一次性的成就，它要求我们在规划时持有长远视角。这意味着，在构建企业信息化体系的过程中，应当采取一种前瞻性的态度。鉴于社会经济需求的变化和技术的进步，原有的信息系统往往难以满足企业发展日益增长的需求，因此需要定期对这些系统进行升级、改造乃至替换。以制造业为例，从 MRP 到 MRP2，再到 ERP 的发展历程就是技术迭代与企业适应性调整的典型例证。面对日新月异的信息技术环境，企业唯有持续地更新其生产模式，方能在复杂多变的竞争格局中保持领先地位。

第二节　人力资源管理信息化

一、人力资源信息化的内涵

（一）人力资源信息化（e-HR）的定义

“人力资源管理信息化”这一概念，与人力资源管理一样，其根源在于国际上的理论和实践，并且是对英文术语“e-HR”的准确翻译。在“e-HR”这个概念里，“e”代表了两层含义。

（1）电子化，指的是通过数字化和网络化的手段来改进传统的人力资源管理模式。

（2）效率，强调的是以提高工作效率为目标，而采用电子技术正是达成此目标的重要方法。

追溯到 20 世纪 90 年代，e-HR 的概念首次在国外出现。那时，电子商务（e-Commerce）的潮流正在席卷企业领域，促使许多商业活动经历了一场革命性的变化，众多商业流程逐渐转向了在线平台。作为 e-Commerce 体系中的关键组成部分，e-HR 最初指的是将人力资源管理功能迁移至网络环境下的实践。之后，学术界持续深入研究，并进一步扩展了关于人力资源管理数字化的理解范畴，形成了若干种具有广泛影响力的观点。

美国佛罗里达国际大学的杰出教授 Gary Dessler 指出，信息化手段在人力资源管理中的应用主要是通过信息的采集、处理、保存及发布来辅助组织作出更加精准的人力资源决策。它还能促进组织内部人力资源活动的有效协调与控制，并对其进行深入分析和直观展示。该过程依赖一系列相互关联的功能模块所构建的技术平台，这些模块共同作用形成全面而统一的技术系统。

来自美国得克萨斯大学的知名学者 Steve Moritz 提出，通过融合多种信息

技术手段，人力资源管理领域正迎来一种全新的管理模式。这种模式整合了包括企业资源规划、人力资源服务中心、交互式语音解决方案、网络应用平台、语音识别技术以及面向管理者与员工的自助服务门户在内的多项成熟技术。这些技术的应用使人力资源管理工作得以全面数字化转型，正如图 2-1 所示。

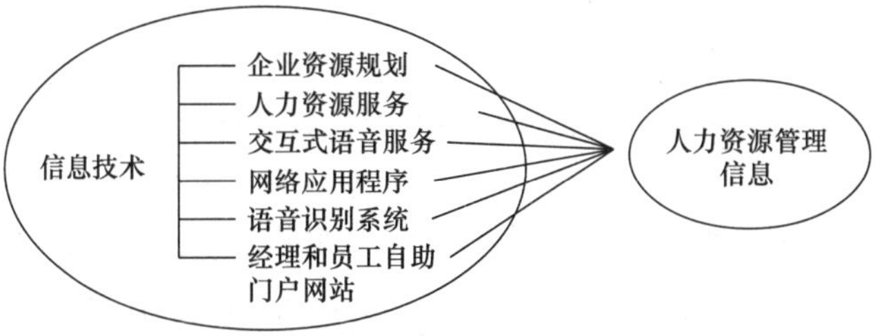

图 2-1　Steve Moritz 定义的人力资源管理信息化示意图

舍曼等人将人力资源信息系统（HRIS）描述为一种能够提供实时且精确数据的计算工具，其目的在于支持组织内的管理和决策过程。从这个角度来看，HRIS 的功能已经超越了单纯的数据存储与更新，而扩展到了包括报告生成、人力资源需求预测、战略规划、职业发展路径设计以及对人力资源管理政策和实践效果评估等多个方面。

与国际上的研究相比，国内学术界对于人力资源信息化的探讨起步较晚，但其定义却更加全面。余凯成等学者指出，人力资源信息系统是综合平台，它通过收集、处理、存储及发布信息来辅助决策制定、协调工作流程、实施管理控制、进行数据分析以及实现人力资源管理活动的可视化展示，如图 2-2 所示。该定义特别突出了系统集成性和数据可视化这两项关键特性。

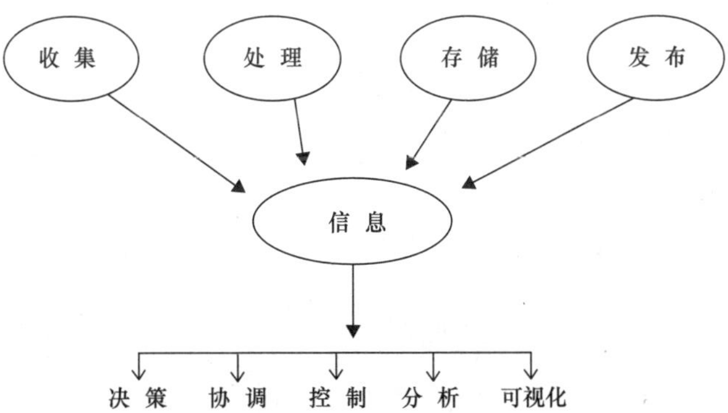

图 2-2　余凯成等人对人力资源信息化的定义图示

朱勇国副教授对人力资源管理信息化提出了更为详尽的解释：通过利用前沿的信息技术，依托软件平台，构建一种成本低廉、效率高且能够促进全员参与的现代化人力资源管理模式。这种模式致力于提高人力资源管理的战略价值，并推动形成更加开放的人力资源管理体系。

e-HR 市场分析专家郑大奇提出，凡是运用或引入信息技术手段的人力资源管理活动均可视为人力资源管理的信息化过程。在他看来，这一概念涵盖了诸如电子商务、互联网的应用，人力资源管理业务流程优化，以客户为中心的服务理念以及全面的人力资源管理策略等关键要素，这些都指向了未来人力资源管理的发展趋势。

人力资源信息系统的有效实施极大地依赖先进的人力资源管理平台。这类系统能够打破地域与时间的限制，促进员工与组织之间的紧密联系，确保信息流通顺畅及沟通便捷。在现代人力资源管理实践中，大部分流程都可以通过网络平台完成。比如，在招聘环节，企业能够在线发布职位空缺，求职者则能直接在网上提交申请材料。利用该系统还可以进行初步的能力评估，并借助视频会议工具实现远程面试直至最终录用。对于在职职工来说，他们可以轻松访问个人相关的各类数据，包括但不限于薪酬详情、培训经历、休假记录等，并且能够即时更新如联系方式、教育背景、婚姻状态或居住地址等个人信息。从管理层的角度来看，电子化的人力资源管理系统使监督更加高效，领导层可以迅速获取团队成员的工作进展报告、绩效评价结果以及其他重要统计数据。

因此，可以认为企业人力资源管理的信息化既是一种技术体系也是一种管理体系。它能够增强组织运作效率、降低成本，还能够增加企业盈利并提升员工满意度。这正是现代科技与商业活动深度融合所带来的显著好处之一。借助信息技术的应用，企业能够更加高效准确地管理员工资源；员工也能更轻松地访问个人相关信息并进行必要的更新，从而激发了他们在人力资源管理过程中参与的积极性和主动性。可以说，在当今时代，人力资源管理的数字化已成为支撑企业发展不可或缺的关键因素，为企业成长提供了坚实的支持和保障。

（二）人力资源信息化发展历史

企业人力资源管理领域内信息技术的应用经历了从浅入深、由窄至广的发展历程，这一过程大致可以划分为四个阶段，具体划分见图 2-3。

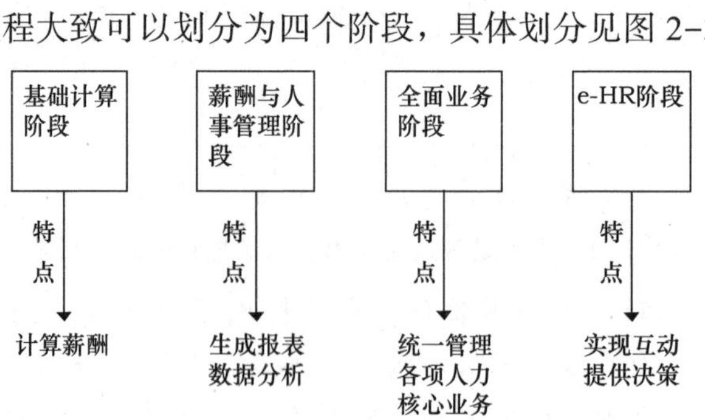

图 2-3　人力资源信息化发展历史

1. 基础计算阶段

20 世纪 60 年代末期，随着发达国家中计算机技术逐渐达到成熟水平，并逐步扩展至管理实践领域，人力资源管理系统初现雏形。这一阶段，通过部分前沿应用软件的探索，信息技术开始应用于人力资源管理最为基础、复杂且烦琐的任务——工资计算与支付环节。此时的人力资源信息系统主要专注于实现薪酬处理流程的自动化，显著降低了人事部门的工作压力。不过，在技术和条件有限的情况下，第一代系统基本上仅作为薪资自动计算工具而存在，未能涵盖非财务性质的信息或薪酬历史记录，同时缺乏报表生成及薪酬数据分析能力。尽管如此，该系统的问世依然为人力资源管理领域的信息化进程描绘出了一幅充满希望的蓝图，预示着其未来广阔的发展空间。

2. 薪酬与人事管理阶段

至 20 世纪 70 年代末期，随着计算机软件技术的迅猛进步及硬件性能的显著提升，人力资源管理系统的能力得到了大幅度增强。此时，系统能够处理员工薪酬的计算工作，也开始关注非财务性质的信息管理，比如记录员工薪酬的历史数据，并引入了报表生成与薪酬数据分析等功能。这一时期的系统已经超越了单纯作为薪酬计算器的角色，开始承担起部分人员信息管理的任务。因此，该阶段被定义为薪酬与人事综合管理系统时期，在人力资源管理系统的演进历程中占据举足轻重的地位。尽管如此，这一代系统的设计与开发主要由计算机领域的专家主导，其设计理念更多地从技术角度出发，对于人力资源管理的具体需求和理念缺乏全面考量。对非财务信息的收集仍不够系统化和全面化，未能涵盖企业人力资源管理中的所有业务领域。

3. 全面业务管理阶段

20 世纪 90 年代初期，全球经济格局经历了深刻变革，人力资源理论也随之得到了显著的发展和完善。企业领导层逐渐意识到，在推动公司成长及增强市场竞争力方面，有效的人力资源管理扮演着至关重要的角色。因此，一系列新颖的人力资源管理策略与理念应运而生，并被广泛应用于企业管理实践之中。随着信息技术特别是计算机网络技术的兴起与发展，传统上由人力执行的人力资源核心职能（包括薪酬规划、人才招聘、员工培训、绩效评估、职位配置以及个人档案维护等）开始借助计算机系统实现集中化管理和信息资源共享。这一转变极大地减轻了人力资源部门日常工作的负担，显著提高了工作效率。这标志着人力资源管理系统经历了一次里程碑式的革新，即进入了其发展历程中的第三个重要阶段——全方位业务整合期。尽管此时的人力资源管理体系尚未达到全员参与且覆盖所有人力资源活动的理想状态，但它为后续 e-HR 时代的到来奠定了坚实的基础。

4. 人力资源管理信息系统（e-HR）阶段

在20世纪末至21世纪初，人力资源管理信息系统经历了第二次重大的演变。在此期间，人力资源管理的重要性得到了显著提升，在企业战略规划中占据了核心位置。随着互联网技术的广泛采用及人力资源理论的进步，信息系统能够更加高效地应对内外部环境的变化与需求。这一阶段被称为人力资源管理信息系统的第四发展阶段——电子化人力资源管理系统（e-HR）。当前，通过此类系统，员工或潜在雇员与公司的人力资源部门之间可以实现有效沟通。其核心在于从人力资源视角出发，将相关信息整合并标准化管理流程，以达到最优的人力资源配置。它还具备对关键人力资源指标进行深度分析与持续监测的能力，从而为高层决策提供强有力的数据支撑。现代e-HR平台继承了之前版本的优点，更加强调数据分析能力，并能以灵活多变且易于理解的形式呈现结果，极大地增强了对企业运营决策的支持作用。可以说，e-HR时代的到来开启了人力资源信息化建设的新篇章。

二、人力资源信息化的意义

在当代企业管理体系中，人力资源信息化占据了极其重要的位置。它的发展为企业解决管理难题提供了有效的工具，而且对于提高管理和运营效率有着深远的影响。在中国的企业环境中，那些成功部署了较为全面的人力资源管理系统或部分功能模块的机构，主要集中在金融、通信及高科技领域以及劳动密集型行业中。这些机构通过实施薪酬管理、员工档案维护、出勤记录等基础服务，并逐步引入心理评估、绩效考核、在线招聘、薪酬福利规划、职业路径设计、劳动成本分析等高级功能，显著增强了其人力资源管理的能力。通过研究已经实现人力资源信息化并取得积极成果的企业案例发现，这种技术的应用给企业带来了多方面的正面影响。

（一）加强企业内外联系，促进信息畅通

在当前高度竞争的社会背景下，有效的沟通对于企业的持续发展至关重要。无论是内部跨部门合作、员工间的交流还是与外部商业伙伴的互动，都被企业视为关键环节。然而，随着组织规模的增长及业务复杂度的提升，实现高效沟通变得挑战重重。采用电子人力资源系统之后，通过其提供的集中化数据管理、分布式的应用架构以及全面覆盖的网络协作模式，显著改善了公司内外部的信息流通状况。这促进了与外界合作伙伴之间在人才资源、技术能力和知识分享等方面的深入合作，还增强了彼此间的关系纽带，进而提升了企业对市场变化的响应速度和适应能力。因此，e-HR系统的部署能够有效地促进企业内外部联系的建立与维护，确保信息传递顺畅无阻，优化人力资源管理流程，

从而为企业赢得更大的竞争优势。

（二）革新管理理念，重塑 HR 角色

实施人力资源管理的信息化意味着工作方式的进步，更标志着管理哲学的根本性转变。在此过程中，人力资源专业人士得以从繁复的日常事务中解放出来，并重新定义自身的职责与使命。他们不再仅仅是行政任务的操作者，而是逐步成为企业战略决策中的关键合作伙伴，在优化业务流程及促进团队协作方面发挥着更加主动的作用。这一角色转换要求 HR 人员能够迅速响应市场动态，确保人力资源策略与企业整体规划相契合，从而在宏观层面上推动人力资源的有效配置与管理。

（三）适应员工需求，搭建发展平台

随着时代的进步，企业员工对于信息的敏感度和个人主动性日益提升。他们渴望人力资源管理过程更加公开透明，并愈发重视个人化的职业发展规划，希望能够自主控制自身的发展路径，从而更积极地参与自我管理。通过引入人力资源信息系统，企业能够有效回应员工在成长与发展方面的诉求。具体体现为以下几个方面：利用人力资源电子平台，员工能够便捷地访问包括个人考勤情况、工资详情及培训历史在内的各类信息，并且可以直接在线上更新这些资料。比如，在更换居住地址后，员工可通过该系统自行修改个人信息，确保资料的时效性和准确性。人力资源电子系统能够依据员工当前的职位、工作特性以及组织对员工的具体要求，与员工个人的能力水平相匹配，进而明确培训需求，并基于此开设相应的培训课程，提供所需的知识内容。通过采用 e-HR 系统，企业的所有员工都能够随时随地访问最新的培训课程列表，并根据个人技能需求在线提交参加申请。该平台促进了自我驱动的学习模式，还支持了知识的有效共享，极大地提高了学习的便捷性和效率。在相关培训活动完成后，e-HR 系统会利用在线评估手段来实施有效的评价，并对收集到的反馈信息即时进行整理、记录及归档。这些资料能够随时通过网络查询。由此可以看出，当企业实现了人力资源管理信息化之后，使员工能够享受到更为丰富的服务以支持个人成长的需求，同时也为人力资源管理部门更好地了解员工状况提供了便捷途径。

（四）提高管理水平，实现标准化管理

通过引入人力资源管理信息化系统，企业能够将原先零散分布的人力资源信息进行有效整合，并开展深层次的数据分析。这一举措极大地简化并优化了相关业务流程，而且确保了这些经过改进的流程能够在系统中得到准确反

映。详尽且精确的人力资源数据为企业管理层提供了全方位了解当前人力资源状况的基础，而基于综合数据分析生成的报告则为决策过程增添了强有力的支持。该类软件内置的先进管理理念有助于进一步完善企业的日常运营机制。总之，上述所有因素共同促进了企业管理水平向着更加现代化和标准化的方向发展。

（五）提供增值服务，强化部门间沟通

采用电子人力资源系统之后，企业能够为各级管理层提供显著的增值服务。对于高层管理人员来说，他们可以通过这一系统即时自主地获取所需的人力资源信息，并且利用该平台迅速便捷地处理相关审批事务，从而极大地提高了企业内部的工作效率。中层管理者同样受益匪浅，他们能够在授权范围内，通过 e-HR 平台在线查看其下属员工的相关人力资源资料，并快速处理日常人事活动，如员工转正、培训安排、考勤记录、休假申请以及离职手续等的提交与审批工作。除此之外，中级管理层还能够借助 e-HR 系统向人力资源部门提出本部门的招聘需求和培训计划，并在线完成对其所负责团队成员的绩效评估。此过程中，管理层与人力资源部门之间的沟通得到了增强，变得更加高效、顺畅。综上所述，e-HR 系统为企业各级管理层与人力资源管理部门构建了高效、快捷、方便的工作环境，提供了额外的价值，促进了整个组织的高效运作。

（六）改善服务质量，推进全面人力资源管理

人力资源管理并非仅由人力资源部门独立承担，而是涵盖了所有直线管理部门乃至每一位员工。这种全员参与的方式有助于提高人力资源管理的效率及决策水平，从而催生了全员参与的人力资源管理理念。不过，要实现全员的有效参与，需要有清晰的沟通渠道、参与形式以及时间安排，这些在传统的管理模式下往往难以统一制定和执行。基于互联网技术的人力资源管理信息系统为解决这一难题提供了可能。该系统能够突破用户数量限制，按照角色分配不同的访问权限，比如将非人力资源部门人员划分为高管、直线经理和普通员工等层级，通过面向全体员工的信息平台，扩展了人力资源管理的作用范围，还增加了各级别人员参与人力资源活动中的机会。这优化了人力资源服务的质量，扩大了覆盖范围，也在促进员工积极参与的同时推动人力资源管理工作向着更加创新和全面的方向发展。

（七）降低管理成本，提高经济效益

在人力资源管理领域，日常的行政任务往往消耗了管理者大量的时间。

特别是薪资处理、员工出勤记录维护、招聘活动以及职位调整和岗位轮换等环节尤为复杂。采用传统方法执行这些任务效率低下，还容易出现错误。通过引入信息化手段来管理人力资源，可以显著减轻中小型企业中此类烦琐工作的负担。这一步骤能减少对行政人员的需求，降低运营成本，还能大幅提高部门的整体工作效率。以合同续签为例，在没有专门的人力资源管理信息系统支持的情况下，HR 团队需定期查阅每位员工的合同状态，以便及时完成续约手续。一旦错过合同到期日而未采取相应措施，根据《中华人民共和国劳动法》的规定，企业可能面临支付额外赔偿的风险。然而，借助先进的人力资源管理信息系统，可以在合同期限即将结束前自动发出预警，并辅助完成续约流程及其他相关事项。这种自动化处理方式帮助企业节约了大量人力物力，同时也有效规避了潜在的法律纠纷。例如，通过对新乡辉县市 20 家中小企业的实地调研发现，已经实施了人力资源管理信息化方案的企业均报告称其管理开支有所下降，尤其是人力资源部门的成本控制效果明显。这一观察结果进一步验证了信息技术在优化资源配置、增强经济效益方面的积极作用。

（八）提高员工忠诚度与满意度，促进人才留存

在现代社会背景下，企业员工越来越重视个人价值的最大化实现，而不再仅仅满足于传统的物质与职业成就。他们更倾向于追求工作的自主性、创新性和挑战性，期望通过这些途径来充分挖掘和发展自身潜力。基于此，当代职场人士迫切需要平台，能够提供包括所在企业内部的人力资源情况、社会层面以及同行业内其他公司的人力资源状况等在内的全面信息，同时也能反映个人的职业发展状态。电子人力资源系统的出现，在理念和技术层面为满足这类信息需求开辟了新的路径。

人力资源信息化的应用促进了企业内部全员参与文化的形成，这与以往员工被动接受指令的模式形成了鲜明对比。如今，一种基于互动式的管理格局正在逐步建立起来。在此背景下，员工能够更加积极主动地参与个人职业规划及发展过程。通过运用人力资源管理系统来实施人员选拔和岗位配置等工作，可以有效减少决策过程中的主观偏见，确保了公平原则得到贯彻执行，提升了整体管理流程的透明度，增强了员工对组织的认可感，也让他们分享更加公正、开放的工作氛围后，对企业产生了更高的归属感与忠诚度，进而愿意为公司长远发展贡献自己的力量。由此可见，推动人力资源信息化建设对于提升员工满意度、对企业的忠诚度以及促进人才稳定等方面都具有不可忽视的作用。

三、实现人力资源管理信息化的条件

（一）实施信息化的客观原因

虽然人力资源管理的信息化带来了诸多优势，勾勒出了未来发展的美好蓝图，但这并不表明所有企业都能立即开展此类项目。实际上，并非普遍适用的原则都能适用每种具体情况。对于特定的企业来说，在计划推行人力资源管理信息化之前，应当细致地考察其实现的可能性。这一步骤看似多余，尤其是在许多人认为当前的重点应放在如何推进人力资源信息化以及怎样提高其成功率而非否应该实施的时候。然而，基于该领域的理论基础和实践经验来看，人力资源管理信息化是专业性极强的领域，它的成功实施需要满足一定的条件并抓住合适的时机。若缺乏这些前提条件而盲目追求信息化，则成功的概率将大大降低。企业考虑实行人力资源管理信息化背后的客观因素可以从多个角度来探讨。

1．人力资源信息系统的不成熟性

当前，人力资源管理软件领域尚未建立国家标准或行业标准。各软件开发企业依据自身的理解与设计理念来规划和实现其产品。即使这些设计初衷可能是合理的，但由于从概念到技术实施过程中存在多个转化步骤，初始的设计理念未必能够被完全准确地传达给执行层面的设计师。因此，在实际应用中，即使是一些已经被纳入正式开发流程的功能，也可能面临难以有效落实的问题。

2．企业人力资源管理业务的差异性

人力资源管理信息化软件的功能配置与流程规划依据企业的具体人力资源业务模型而构建，然而，从实际业务需求出发，不同企业间的人力资源管理要求存在着显著差异。例如，民营企业、中小型企业、高科技公司以及外资企业在人力资源管理的重点、挑战及管理水平上各不相同，这导致了在推进人力资源管理信息化的过程中，这些机构所设定的目标及其对信息系统功能的需求也存在较大差别。即使是同一企业，在其发展的不同阶段，人力资源管理的角色定位、目标设定、工作重心乃至管理方法都会经历变化。人力资源管理业务需求的这种动态性给 e-HR 系统的开发与部署带来了挑战，也成为限制该技术广泛应用于企业界的重要因素。

3．人力资源管理信息化软件的复杂性

在软件产品的信息获取方面，客户与开发方之间存在着显著的信息不对称。即使开发方向客户展示了产品功能，仅凭演示过程，客户也难以全面识别出潜在的问题或缺陷。在通常情况下，只有当企业实际开始使用该软件时，才会陆续暴露出一系列之前未曾注意到的问题，而此时解决这些问题的成本和难度已经大大增加。

（二）实现人力资源管理信息化的必要条件

企业采用人力资源管理信息化系统，需满足特定的前提条件。该技术的实施对企业提出了若干基本要求。

1. 高素质的人员

员工的专业素质是推动人力资源管理信息化进程中的关键要素，主要体现在两个方面：首先是对人力资源管理人员的专业能力要求；其次是用户对计算机操作技能的掌握程度。人力资源管理信息化是将信息技术与人力资源管理理念及工具相结合的过程，因此，企业需要拥有熟悉人力资源管理领域的专业人才，他们能够深刻理解并有效利用信息系统。然而，在不少企业中，尽管部门名称由人事部更改为人力资源部，但人员构成、工作重心以及所需技能并没有随之更新。这些工作人员往往缺乏系统化的专业培训，对于人力资源管理及其开发的相关理论、方法和技术较为陌生，难以将理论知识应用于实践当中。基于此现状，这类企业尚不具备充分实施人力资源管理信息化的基础条件。

用户对计算机的操作熟练程度同样对软件的实际应用效果有着重要影响。即使是最先进的软件工具，也离不开人的正确操作与管理；唯有具备相应技术及操作能力的人才能确保新技术的有效落地及普及。因此，对于企业而言，加强员工在信息技术方面的培训显得尤为关键，以保证他们能够高效利用人力资源管理信息系统。

2. 良好的硬件环境

信息化的人力资源管理系统依赖良好的硬件设施作为基础。服务器的质量、网络状况以及计算机的数量等硬件条件直接影响着信息系统的运行效率、稳定性和数据保护水平。因此，为了保障此类系统能够高效且安全地运作，企业应当投资于构建高质量的硬件环境，包括但不限于性能优越的服务器设备、可靠的网络连接以及足够数量的工作站。

3. 稳定的管理体系

稳定的人力资源管理体系构成了信息化建设的基础。企业需建立一套可靠且稳定的管理架构，以确保所有指令都能得到有效执行。这样的环境有助于员工在岗位上感到安心，从而推动公司的持续发展。这种管理体系还为信息技术的应用提供了坚实的支持，使其能够更加紧密地与企业的日常运营相结合，进而实现最大化的价值创造。

4. 充足的资金

企业构建人力资源管理信息系统需要充足的财政支持。若缺乏坚实的经济后盾，信息化愿景将难以实现。因此，在遵循国家法律法规的基础上，企业应当发挥自身优势，通过多样化的方式积极且审慎地筹集所需资金，为信息系统的建设奠定坚实的物质基础。这些资源可用于购置先进的硬件设施、自主研发或引进适应企业发展需求的人力资源管理系统软件以及员工培训等方面。

5. 管理层的支持

在人力资源管理信息系统部署完毕后，信息维护成为一项主要任务。然而，在实际操作过程中，基础数据的更新却显得尤为棘手。如果员工未能主动报告个人信息的变化，那么系统内的数据将无法得到及时的更新与维护。鉴于此，获得非人力资源管理部门管理层的支持变得至关重要。不过，这一点往往难以实现，因为这些部门通常承受着自身繁重的工作负担，对于系统维护的关注度远不及人力资源部门。当缺乏高层领导的认可和支持时，其他部门对系统更新和维护的积极性会进一步下降。因此，企业领导者需要认识到信息化带来的必然趋势及其优势，并给予积极的支持态度。他们可以通过制定相关政策、分配必要的资源以及采取激励措施等手段来促进信息化的有效实施。

6. 选择合适的供应商

在中国的企业环境中，针对新系统开发的方式呈现多样化特征。据统计，有 35% 的企业倾向于委托专业机构进行开发，而 29% 的企业则偏好与外部伙伴共同研发，自行完成整个开发流程的比例为 30%。当前市场上提供人力资源管理软件解决方案的供应商众多，在选购 e-HR 时，企业需格外小心甄别。唯有挑选那些项目质量高、售后支持体系健全的服务商，才能保证人力资源管理信息化项目的顺利落地。鉴于此，建议企业在确定合作伙伴前，应广泛收集信息并细致对比分析，优先考虑那些拥有丰富行业经验、良好市场声誉及强大技术支持能力的供应商。

第三节　人力资源管理信息化的发展分析

一、人力资源管理信息化发展现状

通过对《中国企业人力资源发展报告（2022）》的分析，我们可以洞察到当前国内企业在人力资源管理信息化进程中的最新动态及其面临的难题。在调查所涵盖的企业样本中，特别值得注意的现象是，大约 68% 的中小型企业仅限于基于在职工职工的数据建立了基础的信息库，这反映出这些企业在信息化建设上仍处于起步阶段。因此形成鲜明对比的是，只有 11.3% 的企业真正实现了人力资源管理信息系统的应用。有 32% 的企业表示尚未建立或正计划构建此类系统，这一比例揭示了中国企业在推进人力资源信息化方面存在的巨大潜力和发展空间。

一家管理咨询机构对在中国境内运营的 312 家公司进行了深入研究，其结果进一步证实了前述结论。研究表明，大部分国内企业的信息化进程仍处于初级阶段，主要集中在利用计算机技术处理日常业务操作和信息发布上。这些企业在实现个性化用户功能、系统信息集成以及开发人力资源管理系统更深层次的应用方面遇到了诸多挑战。与国际同行相比，中国企业在信息技术应用及人力资源管理方面表现出明显的滞后性。调查数据显示，仅有 26% 的企业在其管理实践中采用了人力资源管理系统，而能够将 HRMS 与企业资源规划软件有效整合，从而实现信息资源管理一体化的企业是仅占总数的 11%，这一比例远低于澳大利亚地区的 46%，这表明在信息系统的综合运用方面存在显著差异。

值得注意的是，研究显示，约 32% 的企业尚未采用任何形式的人力资源管理信息系统，它们的信息管理工作依旧依赖诸如 Word、Excel 等办公软件。即使在那些已经开始信息化建设的企业里，系统应用范围也主要局限于日常人事操作和静态信息的发布，如工资发放、基础人事行政管理和员工档案维护等领域，而很少有企业能够将这些工具应用于更高级别的人力资源管理任务中，如战略层面的人才培养。在人力资源功能外包或利用共享服务中心方面，国内企业的实践也非常有限，这意味着人力资源管理信息系统在绩效评估、职业发展路径规划及人才能力评估等方面的作用几乎未得到开发。

在人力资源外包领域，中国企业的参与度相对较低，仅有 5% 的企业倾向于将薪酬管理职能委托给外部机构。与之形成鲜明对比的是，在美国和欧洲市场上，此类做法已十分普遍。对于那些采纳了外包策略的中国企业来说，社会保险管理往往被视为更容易接受的服务选项之一，大约 10% 的企业会将其国家规定的社保管理工作交由第三方执行；相比之下，选择薪资处理服务外包的企业比例则更低，仅为 5%。劳务派遣作为一种能够有效转移用工风险的方法，在过去几年里受到了许多中国公司的青睐。

研究显示，尽管一些企业已经意识到人力资源管理信息化对企业发展的关键作用，但在实际部署人力资源管理系统时仍遭遇了诸多挑战。其中最突出的问题之一是资金短缺。构建此类系统需要较大的前期投资，且投资回报并非立竿见影，这往往导致项目的启动被不断推迟。实现预期功能过程中涉及的大量定制化服务、与现有系统的兼容性问题以及最终交付的功能不能满足企业需求等也是阻碍项目推进的重要因素。调查发现，仅有 26% 的企业表明有意向投入人力资源管理信息系统，并曾对比过不同软件产品。然而，这些企业在评估市场上的解决方案时发现，那些功能全面且运行稳定的系统通常价格不菲，而较为经济的选择则难以满足其特定需求。52% 的受访企业表示其年度预算中并未包含此项开支，另有半数企业对于未来 3 年内是否会为此专门拨款持不确定态度。值得注意的是，许多企业在选择具体方案前虽已对其业务需求进行了详尽分析，但实施后发现效果并不如预期。

对于此类现象，人力资源管理领域的专家建议，作为该领域的专业人士，在企业面临决策难题时，应当细致地完成对人力资源管理信息系统投资与收益的评估工作，为管理层提供决定是否采纳电子化人力资源管理方案的具体依据，为了保证所引入的信息系统能够充分满足企业的实际需求，还需开展全面而系统的软件调研及筛选过程，以防止因选择不当而导致的投资回报低于预期的问题。

二、人力资源管理信息化发展面临的问题与挑战

目前，我国企业在人力资源管理及开发的基础环节尚显薄弱，鲜见有专门机构或部门致力于探索如何使中国企业真正实现人力资源的信息化，并据此建立符合各自企业特点的人力资源管理信息系统。相比之下，国外在这一领域的实践已趋于成熟。因此，不少商业咨询机构通过引入国际上的先进技术来服务国内企业。然而，在此过程中，往往缺乏对引进技术及其系统的充分理解和整合，导致多数企业未能将人力资源管理置于整个企业生态的大背景下进行全面考量，难以实现人力资源管理信息系统与企业实际需求之间的有效融合。

在中国企业中，人力资源管理信息系统的引入和应用常常表现出被动性和缺乏科学依据的特点。比如，由于受到个人情感因素的影响，企业可能会机械地模仿国外的技术方案，这种做法未能充分考虑中国企业的独特性，从而可能导致实施效果不尽如人意。因此，在推广现代化的人力资源管理系统时，中国企业面临着一系列亟待解决的问题。

（一）人力资源管理整体水平滞后

尽管中国的市场经济经历了快速的增长，企业也在这一过程中迅速壮大，但是管理问题依然是各类规模公司关注的重点。从自身利益的角度考虑，大多数企业在营销与生产环节投入了更多的精力，而对于人力资源管理的理解往往局限在行政操作层面，缺乏深层次的认识和足够的重视。这种对人力资源管理认知的不足，导致了国内整体上人力资源管理水平相对落后，成为制约人力资源管理信息化进程的重要因素。实际上，许多中小型企业对于人力资源管理信息系统仅停留在理论探讨阶段，真正付诸实践的企业数量极少。

近年来，尽管人力资源管理信息系统成为业界讨论的热点话题之一，但不少企业在理解其作用方面仍存在误区。一种普遍存在的误解是将其视为解决所有人力资源问题的灵丹妙药，以为单凭采购该系统就能自动改善现状。然

而，这种观点忽略了成功部署此类系统的关键要素——在项目启动前必须对企业特定需求进行全面分析，并且要将信息技术与现有业务流程有效融合。还需明确 e-HR 作为工具与 HRM（人力资源管理）目标之间的关系，避免过分强调技术而忽视了对核心业务过程的关注。当这些基本原则被忽略时，反而可能导致事倍功半的结果。这也是为什么国内许多组织在引进相关软件后并未达到预期成效的原因之一。究其根本，在于对如何正确理解和应用人力资源管理信息系统缺乏深刻认识，从而使得这一先进的解决方案沦为表面文章。

（二）对人力资源管理信息系统的认识有待提高

许多企业倾向于认为，引入人力资源管理信息系统仅仅是利用信息技术来执行某些人力资源管理活动。然而，这种看法并不全面。实际上，人力资源管理系统不仅是实施管理策略的工具，更应被视为一种能够与人力资源战略及规划紧密结合的技术方案，以此促进整个管理体系的发展和完善。通过技术的深度应用，还可能促使企业重新审视并优化其人力资源策略与流程。

（三）高层重视不足与 HR 从业者专业素质匮乏

在企业推进人力资源管理信息化的过程中，常常会遇到一些障碍，这些障碍主要源于企业管理层对此重视程度不够以及人力资源部门员工专业能力不足。许多企业的领导者错误地认为，实现人力资源管理的信息化仅仅是要求人力资源团队根据现有的工作流程提出改进建议，从而忽略了这一过程的重要性。即使有些领导意识到了其重要性，也往往因缺乏具体实施策略而感到无从下手。究其根本，在于高层管理者尚未充分认识到人力资源管理职能对企业整体运营的关键作用，即它需要跨部门、跨角色的合作才能有效落实。

在企业实施人力资源管理信息化的过程中，通常的做法是将其完全委托给人力资源部门的工作人员，而忽视了这一过程实际上需要跨部门的合作。以考勤系统的推广为例，虽然从人力资源管理的角度出发，其目的是更有效地监控员工的出勤、请假等情况，但在实际操作中，执行层面往往因为流程过于简化而导致出现诸多难以解决的问题。如果能够得到其他部门的支持与配合，则可以使整个规划更加周全。人力资源管理信息系统的建立不仅是为了日常事务的处理，更重要的是它还承担着为高层决策提供数据支持的角色。因此，如果没有得到管理层足够的重视，并且没有将此项目融入企业的战略目标，那么很难达到预期的效果。

众多企业在管理上仍沿用人力资源管理与行政职能混同的模式，这使人力资源管理工作面临较大挑战，而且其岗位的替代性也相对较低。因此，许多从事人力资源管理的人士是从行政部门或其他业务领域转岗而来，缺乏系统性的专业培训背景。他们对于人力资源管理信息化的理解不足，难以从宏观层面帮助企业构建完善的人力资源管理系统。不少从业者依然将自己视为企业规章制度和流程的操作执行者，未能充分认识到现代人力资源管理在企业发展中的关键作用，从而无法有效地扮演好顾问及战略合作伙伴的角色。

（四）人力资源系统急需整合与重组

目前，国内外人力资源管理软件的供应商众多，但产品质量与规格差异显著。SAP、People Soft 这样的国际知名软件企业，依靠其广泛的品牌影响力和功能全面的产品，在高端市场上占据了主导地位。许多小型企业也自行开发了人力资源管理信息系统，不过这些系统往往在性能和功能性方面较为有限，主要服务于低端市场需求。这种产品标准上的明显差距造成了市场中一定程度的混乱状态。

由于行业内缺乏统一的规范标准，导致了相关产品难以接受到公正且权威的评估。不少生产商倾向于夸大其产品的功能特点，这种行为破坏了市场的公平竞争环境，也让采购方在选择过程中感到困惑。另外，因标准不一，企业在尝试将人力资源管理信息系统与其日常运营系统相整合时遇到了障碍，难以实现资源的有效集成。可以说，人力资源管理信息系统开发领域内的无序状态及标准缺失问题，对电子化人力资源管理的发展与普及造成了显著不利影响。

正如前述，人力资源管理信息系统与企业整体运营信息体系之间的整合难题，同样会波及那些在局部或分散部署此类系统的企业。人力资源管理信息系统根据其功能可以细分为多个模块，而这些模块之间可能存在兼容性问题。造成这种差异的主要原因在于各企业对人力资源系统的具体需求不同。许多企业的信息化建设还停留在员工考勤、档案管理和劳动合同管理等基础工作电子化的初级阶段。这种相对滞后的管理观念意味着他们引入电子化人力资源管理系统的目的主要是提高基本任务的处理效率，以及改善特定领域内的人力资源管理工作状态。

然而，随着企业逐渐采纳人力资源管理信息化的不同模块，管理层及员工均体验到了由此带来的便捷。因此，许多企业开始计划逐步引入更多的管理工具。但在此过程中，兼容性问题也随之浮现。以一家企业在 2019 年部署了员工信息管理系统，并于次年初增加了绩效评估系统为例。基于成本效益分析以及软件功能考量，该企业选择了由不同供应商提供的这两个系统。尽管这两套解决方案在各自领域内都具有较高的性价比，但由于它们出自不同的厂商，技术规范存在差异，导致数据整合与资源共享变得困难重重。这种情况加大了操作人员的工作负担，也对整体实施效果造成了不利影响。

现阶段，为了实现与企业内部其他管理信息系统的高效集成，许多大型电子人力资源系统选择了广泛应用的技术开发平台，并且预留了接口以便于后续的定制化开发。这样做有助于系统未来的升级优化，还能延长其使用寿命。鉴于此，制定一套统一的人力资源管理信息化行业技术标准显得尤为重要。

通过对当前企业人力资源信息化进程的综合分析，我们能够识别出企业在推进这一转型过程中所遭遇的各种挑战及关键影响要素。值得注意的是，人力资源管理向数字化方向的发展已成为不可逆转的趋势。鉴于此，如何有效应对现存障碍，促使人力资源管理工作全面实现信息化，仍需付出长期不懈的努力。这要求人力资源专业人士积极参与和贡献智慧，更离不开企业高层领导层给予的高度关注与坚定支持。

为达成上述目标，需从几个关键维度着手。首要任务是，行业内部应迅速建立一套统一的技术标准与规范体系，确保来自不同供应商的人力资源管理系统能够高效地相互协作和兼容。企业自身也应当调整其管理哲学，将人力资源管理信息化视为增强企业综合竞争力的核心策略之一，而不仅仅是传统工作流程的数字化转换。这种认知转变将促使企业在更广泛的业务领域内采纳电子化人力资源解决方案，并实现公司资源的有效整合。最后，对于从事人力资源工作的专业人士而言，不断提升自身的专业知识和技术能力以应对信息时代的需求至关重要。这些人才将成为推动企业人力资源信息化进程的关键力量，并为企业带来额外的价值创造。

第四节　现代人力资源管理信息化的影响

一、企业人力资源管理信息化发展的积极作用

（一）实现及时准确的统计分析和管理控制

在众多组织机构里，有关人力资源的信息管理往往依赖办公软件文档的处理，如 Excel 表单常用于员工薪酬的计算。但是，这种方法导致数据分散，难以实现高效的数据对比与分析。举例来说，在需要比较薪资成本、薪酬水平或是特定部门及员工的工资时，必须从多个 Excel 文件中提取并整合相关信息，耗时且复杂。员工个人档案资料、职务变动记录、培训经历、社保缴纳情况以及绩效评估结果等信息也可能被分别存储于若干 Word 或 Excel 文档之中，有时甚至采用纸质形式保存。对于人力资源管理专业人士来说，收集、整理、更新和检索这些零散的信息是一项既繁重又重复的任务，消耗大量时间和精力，

而且在数据存储和检索方面也面临巨大挑战。更重要的是，保证这些分散文档间信息的一致性几乎是不可能完成的任务，即使能够做到，也需要投入大量的时间与努力。

人力资源部门在日常运作中承担着关键的数据提供角色，需要定期向企业高层、社会保障机构、劳动监察机关及公司董事会等多方面报告员工状况。这要求人力资源专员从多个独立的信息源中收集并整合数据，例如从员工个人档案中提取基本信息，从单独的文档中获取合同详情，有时还需查阅额外资料以了解薪酬情况。鉴于这些信息分散存储于不同文件之中，信息匹配与整合成为人力资源工作人员的主要职责之一，占据了他们大量的时间和精力。此类任务往往是在外界需求驱动下被动完成的，使人力资源专业人员的工作性质变得较为被动。由于信息来源多样且记录方式存在差异，所提供的数据容易出现不完整或错误的问题，从而影响了人力资源团队在企业管理层以及政府监管部门眼中的专业形象。

通过实施人力资源管理信息系统，可以利用集中的数据库来全面整合并有机地关联所有与人力资源管理相关的信息。这种方法能够显著减少信息更新和检索过程中的冗余劳动，同时确保了数据的一致性，进而提高了整体的工作效率。该系统还能够生成以前难以获得的分析报告，为企业的决策提供更加精准的支持。

信息技术在人力资源管理领域的运用促使众多企业对其长期以来形成的传统流程进行了重新评估与革新。以知名软件公司甲骨文为例，该公司借助其内部的人力资源管理信息系统实现了显著的成本节约，总计节省金额超过 10 亿美元。这一巨大节省主要得益于人力资源管理职能的现代化转型。作为一家业务覆盖全球且员工人数持续增长的企业，甲骨文充分利用了自身在信息技术及软件开发方面的优势，将信息技术与人力资源管理流程深度融合，创造出了一种高效且经济的企业至员工（BZE）关系模式。该模式提高了员工的工作效率，也为公司带来了可观的经济效益。

甲骨文公司通过将其日常人力资源管理活动迁移至线上平台，成功实现了人力资源部门的角色转变。基于对全球范围内人力资源管理实践的研究与评估，甲骨文意识到超过 60% 的人力资源专业人员所从事的工作性质较为基础且重复性高。借助职能调整及自主研发的信息技术系统的引入，为员工提供了自助服务选项，使得人力资源团队能够从烦琐的常规任务中解脱出来，从而专注于更高层次的战略规划和决策制定。

甲骨文公司借助自主研发的人力资源管理信息系统，为员工提供了多样化的自助服务工具，并结合了业务流程的自动化与信息化技术，使日常人事管理活动实现了很大程度上的自动化。此举有助于整合和优化分布于全球各地且相对独立的人力资源管理系统，还有效降低了运营成本，同时显著提高了人力资源管理工作的效率及整体表现。

（二）显著提高人力资源部门的工作效率和质量

从一定视角来看，人力资源管理部门实际上是将公司内部员工视为服务对象的机构。因此，员工满意度成为评价该部门工作成效的关键指标。高水平的员工满意度反映了员工对企业较高的信任度、忠诚度及归属感，这对促进企业团队结构稳定、提升员工积极性具有重要作用，进而显著增强了企业的长期发展潜力。

人力资源管理信息化的实施是将信息技术与人力资源管理职能相结合的关键手段。通过引入并运用信息技术，以往复杂、无序且混乱的工作流程变得条理清晰和系统化，显著提高了人力资源管理部门的工作效率。这样一来，企业员工面临的人事相关问题能够得到迅速解决，同时也有助于人力资源管理人员在服务部门及企业管理层中建立起专业高效的形象。

人力资源管理的专业人士能够将更多精力投入那些更能体现其职能的关键任务上。比如，构建公平、公开且透明的绩效评估体系，公正地评判员工的工作成效和个人态度，进而增强员工对组织的信任感。他们还能够凭借专业技能和知识水平，识别出员工的优势与待改进之处，并据此规划职业发展路径，利用培训项目帮助员工实现个人价值的最大化。促进管理层与员工之间以及同事间的有效沟通也是人力资源管理不可或缺的一环。通过组建高效能团队并激励团队成员共同提升业绩，人力资源部门能够显著提高自身运作效率，更充分发挥其在支持企业发展中的作用，从而达到优化整体人力资源管理水平的目的。

（三）提高公平性指数，提升员工满意度

人才流失是众多企业面临的普遍挑战。人才流失的原因，除了薪酬待遇，还涉及工作氛围、绩效评估体系的公正性、职业培训的机会以及个人职业路径的发展等多个层面。很多时候，员工在掌握了必要的专业技能之后，渴望在其专长领域内有所作为，而不再满足于当前的工作岗位，这种心态往往导致了人才的外流。若企业能够持续跟踪员工的专业成长，并将这些信息录入人力资源管理系统中，则当特定职位出现空缺时，可以首先考虑内部调动的可能性，在现有团队中寻找合适的候选人。这种方法有助于促进员工的职业发展，是一种有效的人才保留策略。

在选拔中层管理者的过程中，坚持公平、公正与透明的原则是极其关键的。选拔人才的标准不应仅限于个人在上级面前的表现，而应当更多地考量其专业知识、业务能力以及过往的工作成绩。为确保这一过程的真实有效性，企

业需要从制度和程序上作出相应的保障，并提供必要的技术支持，以防止公平原则沦为形式上的空谈。在此背景下，人力资源管理信息系统作为一种高效的辅助手段，能够帮助企业达成更加公平合理的人才选择目标，同时也能激发员工的积极性。

（四）便于访问与查询，提高信息透明度

在人力资源管理信息系统被采纳之前，企业内部的人力资源数据统计通常由专门的部门或个人负责执行。在此过程中，相关人员需收集、调用并整合来自不同来源的数据资料，最终形成报告提交给高层管理者。然而，这种模式存在一定的局限性，比如当员工休假、离职或是处理流程耗时较长时，都可能造成工作进度的延误。随着人力资源管理信息系统的引入，上述依赖关系发生了显著变化，即从过分依赖具体工作人员转向了对技术系统的依靠，从而有效减少了因人员变动或缺席所导致的工作中断现象。

在企业运营过程中，管理层通过获取特定权限能够随时访问系统并查看相关信息。比如，企业总经理可以及时掌握员工出勤情况及生产部门的规划安排。在遇到员工因健康原因请假但薪资计算未反映相应扣除的情况下，这种信息透明度促进了人力资源管理过程中的公开与公平原则，还提高了对于人力资源专业人士职业态度和工作质量的要求，有利于减少由于信息滞后或不准确而导致的企业内部管理上的漏洞。

（五）提升企业的竞争力

部署了人力资源管理信息系统之后，企业能够更好地整合并丰富其人力资源信息资源，为管理层提供精准、全面且相互一致的信息支持。这有助于构建对企业当前人力资源状况的全面而精确的理解。该系统还具备将各类数据汇总分析，并生成相应的报告供高层管理人员在决策过程中参考的能力。比如，在进行年度薪资调整或是薪酬体系改革之前，企业可通过该系统对比不同职位的历史薪酬水平与市场行情，以帮助决策层作出更加科学合理的选择。

构建与部署人力资源管理信息系统的过程，实质上是对企业现有的组织架构、职位配置、管理流程、制度建设、薪酬体系以及绩效评估机制的一次全面审视。基于系统内含有的先进管理理念，企业能够借此机会调整其现有管理体系，从而达到管理水平的提高。因此，在推进该系统的过程中，那些已经具备较为成熟管理体系的企业通常会比管理水平相对较低的企业更容易开展相关工作；反之，对于那些管理水平欠佳的企业而言，在实施过程中往往更多地暴露出它们在人力资源管理方面的不足。这一现象表明，推行人力资源管理信息系统是一次对企业既有制度和流程的有效检验及反思过程，同时也为企业提供了

重新规划、优化乃至全面提高自身管理水平的良好机遇。

毋庸置疑，信息的透明度与安全性之间存在着固有的冲突。人力资源管理系统的设计旨在确保敏感的人力资源数据处于一种受管理的开放状态中。尽管只有经过适当授权的用户才能访问和检索这些资料，但如何妥善保存并加密诸如薪资调整或职位晋升等已批准执行的文档，仍然是人力资源专业人士面临的关键挑战之一。对于企业而言，这类信息承载着重要的保密性质，还蕴含着巨大的商业价值。因此，在部署人力资源管理系统时，必须全面考量信息安全因素，并采取有效措施以保障机密资料的安全性和完整性不受侵害。

二、企业人力资源管理信息化的负面影响及其应对策略

实施人力资源管理信息化的过程，犹如掌握了一把“双刃剑”，它在为组织带来显著利益的同时也不可避免地引发了一系列挑战。我们应当充分认识到这种现代化管理模式的优势及其对企业发展的重要贡献，积极应对和解决由此产生的各种问题。

（一）安全问题

人力资源管理信息化进程显著提升了信息透明度，这给企业的人力资源管理工作带来了积极的影响。然而，这一变化也促使了对于信息安全性的更深层次考量。透明度与安全性之间存在着一种内在的张力，如何有效地调和这对看似矛盾的需求，成为当前亟须探讨的重要议题。

为了确保人力资源信息的安全与保密，应当采用先进的信息技术手段，并由具备专业知识的人员负责信息系统的规划、维护及管理。该系统安全架构涵盖用户认证、权限分配、数据存储与传输安全、数据恢复机制以及系统日志记录等多个关键领域。尽管实施数据加密可能会对系统性能造成一定影响，但对于保障数据在存储和网络传递过程中的安全性而言，采取适当的加密措施是必不可少的。

针对数据包中的核心信息，可以通过二次加密技术来进行保护。利用客户端和服务端内置的加密算法以及遵循的安全协议标准，可以有效保障信息传输过程的安全性。实施严格的身份验证流程和启用系统日志记录功能也有助于进一步增强整个系统的安全性。除此之外，定期执行人工或自动化备份策略是预防意外事件导致的数据损失的关键措施之一。

在人力资源管理信息中，存在大量的由领导签署的重要文件。这类文件需要妥善保存，还应定期更新以反映最新情况。如何有效地管理和保护这些纸质形式的、不易长期保存且涉及机密性质的信息成为亟待探讨的问题。一种可行的方法是将这些纸质文档转换为数字图像格式，并采用加密技术进行存储。还

需构建一套严谨的访问控制系统，确保只有经过系统验证授权的人员才能接触到相关信息。

（二）个人资料保护问题

在实现人力资源管理信息化过程中，需要搜集并数字化大量的个人数据，并将其统一存储。这些信息涵盖个人的身份详情、不可改变的身体特征、遗传学相关资料以及当前状态等多方面内容。随着信息化社会的发展，此类个人信息逐渐演变为具有极高商业价值的资源，面临着被获取、交易甚至转卖的风险。

因此，在推进人力资源管理信息化的过程中，我们需特别注重系统数据库中员工个人信息的安全保护。在部署信息系统之初，就应当将个人数据的保护作为一项关键考量因素，通过增强系统的稳定性和安全性、加强数据库安全措施来保障信息资源的安全性与可靠性。还应严格定义并限制用户角色及访问权限，根据部门差异、职位级别以及职能的不同，合理设定每位员工获取个人信息的具体权限范围。另外，建立健全人力资源管理制度同样至关重要，必须在制定相关政策和流程时充分考虑如何有效维护员工个人信息的安全。

（三）心理危害问题

随着人力资源管理信息系统的普及，它对企业员工的心理状态产生了显著影响。信息技术的广泛应用改变了人际交流模式，自助式的人力资源服务、电子邮件通信以及 BBS 平台上的信息发布已经成为人力资源部门与员工之间乃至员工彼此间沟通的主要渠道。这种方式在很大程度上减少了面对面交流和电话沟通的机会，可能导致员工感到更加孤立无援，进而影响不同部门间的有效沟通，甚至造成企业内部信任度下降，难以构建高效、和谐且能够共同成长的工作环境。

为有效解决上述挑战，人力资源管理部门必须充分认识到问题的重要性，并采取积极措施。通过融合以员工为中心的管理哲学与先进的信息管理系统，既能最大化发挥信息技术的优势，又能减少对员工情感层面可能产生的负面影响。具体来说，可以通过定期举办面对面沟通活动来增进团队成员间的相互理解和信任；在设计信息管理系统时，也应考虑更多人性化因素，确保系统更加贴近使用者的习惯及心理需求。

（四）知识产权保护问题

随着人力资源管理系统被广泛采用，诸如自助服务和在线培训等功能将变得更加普及。不过，这些功能背后涉及的电子媒介使用权、发布权以及数字复制下载等问题所引发的版权使用及知识产权保护议题也日益凸显其重要性。为了预防潜在的法律争议和财务损失，建议人力资源部门在利用任何电子资源或多媒体教材前，应先行咨询法律顾问并确保已合法获取相应授权。

还应注重提高员工的知识产权保护认知水平，确保每位成员都能够充分理解并严格遵循相关的法律条文及企业内部规章。针对任何违反规定的行为，必须设立有效的惩戒措施，并予以坚决执行，以此来保障公司的正当权益不受侵害，同时维护良好的企业形象。

第三章 人力资源信息化与招聘、培训管理

第一节 企业人力资源招聘概述

一、招聘的含义

招聘是在企业整体发展战略的指引下，进行职位空缺规划，并确定吸引适合人才填补这些空位策略的过程。这一过程的关键在于激发潜在合适人员对企业的好奇心，进而鼓励他们申请相应的岗位。

为了准确理解招聘的含义，需要注意以下三点。

（一）目的与任务

招聘的核心目的在于吸引有能力的人才加入组织。在这一过程中，人力资源部门的主要职责是吸引潜在的合格候选人，而非直接进行筛选或录用决策。实际上，后者属于后续环节的工作内容，应与招聘阶段的任务明确区分开来。

（二）吸引所需人才

招聘活动应紧密围绕企业实际需求开展，即所吸引的人才需与组织的具体要求相匹配。这一点可视为衡量人力资源管理团队在招聘方面成效的关键标准之一。

（三）适当的人才数量

招聘活动应当确保吸引的应聘者人数与企业的实际需求相吻合，既不过于庞大也不过于稀少。这样可以提高招聘流程的整体效率，还能保证企业能够从候选人中筛选出最为合适的员工。

二、招聘的原则

招聘活动是人力资源管理的关键组成部分，它对企业未来的发展有着至关重要的影响。为了保证这一过程既有效又高效，企业应当遵循一系列基于科学、客观及实用性的指导原则。接下来将深入探讨这些原则的具体内容及其实施方法。

（一）科学客观原则

遵循科学客观的原则是指，在规划招聘方案时，企业应当全面考量国家的法律法规、劳动市场的供需情况及自身实际需求。此原则主张，基于严谨分析制订招聘计划，以保证招聘过程的公正与合理性。

在实际操作中，企业应当首先开展市场分析工作，以掌握当前劳动力市场的供需状况，并深入了解同行业内其他企业的招聘条件及薪酬标准。还需对企业内部的人力资源需求进行全面而客观的评价，确定所需岗位的具体数量及其任职资格等关键要素。基于以上信息，企业能够制定出一套既适应市场需求又能满足自身发展需要的有效招聘策略。

在招聘流程中，企业应当合理利用诸如心理测评与行为面试等多种评估工具和技术，以实现对应聘者能力和潜力的全面而客观的评价。这种方法有助于挑选出满足岗位需求的人选，而且有利于识别那些具备发展潜力的候选人，从而为企业未来的成长奠定坚实的人力资源基础。

（二）竞争透明原则

竞争透明原则主张是指，在招聘活动中应当充分利用竞争机制的优势，以确保整个过程的公平与公开。此原则既能够吸引更多高素质人才参与竞聘，又能保障最终选拔结果的公正无偏。

在实际操作中，企业可以通过设定高标准的招聘要求来吸引高层管理人员和技术专才。这样的标准应当清晰且具体，充分反映公司对人才价值的认可及期望。还应该鼓励应聘者之间的良性竞争，利用面试、书面测试及案例研究等多种评估手段，使候选人能够全面展现其能力和未来发展潜力。

为保证招聘过程的透明性，企业应当公开其选拔标准、具体要求、流程细节以及评审准则，使求职者能够全面了解整个招聘程序及评价机制。这一做法能增强求职者对招聘公平性的信心，也有助于防止不具备资格的候选人通过非正式渠道加入组织。

（三）经济性、效益性原则

在招聘过程中，企业不可避免地需要承担一定的成本开支。然而，优秀的员工能够为企业带来的价值远远超过这些初期投入。基于此，企业在开展招聘活动时应当遵循经济效益原则，力求实现招聘投资回报的最大化。

在实际操作中，企业应当依据具体的招聘需求灵活选择适合的招聘渠道，如校园招聘会、社会公开招聘及内部员工推荐等方式。在选择招聘方式时，需综合考量成本效益比，倾向于选择既能有效控制开支又能取得良好效果的方法。提高招聘流程的效率，加快候选人筛选速度，减少整体招聘费用也是企业需要关注的重点。

为了提高招聘流程的成本效率，组织应当构建一套系统的评估体系，定期对招聘活动的经济效益进行审查与分析。基于这些评估反馈，公司能够适时地优化其招聘方针及方法，从而增强整个招聘过程的成本控制能力和运营成效。

（四）阶段性、连续性原则

个人职业成长与企业发展均呈现出阶段性的特征。基于这一点，在选拔人才时，公司应当结合自身所处的发展时期及市场实际需求来招募合适的人选。鉴于企业不断进步、市场环境变化以及劳动力市场的自然波动性，持续地进行人员招聘以维持组织活力显得尤为重要。

在实际操作中，企业可以根据自身的成长阶段及长远规划来制定相应的招聘策略。于初创阶段，公司倾向于寻找充满创新意识和创业热情的员工；进入发展阶段后，则更加注重引进具备丰富经验和专业技能的人才；当企业达到成熟阶段时，拥有战略思维与优秀管理才能的人才会成为首选。通过实施这种分阶段的人才招聘策略，可以确保企业在各个发展阶段都能得到合适的人力资源支持。

企业还应当重视招聘过程的持续性。鉴于市场环境的不断演变及人才市场的自然流动性，公司需定期更新并优化其人力资源库，以维持与顶尖人才之间的紧密联系。通过实施一系列连续性的招聘举措，能够为企业源源不断地注入新生力量和发展动力。

（五）与组织长期目标一致原则

招聘策略应当与公司的长远规划相契合，以确保新加入的员工能够对企业未来的持续成长产生积极影响。这就意味着，在筛选候选人时，企业要考虑其当前所具备的专业技能，还需评估其潜在能力，确保这些特质与公司核心业务及其未来的发展蓝图相符合。

在实际操作中，企业首先需要确立长远的发展愿景，并基于这一目标来规划人力资源策略。在招聘环节，应当注重评估候选人的专业能力、过往的工作经历及其对企业价值观的认同程度等多方面因素，以确保新加入的员工能够成为推动公司持续成长的重要力量。

企业应当对当前及未来各职能部门的人力资源配置进行初步规划，以实现整体布局与综合性人才引进。在选拔过程中，公司需充分利用现有人力与财务资源，力求寻觅到最符合岗位需求的候选人，从而为企业长期稳定的发展奠定坚实的人才基础。

（六）稳健性、利用“外脑”原则

招聘流程中固有的风险与不确定性要求企业在实施招聘策略时采取审慎态度，以增加成功招聘的可能。获取外部专家及专业机构的支持也是提升招聘效率和质量的有效途径之一。

在实际操作中，组织可以通过实施一系列策略来增强招聘过程的可靠性。比如，对招聘方案进行全面的分析与评估；给予招聘团队专业化的训练和支持；向候选人提供详尽的工作概述和岗位说明等。这样的举措有助于减少招聘环节中的潜在风险及不确定性，从而提升招聘活动的整体成效。

企业能够借助外部专家以及专业机构的帮助来提高招聘过程的专业水平与效率。比如，可以通过邀请具备丰富经验的招聘顾问或是人力资源领域的专家为企业提供专业的意见和指导，也可以选择与专门从事招聘服务的机构合作，共同组织并执行招聘活动。通过这种方式，利用外界资源的支持与协作，企业能够以更为科学、高效的方法开展招聘工作，从而为企业的持续发展提供强有力的人才支持。

三、招聘的影响因素

（一）企业内部因素

企业的招聘活动受到外部条件的限制，更深刻地被其内部因素影响。接下来将深入探讨对企业招聘过程起着关键作用的内部要素。

1. 企业文化与企业形象

每家公司都拥有其独特的企业文化，这种文化体现在日常的生产和管理过程中，也深刻影响着公司的人才选拔理念。企业文化是全体员工在长期实践中逐步形成，并共同遵守的一系列最高目标、价值观、基本信念以及行为准则。在通常情况下，企业设定的招聘标准能够清晰反映出该组织对于员工价值观念及文化认同的要求。

企业文化和企业形象对于招聘活动的重要性不容小觑。如果组织的企业文化相对封闭，那么现有员工可能会对外来人员持有抵触情绪，在这种情况下，岗位空缺往往通过内部选拔或晋升来填补；相反地，具有较高开放度的企业则能够灵活运用内外两种途径来招募合适的人选。由此可见，在规划招聘策略时，公司需要深刻理解并充分利用自身的企业文化特质及公众认知，以确保吸引到最符合组织需求的人才。

企业对外展现的企业形象及其社会声誉同样是吸引高水平人才的关键要素之一。拥有正面企业形象和社会认可度高的公司，在招募顶尖人才时往往占据优势地位。因此，持续关注并积极塑造良好的公众形象与维护优秀的行业口碑，对于增强企业的吸引力而言至关重要。

2. 企业的用人政策

企业高层管理者对于人才的看法及其聘用政策的不同，会直接反映在对员工素质的具体要求上，进而使各企业在人才招募策略方面展现出显著的差异性。

企业的人才选拔策略对于招聘活动有着至关重要的影响。高层管理者关于内部晋升或外部招募的偏好，将直接决定公司采用哪种方式来扩充其团队。比如，部分组织可能更偏爱提拔内部员工，基于这些员工对企业文化及运营流程有更深的理解；相反地，有些机构则可能更愿意从外部引进人才，期望新成员能够带来新颖的观点与创新思维。

另外，物质激励同样构成了企业吸引并留住人才的关键策略之一。薪酬体系与福利待遇的优劣直接影响着招聘工作的成效。当某一职位长时间未能填补，且多次尝试均难以寻得合适人选时，企业应审视其提供的薪资及福利是否在行业内处于不利地位，从而削弱了对潜在雇员的吸引力。

3. 企业的发展战略

企业的发展战略构成了招聘活动的基础导向。鉴于不同的战略规划对员工数量及素质有着特定的需求，因此，在设计招聘方案时，公司应当深入考量其长远的发展蓝图。

（1）企业战略决策对企业招聘策略有着重要影响。不同战略定位的企业应采取相适应的招聘方式，以更好地满足其对人力资源的独特需求。例如，采取保守策略的企业更偏好于内部晋升，以此来促进员工的职业发展，而那些追求创新和探索未知领域的企业，则往往倾向于吸引具备高技术水平的人才，通常会考虑直接聘请有经验的专业人士。对于那些兼具稳定性和灵活性组织来说，它们可能会结合使用内部提升与外部招募两种方式，以便在保持团队稳定性的同时引入新鲜血液。

（2）企业的发展策略对其招聘规模有着直接的影响。根据企业的不同发展阶段，通常可以将企业发展策略分为扩张型、维持型和紧缩型三大类。对于处于扩张阶段的企业而言，由于业务的快速增长需要大量的人才支持，因此这类企业往往会有较高的招聘需求。维持型企业因其发展步伐较为平稳，对新员工的需求也相对稳定，保持在一定水平。至于采取紧缩策略的企业，则可能因为面临业务量减少的情况，从而降低其对外部人才的需求。基于此，各企业应依据自身当前所处的发展阶段及未来规划，合理制订招聘计划，包括确定合适的招聘规模与具体人数。

（3）企业采取的战略方向对其招聘人员的素质与类型产生显著影响。根据企业的不同发展策略，对于应聘者的要求也有所差异。比如，倾向于多元化战略的企业更偏好拥有广泛背景的人才，以此来促进其多样化业务的成长；相比之下，追求国际化发展的跨国公司则会优先考虑那些具备国际视野及丰富海外工作经验的候选人。

4．招聘职位的性质

企业进行人力资源招聘的主要目标在于构建人才库并及时填补岗位空缺。其中，空缺职位的具体特征成为决定招聘规模及范围的关键因素。

（1）在招聘普通员工时，企业应当注重控制成本。这类员工构成了人力资源的主要部分，其特征在于数量庞大且对个人素质的要求相对较低。为了有效管理招聘过程，企业需要考虑劳动力市场的季节性变化，在市场活跃期进行招募能确保所需人数充足，而且有助于提高入职人员的整体质量，同时还能减少相关开支。鉴于普通岗位的高流动性，制订灵活合理的招聘计划显得尤为重要。

（2）储备型人才的招聘应当与企业的发展战略相契合。这类人才的引入旨在为企业未来的成长奠定基础，因此，在设定招聘标准时，除了要确保候选人符合公司的长期规划，还应特别重视其竞争能力和创新能力。企业在选拔此类人才的过程中，必须着眼于长远目标，审慎选择，要考虑应聘者当前的职业发展状况，还要为其未来的职业路径作好规划。

（3）在选拔高层管理人才的过程中，应采取多元化的策略。高层管理人员对于公司成长的影响极其重要，其能力水平直接关系到组织未来的发展方向与成就。因此，在挑选这类关键职位的人选时，企业应当运用综合性的评估手段，除了借助专业猎头服务、评价中心以及来自内外部专家的推荐，还应该积极构建自身独特的人才发掘机制，从而确保能够识别并吸引那些最符合企业发展需求的领导人才。

（4）在招聘具备特定技能或专业知识的人才时，企业应当充分利用猎头公司和专业评估机构的力量。这类特殊人才指的是那些适应于特定行业需求的专业人士，如高水平的技术工人、飞行员以及学科领军人物等。由于这类人才的稀缺性和专业性，仅依靠企业自身资源往往难以有效完成招募过程。借助知名猎头公司与权威评估中心的支持，可以更有效地实现对这些宝贵人力资源的识别与引进。

5．企业的招聘成本

各类招聘渠道、信息发布的途径以及筛选手段所需的时间周期各异，成本投入亦存在显著差异。鉴于企业作为追求经济效益的实体，在人力资源招聘过程中必然需要考量成本效益。通常情况下，企业期望以最低的成本投入达到最优的招聘成效。

在企业制定招聘策略的过程中，招聘成本是不可或缺的考量因素。采用不同的招聘手段所耗费的时间存在差异，并且这种时间上的需求会随着劳动力市场状况的变化而有所波动。例如，在求职者数量较少的淡季，公司可能面临人力成本增加的问题。鉴于此，企业在启动人力资源招聘流程前，应当作好充分的预测与规划，以保证能够在预期时间内找到合适的候选人，同时尽量减少招聘过程中的开支。

（二）应聘者因素

在人力资源的招聘流程中，应聘者的个人特质扮演着极其重要的角色。这些特质影响了他们对职业的选择及个人偏好，也决定了他们的求职意向和职业生涯的发展方向。接下来将深入探讨影响应聘者决策的具体因素。

1．应聘者的职业定位

职业锚指的是个人在作职业决策时所坚守的核心价值或关键因素，即那些无论如何都不会舍弃的职业要素。这一理论是由美国学者沙因提出的，并归纳了五种主要类型的职业锚。

（1）技术型职业锚。此类求职者往往展现出强烈的技术或专业领域偏好，他们倾向于避开一般性的管理职位，而更专注于在特定的技术或职能领域内持续深耕和发展。

（2）自主型职业锚。这类求职者倾向于寻求最大限度地减少机构对其的限制，他们渴望摆脱在大型企业工作时对他人的依赖，追求更多的自我管理和独立性。

（3）对于具有创造型职业锚的求职者而言，他们追求的是较高的自主性和领导力。这类个体往往热衷于构建独特的项目，并且能够体现卓越的创新能力。他们在选择职业道路时，更偏好那些可以发挥其独特才能的机会。

（4）对于那些倾向于管理型职业锚的求职者而言，他们通常怀有强烈的意愿去追求管理层职位，并将其视为个人职业发展的终极目标。这类个体往往具备出色的分析思考能力、高效的人际交流技巧以及良好的情绪调控能力。

（5）对于那些倾向于安全型职业锚的求职者而言，他们极为看重长期的职业稳定性和基础的安全保障。这类人群追求稳定的收入，并期望在退休后仍能获得一定的生活保障。他们在工作中更偏好遵循上级或同事的指导，以此来减少可能面临的职业风险。

掌握求职者的职业锚类型，能够帮助企业更加精准地评估其与岗位之间的契合度，进而提高招聘工作的效率。

2．应聘者的主观偏好

求职者对于相同因素的偏好差异显著，这种偏好对其职业路径的选择有着直接的影响。比如，在工资水平、专业技能和个人财富均等的情况下，一部分人可能倾向于选择压力较小但薪酬较低的工作，以便享受更多自由时间和提高生活质量，而另一部分求职者则更加重视经济回报，他们更愿意接受那些工作强度较大、责任也更重的职业角色，以此来追求更高的收入。

另外，求职者在职业选择上的倾向很大程度上受到其家庭背景的影响。家庭经济状况、父母的职业经历以及家庭教育方式等元素共同作用于个人的职业路径选择过程。比如，那些成长于艺术家、教师或医生家庭环境中的个体，通常会倾向于跟随家族传统，进入与之相关的职业领域。

3．应聘者的职业倾向性

个人的职业偏好对其职业选择及最终就业决策有着决定性的影响。依据霍兰德的职业兴趣理论，个体的性格特征与天赋是塑造其职业倾向的基础，而这种职业倾向又成为影响人们择业的关键因素之一。当具有相似特质的求职者与相匹配的职业岗位相结合时，便能实现良好的适应状态，从而使工作者能够找到适合自己的职位，并充分发挥自身的才能和积极性。

因此，在招聘过程中，深入了解求职者的性格特质及职业偏好极为关键。当职位与个人的性格特征高度契合时，这类岗位往往被视为理想选择，并促使求职者积极争取；在这样的岗位上工作，员工更可能体验到工作的乐趣和内心的满足感，显著提升其对工作的满意度。这样的情景也助于减少人员流失。

4．应聘者应聘意愿的强弱

求职动机是指驱使个人参与职业寻找活动，以实现其就业目标的心理过程。当求职者的期望与潜在岗位所能提供的条件相匹配时，他们更有可能胜任这份工作，并且能够长期稳定地从事下去。因此，求职动机的强度在很大程度上决定了求职者对于申请职位的积极性及其成功的可能性。

具有较高求职积极性的求职者往往更容易接受所提供的工作条件，且这类群体在申请过程中取得成功的概率也相对较大。他们通常对获得的工作机会表现出较高的满意度和忠诚度，能够迅速融入新环境并充分发挥个人能力。相比之下，那些求职动力较弱的个体则更倾向于对应聘条款持审慎态度，这导致他们的就业成功率较低。对于后者而言，适应新的工作环境可能需要更多时间，并且在未来的职业生涯中可能会出现较高的职位变动率。

（三）外部因素

企业的人力资源招聘过程并非独立运作，而是受到一些外界因素的影响与制约。接下来将对这些影响企业招聘活动的外部要素进行深入探讨。

1．国家政策与法律法规环境

国家政策与法律法规为企业的人员招聘活动设定了清晰的界限。改革开放以来，“三结合”自由择业方针的推广及劳动合同制度的革新，大大增强了企业在招聘过程中的自主性，同时也提高了劳动力市场的流动性。这一系列变化为企业选择更加灵活多变的招聘方案提供了主能，还促进了人力资源的有效分配与利用。

2．宏观经济形势

企业人力资源招聘深受宏观经济状况的影响。通货膨胀会推高劳动力成本，进而限制企业在招聘上的投入及规模。另外，整体经济表现与就业水平之间存在着密切联系：当经济发展良好时，较低的失业率意味着更多的工作岗位；相反，在经济遭遇困境期间，随着生产活动放缓，工作机会变得稀缺，失业人数也随之增加。政府通过其宏观调控手段也间接作用于企业的雇佣决策，比如通过调整金融、税收等政策来影响资金流动和市场环境，从而对企业的招聘标准、数量及其范围产生影响。

3．社会经济制度

随着社会经济的持续进步，企业招聘机制正经历着不断的优化。招聘策略与方法日益科学化，特别是民营企业的发展对传统招聘模式构成了显著挑战。在市场经济环境下，国有企业的人事管理体系也在逐步向市场化方向调整，人力资源的招聘过程正在朝着更加科学、公正及自主的方向发展。招聘流程能够更好地反映人才的实际价值，并且更有利于促进企业的成长。

4．技术因素

企业内部的生产技术水平、管理模式以及现代化程度等因素，对于其所需人才的结构与类型有着显著的影响。科技进步重塑了劳动力市场的格局，也对企业招聘规模及对候选人素质的要求带来了深刻的变化。因此，在制定招聘策略时，公司应基于这些不可忽视的事实，对未来技术发展趋势作出合理预测，并在此基础上通过全面而深入的理解与科学分析来指导人员招聘工作。

5．社会文化环境及风俗习惯

社会文化背景以及企业所在地区的教育水平和传统习俗等要素，对企业招聘活动有着深刻的影响。这些文化和习惯因素形成了个人对于职业选择的态度与偏好，并且也影响着他们对教育路径的选择。因此，在制订招聘计划时，公司需要仔细考量当地的文化和社会环境特征，以确保其策略能够更好地适应实际情况。

6．劳动力市场与产品市场

劳动力市场构成了招聘活动的基础环境与必要条件。从人力资源供给量的角度分析，当市场上求职者数量不能满足岗位需求时，企业将面临较高的招聘难度及成本。就求职者素质而言，企业往往设定了明确的资格标准，并且对这些标准的匹配度有一定的容忍范围。值得注意的是，在不同的职业领域内，人才供需之间的平衡状态存在显著差异。在通常情况下，如果职位对技能或经验的要求较低，则更容易找到合适的候选人；反之，若该职位要求较高，则可能会遭遇人才短缺的问题。因此，为了保证招聘过程的有效性，企业在规划其招聘策略时应当全面考量当前劳动力市场的实际状况。

四、人力资源招聘的基本战略

在实施人力资源招聘过程中，企业能够依据自身的具体状况及需求来选取适宜的招聘策略。以下是几种广泛采用的招聘方法及其各自的优势与局限。

（一）培训战略

企业培训战略侧重于在招聘过程中优先考虑候选人的基本素质，而对过往工作经验的要求则相对宽松。这种做法基于一种理念，即通过为新员工提供必要的技能培训，可以有效地帮助他们适应并胜任其岗位。

1．优点

（1）灵活。该策略使企业能够从具备良好基础素质的应聘者中进行选拔，并通过内部培训迅速提升其专业技能。

（2）成本效益高。在成本控制方面，相较于直接引入具有丰富经验的专业人士，对新员工进行培养的成本效益更高。

（3）有助于增强员工对公司的情感联系。通过实施内部培训项目，可以有效促进员工对企业文化的认同感及归属意识，进而提升其对公司的忠诚度。

2．缺点

（1）初期投资大。尽管从长远角度来看，这样的投入可能会带来成本节约的好处，但培训项目在起步阶段却需要较大的资源支持。

（2）培训周期长。掌握所需技能的过程需要一定时间，这可能会暂时性地影响工作效率。

（3）存在一定的不确定性。因为并非每位员工都能够顺利完成培训并适应其岗位职责。

（二）高薪战略

高薪战略指的是企业通过提供超出行业平均水平的薪资待遇，以期吸引到更优秀的求职者。采取这一方法的企业往往旨在快速聚集顶尖人才，并且希望整个招聘流程能够更加高效顺畅。

1．优点

（1）迅速吸引高素质人才。通过提供具有竞争力的薪酬，能够有效吸引众多求职者，其中不乏技能出众且经验丰富的人士。

（2）增强企业吸引力。通过提供具有市场竞争力的薪酬待遇，能够显著提升公司在潜在雇员心目中的地位，从而吸引更多高素质人才的关注。

（3）减少人员流失。提供具有竞争力的薪资待遇能够有效降低员工离职率，因为较高的薪酬水平往往使员工更加倾向于留在当前工作单位。

2．缺点

（1）薪酬成本升高。提升薪酬策略将导致企业面临较高的长期人力支出，这种情况下，可能会对企业财务健康产生不利影响。

（2）招聘成本的增加。虽然较高的薪酬能够吸引更多的应聘者，但随之而来的筛选与面试流程可能会变得更加烦琐且耗时，从而推高了整体的招聘开支。

（3）可能会引发内部矛盾。当现有员工了解到新加入团队成员的薪酬水平高于自己时，可能会产生不满情绪，进而引发内部矛盾。

（三）广泛搜寻战略

广泛搜寻战略指的是企业在追求吸引高素质人才的同时又试图控制薪酬成本的一种策略。然而，在当前的人力资源市场环境下，这种做法面临着一定的挑战，尤其是在急需填补岗位空缺的情况下尤为明显。

1．优点

（1）在控制成本的同时保证人才质量。企业致力于寻找两者之间的平衡点。

（2）多样性。通过广泛的搜寻，能够接触到更加多样化的求职者群体，从而提升了招聘过程中的多样性。

（3）潜在发现。在某些情况下，企业可能会发掘出那些拥有必要技能但尚未在市场上获得足够认可的隐性人才。

2．缺点

（1）招聘面临较大挑战。在现今的人力资源市场中，找到同时满足专业技能要求且愿意接受较低薪资待遇的候选人极为不易。

（2）耗时较长。进行广泛的搜寻可能会消耗更多的时间与精力，尤其是在对信息的筛选和评价阶段。

（3）时间紧迫性。面对职位空缺需要迅速填补的情况，采取广泛搜寻策略可能无法及时满足这种即时需求。

第二节　人力资源培训

一、人力资源开发与培训

（一）开发培训的含义

企业员工的专业技能、工作效率的提高及职业态度的端正，是通过系统化的教育与培训来实现的人力资源开发过程。这一举措促进了个人能力的成长，也为公司的长期稳定发展奠定了坚实的基础。

具体而言，培训是指企业通过组织学习活动来协助新入职职工或现有职工掌握并提升其工作技能的一种手段。相比之下，人力资源开发的概念更为广泛，虽然包含了培训这一环节，但远不止于此。该过程旨在通过传授新的知识给员工，引导他们更新职业观念，并提高各种能力，以此促进企业运营效率整体的提高。

人力资源的发展与培训，为员工提供了个人成长的机会，也是企业持续创新、追求卓越的关键路径。通过这种系统化的过程，员工的专业技能得到了显著提高，工作态度也端正了，从而直接促进了公司业绩的增长。由此可见，在这一过程中，优化工作行为及端正态度占据着核心地位。

企业在实施人力资源开发与培训时的主要目标是什么？首要的是，通过提升员工的专业技能和工作效率来强化企业的综合竞争实力。此类活动还有助于增强员工及组织面对外部挑战时的灵活性和适应力。这样的举措也有利于增进员工对公司的归属感，从而稳固企业的人才基础。

值得注意的是，尽管培训与开发这两个概念紧密相关，它们在目标上却有所区别。培训主要聚焦于向员工传授其当前或短期内所需的专业技能和知识；相比之下，开发则着眼于培养员工未来可能需要的能力，旨在支持组织长远的发展规划。不过，两者共享共同的目标——通过增强个人能力来促进员工及其所在企业同步成长与发展。

（二）开发培训主要类型

依据培训活动与日常工作之间的关联性，人力资源的开发及教育可以被划分为两大主要形式：在职期间进行的培训（在岗培训）和非在职状态下的培训（不在岗培训）。

1．在岗培训

与非在职培训相区别的是在职培训，这种形式允许员工在执行日常工作任务的同时接受相关教育和技能培训。根据实施方式的不同，在职培训可以进一步细分为岗位交叉交流培训及岗位特定培训两种类型。

岗位交叉交流培训是一种旨在拓宽员工视野并增强其知识基础的教学方法。通过安排员工在不同职位或部门间进行轮岗和互动，这种机制能够促进参与者对企业运作机制及业务流程有更加全面的理解，进而培育出具有广泛视角与多领域技能的人才。尤其是针对各级管理层人员来说，此类培训提供了宝贵的学习与发展机遇。为了保证培训的有效性，公司应当定期对参与者的适应能力进行评估，以减少潜在的风险和不必要的成本。

职位特定培训更注重于加强员工在现有岗位上的专业技能及提高工作效率。随着新兴技术和工艺的不断出现，此类培训变得越来越关键。比如，在计算机技术日益普及并被广泛应用的情况下，财务会计人员必须持续学习与电子会计相关的新知识来满足工作需求的变化。通过这样的职业发展活动，员工能够更加有效地融入企业最新的生产运营模式，从而增强整个组织的工作效能。

2．不在岗培训

不在职培训，是指员工离开日常工作岗位后所参与的一种教育活动。此类培训主要分为入职前培训及离岗培训两种类型。

入职前培训是每位新员工正式上岗前不可或缺的一环。此阶段的教育目的在于帮助员工快速融入组织文化，认同并内化公司的核心价值观念，并清晰地认识到自己职位的具体职责与期望。通过参加入职培训，新员工可以掌握完成工作所需的基础技能，为即将面临的职业挑战打下坚实的基础。

离岗培训旨在深化员工的专业技能，通常在员工需要提升其职业技能时实施。通过一系列集中且具有针对性的教育活动，这种培训方式能够帮助参与者克服职业发展中的障碍，促进个人能力显著增长。然而，在实践中，由于多种因素的影响，规模较小的企业较少选择此类培训模式。

二、培训开发的基本内容

人力资源的开发与培训对于保障企业持续进步及扩展至关重要。尽管不同行业可能遭遇各种各样的难题，但在构建和规划培训计划时，通常会采纳一系列普遍适用的原则和方法。下文将概述企业培训体系的核心构成要素。

（一）规范培训

1．企业规范条款培训

企业规范条款培训的目的在于向员工介绍公司的规章制度、发展目标、历史沿革以及文化理念等核心要素。这些内容是支撑企业管理和日常运作的基础，也是构建员工对企业认同感的重要组成部分。通过参与此类培训活动，员工能够更加深入地了解并融入企业文化，从而增强其自觉遵守公司各项规定的意识。

2．法律培训

对于任何组织而言，法律教育的重要性不容忽视。它能够保障企业各项业务活动严格遵守相关法律法规，从而有效规避可能面临的法律挑战。具体地讲，通过法律教育可以达成以下两个关键目标。

（1）确保经营活动符合法律法规。这有助于企业在既定的法律框架下顺利开展业务活动，从而避免因触犯相关法律规定而面临的处罚或经济损失。

（2）加强员工的法律意识。通过对员工进行相关经济法规，如《中华人民共和国经济法》《中华人民共和国票据法》等的知识普及，可以有效提高其法律知识水平，进而增强他们对企业规章制度的理解与尊重，同时也能够促进员工对企业产生更高的信任感。

（二）岗位技能培训

职业能力培训旨在提高员工的专业技能与工作效率，以便更好地应对工作环境和技术需求的持续变化。此类培训内容通常包括以下几个关键领域。

1．业务知识学习

帮助员工掌握必要的行业知识和背景信息。

2．职业道德培训

加强职业道德与伦理准则的培养，确保所有职工的行为能够满足行业规定及社会期待。

3．先进理论应用培训

教授最新的理论知识，并指导如何将其应用于实际工作中。

4．操作技能培训

提供具体的技能训练，确保员工能够熟练操作设备或执行任务。

5．预期业务提前培训

为应对未来可能出现的新业务或项目，提前开展培训工作，以便更好地迎接即将到来的挑战。

6．管理技术培训

增强员工的领导才能和管理技能，特别是对于那些未来有可能进入管理层的员工来说至关重要。

（三）思维意识培训

除了掌握专业技能与知识，塑造正确的思维模式也是不可或缺的一环。此类培训的目标在于构建员工的思维体系，促进其成长为优秀的团队合作者及领导者。具体而言，涵盖了以下几个方面。

1．创新意识

鼓励员工思考新颖的想法和解决方案，促进创新文化的形成。

2．精品意识

强调追求卓越和服务质量的重要性。

3．健康意识

重视员工的身体健康与心理状态，营造充满支持的工作氛围，以增强其幸福感，提高工作效率。

4．公关意识

提高员工对外沟通的能力，加强与客户、合作伙伴及公众的关系。

5．终身学习意识

提倡持续学习的态度，以应对快速变化的市场和技术环境。

三、人力资源培训开发的基本保障

在当今的企业管理实践中，员工的能力提升及企业竞争力的增强很大程度上依赖人力资源培训与发展项目的有效实施。为了使这些项目能够顺利推进并实现既定目标，建立一套稳固的基础支持体系是必不可少的。接下来，我们将深入分析这一基础支撑体系的关键组成部分。

1．设立专门的人力资源培训机构

在企业内部构建专门负责人力资源培训的部门，是保障培训与发展活动系统化推进的基础。该部门承担着设计和实施多样化的教育项目的任务，还需对培训规模、地点选择、时间安排及讲师资源等方面进行综合管理。通过设立这样机构，所有相关的培训活动得以在统一的框架下被组织与协调，从而确保培训目标的清晰设定、计划的周密制订以及执行过程的顺畅有效。

2．高层管理者的坚定支持

高层管理者对人力资源培训与发展项目的成功扮演着不可或缺的角色。这一点主要通过两方面体现：一方面，所有重要的企业活动，特别是那些需要资金支持和人员调度的项目，必须获得高层的认可与批准。另一方面，人力资源培训与发展往往涉及跨部门合作、财务规划以及时间管理等多个环节，缺乏高层的支持将使得这些任务难以有效地实施。

充足的财力和人力资源是保证培训与发展项目成功实施的关键。领导层应在预算规划中为这些活动预留专门的资金，并确保跨部门之间的协调以及员工的积极参与。若缺乏必要的资源支持，即使是最周密的培训方案也难以得到有效执行。

3. 确保充足的培训经费

资金支持是确保各类活动顺利实施的重要前提。开展人力资源培训与发展，无论是教材的准备、场地的选择还是讲师的邀请等各个阶段，都离不开必要的资金投入。因此，在规划相关培训项目时，企业应当同步制定详尽的资金预算，并且在整个执行过程中实施严格的成本管理策略，以保障培训工作的有效推进，同时避免不必要的开支。

4. 拥有高品质的培训师资

人力资源培训与发展，讲师扮演着极其关键的角色。他们负责传授专业知识与技能，同时也是企业价值观的传递者。一位出色的讲师，除了拥有扎实的专业背景和丰富的实践经验，还能够有效地激发学习者的兴趣，并鼓励他们在工作中实践所学知识。鉴于此，企业在甄选讲师时应严格审核，确保候选人具备必要的教学经历及专业素养。

5. 作好完整的培训工作记录

每一次培训活动都是企业积累知识和提升技能的关键环节。通过详尽而精确地记录每次培训的内容、参与者的反馈及培训成果等信息，公司能够持续总结经验教训，进而优化未来的培训方案。这些文档对企业不断完善其培训机制具有重要意义，也为员工个人职业发展提供了有力支撑。

6. 配备齐全的培训设备设施

采用先进的培训工具与设施能够显著增强培训效果。比如，多媒体技术的应用让课程内容更加形象具体，而专门设计用于案例研究的空间和实验场地，则为学员提供了实践机会，从而加深了他们对知识的理解。这样的设备提高了培训的效率及其质量，还极大地丰富了学习者的体验。

第三节　互联网信息时代的人力资源招聘

在当今科技迅猛发展的背景下，信息时代已经全面到来。计算机技术和互联网的迅速进步极大地促进了网络招聘方式的普及。对于求职者而言，他们越来越倾向于放弃传统的求职途径，转而利用网络这一覆盖面更广、更加便捷的平台来发布个人简历和申请职位。因此，众多企业也开始意识到网络作为现代通信工具的强大作用，并通过网络渠道寻找能够促进公司发展的优秀人才。网络招聘以其高效性而著称，有些企业甚至将候选人是否能够通过网络发现并访问企业的招聘信息作为评估其能力的隐性标准。由此可见，网络招聘已经成为招聘流程中不可或缺的一部分。

毋庸置疑，互联网因其全球覆盖、互动交流及即时更新的特性，在当今时代成为传递人力资源相关信息最为高效的渠道。在线招聘作为网络技术在人才管理方面应用最为广泛的形式之一，正在经历着快速的发展与普及。

一、网络招聘及其优势

随着数字化进程的加速，网络招聘逐渐崭露头角，成为企业和求职者之间沟通的重要桥梁。这一模式充分利用了互联网的优势，通过官方网站或各类在线平台，实现了招聘过程的高效率、便捷和成本节约，成为人力资源管理领域内网络技术应用的突出例子。按照操作复杂度的不同，网络招聘可以分为高级和初级两大类。其中，高级网络招聘涵盖详尽的工作职位介绍、主动获取应聘者简历以及技能考核等多个步骤，而初级形式则更多地关注招聘信息的在线传播。无论采用哪种形式，相较于传统的招聘手段而言，网络招聘均展现出显著的优势。

（一）全球人才库的触达

在线招聘模式突破了地理位置的限制，使企业可以接触世界各地的人才资源。无论是在繁华都市还是边远地区，只要有互联网接入，求职者就能够方便地浏览职位信息并提交申请材料。这种方式拓宽了招聘者的选才范围，有助于招聘者更加精确地找到与岗位需求相匹配的理想人选。

（二）成本效益的显著提升

与传统的招聘方法相比，网络招聘减少了诸如场地租赁、广告制作及旅行开支等一系列额外费用，从而显著减轻了企业的财务负担。利用自动化工具进行简历筛选和初步面试的过程，有助于进一步缩减人力资源成本，还能促进资源的更有效配置，提高了整体运营效率。

（三）招聘流程的简化与高效

相较于传统招聘过程中存在的烦琐步骤和较长周期，利用网络平台进行的人才招募通过采用自动化及智能化技术，有效地简化了整个流程。这体现在职位信息能够迅速发布上，还包括简历的即时收集与归类处理，以及依据特定关键词实施初步筛选等方面，这些改进措施共同促进了招聘活动效率的大幅提升，并加快了响应速度。

（四）隐蔽的人才储备策略

在当今充满挑战的市场环境下，通过互联网进行招聘活动为企业开辟了一条相对低调的人才储备途径。这种方法允许公司在不引起过多外界关注的前提下，有效地收集并评估众多求职者的简历资料，从而为即将到来的业务扩展及人才需求奠定坚实的基础。

（五）时间与空间的灵活性

网络招聘方式为雇主与求职者提供了更为灵活的时间和空间选择。招聘信息能够 24 小时在线发布，让求职者可以根据自身情况随时提交申请或进行询问。这种方式极大地改善了招聘过程中的用户体验，使企业及个人都能够更加自主地安排自己的日程和工作步伐。

二、网络招聘的现状及发展趋势

随着中国经济向着高质量发展的方向迈进并实现产业升级，人才培养与就业要适应时代的发展需求。为了确保人才能够顺利就业且其质量得到提升，国家层面已实施了一系列政策措施，旨在积极促进就业，并将就业情况作为宏观调控政策制定时的重要考量因素之一。为促进网络招聘行业的健康发展，人力资源和社会保障部发布了《网络招聘服务管理规定》，该规定的出台为行业提供了明确的指导方针，促进了整个领域的规范化发展。

（一）网络招聘市场的现状与规模

近段时间以来，互联网招聘领域经历了显著的发展变化。艾瑞咨询研究院的数据分析显示，2022 年度中国在线招聘市场的总体规模达到了 175 亿元人民币，虽然增长速度相比之前有所下降，但仍比上一年度增长了 9.2%。

从市场结构分析，国内上市公司的总收入达到了 71.53 万亿元人民币，与前一年相比增长了 7.2%，这表明市场对这些招聘服务提供者持有积极的态度和较高的信任度。在这一领域内，前程无忧等综合性在线招聘平台依旧占据主导地位，它们的收入占整个行业的份额超过了 1/3。然而，随着行业内竞争模式日益多样化，以及各平台对于企业客户的争夺愈发激烈，预测未来该领域的集中程度将会有所下降，各大平台之间的市场份额分布可能会趋向更加均衡的状态。

（二）技术赋能与创新应用

近年来，网络招聘平台持续探索人工智能技术在招聘流程中的应用潜力。随着远程工作模式的普及，这些先进技术得到了更加广泛的应用，极大地促进了无接触式求职解决方案的发展。借助诸如直播面试、视频交流会以及虚拟招聘会等形式，招聘平台成功地将传统面对面活动转移到了线上环境中，实现了技术与服务的有效结合。

各大招聘平台积极响应国家政策，与多个部门合作举办招聘活动，为社会招聘和校园招聘提供了便捷的渠道。这些举措对于减轻就业压力起到了关键作用。通过技术赋能与创新实践，招聘效率得到了显著提高，也为各平台之间的竞争与发展注入了新的动力。

（三）网络招聘行业的竞争格局与发展动向

网络招聘领域的发展轨迹某种程度上揭示了整个国家经济活动的趋势。自该行业诞生以来近20年间，尽管网络招聘平台依然坚持提供全面的就业服务，但它们也在持续探索新的发展方向以增强竞争力。如今，这个行业已经演化出了一种包括综合性、专业化及多渠道特征在内的多样化竞争态势。

综合型平台的服务范围广泛，尤其在白领阶层的职位招聘上表现得更为突出。相比之下，专业化的平台则更倾向于服务于零工经济以及基于社交网络的招聘活动，这类平台种类丰富，数量庞大，而且各自之间存在显著的区别。随着一些新兴招聘途径的兴起，如通过公众号运营的小规模服务平台、直接由企业或行业进行的人才招募等模式正逐渐受到关注。尽管这些新渠道可能会对传统专业招聘平台造成一定的用户分流影响，但从整体上看，现有的招聘平台依然能够为求职者提供更加专业化的职业发展与就业机会服务。

（四）未来发展趋势与挑战

1．提高匹配效率与交付能力

未来的招聘平台将更加注重提高人才匹配的效率及人员配置的能力。通过深入研究特定行业，并运用大数据分析技术来实现更精准的人才推荐。针对不同岗位的具体需求，制定严格的招聘流程、绩效评估以及考核体系，以确保灵活就业者具备相应的专业能力和素质。除此之外，此类平台还将进一步加强与企业的合作关系，以便更准确地了解企业对人才的需求，并设计专门的薪酬福利计划和保险方案，以此来激发求职者的积极性。

2．拓展商业模式与探寻更多可能

在深化招聘服务领域的网络招聘平台应当积极探索人力资源服务体系中的其他潜在商业模式。鉴于就业市场结构变化日益迅速，这些平台能够利用自身积累的专业知识和资源优势，特别关注企业员工的职业生涯规划与培训、职业转换等新兴服务领域。通过拓展招聘管理系统，向企业提供软件即服务（SaaS）解决方案，可以有效整合招聘需求与渠道资源，从而提高招聘流程的效率，并改善求职者从申请到入职的整体体验。

3．提高效率与优化求职体验

为了更好地服务于求职者，网络招聘平台应当加强对企业资质及其发布职位信息的审核与管理，确保所提供信息的真实可靠。基于个人的职业兴趣、技

能匹配度以及用人单位的具体人才需求，为用户定制化推荐合适的工作机会，并及时跟踪并反馈简历提交及面试环节的状态更新。考虑到求职者职业生涯发展的全过程，平台还需提供覆盖整个职业发展周期的一站式服务，并通过精细化管理来提高用户的忠诚度。在保障信息安全方面，则需运用先进的技术手段来有效保护用户的个人信息安全。

三、网络招聘实施的关键环节

网络招聘作为连接现代企业与求职者的关键渠道，在不同行业和地区间展现出多样化的实施方式。在信息技术、金融及高科技等前沿领域以及欧美地区的商业环境中，更为先进的网络招聘策略受到广泛青睐，而相比之下传统行业及亚洲市场则偏好采用较为基础的网络招聘手段。无论采取哪种形式，成功执行在线招聘流程均需关注三个关键步骤。

（一）精心打造企业网站，构筑人才磁场

对于吸引顶尖人才而言，不断更新且能够展现企业卓越形象的网站至关重要。这样的平台用于发布信息，更是连接企业和潜在员工的重要渠道。富有吸引力的企业招聘广告可以有效地传达公司的文化与价值观念，激发求职者的兴趣。除了详尽地描述职位职责和要求，提供简便快捷的应聘方式也是必不可少的一环。例如，在官方网站上设立专门的招聘板块，公开列出空缺职位、联系方式或在线申请表单，这些措施都能显著简化求职过程。

通过网络平台公开企业的人力资源政策与员工福利计划（如惠普在其招聘页面上详尽列出的福利项目及其具体实施方案），提升了公司的透明度，还能够吸引那些特别关注工作条件和个人职业成长机会的潜在雇员。另外，激励在职职工利用电子邮件向其社交圈转发职位空缺信息，是一种经济高效且成效卓著的宣传手段。此类“口耳相传”的方法有助于拓宽招聘信息的触及面，并吸引到更多素质优秀的应聘者。

（二）及时联系，稳固人才关系

在选定合适的人选之后，高效且专业的后续沟通同样至关重要。企业应当指定专人负责与候选人建立联系，以此体现企业的诚意及专业水平。鉴于顶尖人才通常在市场上极为抢手，快速响应并保持良好沟通成为防止他们被其他竞争者吸引走的关键措施。

在通过网络招聘完成初步筛选之后，直接的面对面交流阶段同样至关重要。这一步骤为双方提供了深入了解彼此以及构建信任关系的关键机会。借助

直接对话，组织能够更全面地评估求职者的能力与未来发展潜力；对于应聘者来说，去直观体验公司的文化环境和工作氛围也是宝贵的机会。

值得注意的是，思科公司在招聘方面的做法为业界树立了典范。该公司网站向求职者提供了简便易用的搜索和申请工具，还创新性地引入了一种机制，即通过与公司内部志愿者建立“朋友”关系的方式，为应聘者提供定制化的指导和支持服务。这样的举措加速了招聘流程，同时也极大地丰富了求职者的体验。思科还借助与知名网络平台的合作及细致入微的市场研究，持续优化其人才招募策略，旨在吸引那些虽未积极寻找工作机会但潜力巨大的候选人。

（三）高效筛选，精准定位合适人才

当企业的招聘启事在线上公布之后，往往会吸引大量的求职申请。为了更高效地处理这些资料，并精准挑选出符合岗位需求的候选人，使用能够自动化分析与管理应聘者初步信息的技术工具变得尤为关键。这样的系统可以依据预设条件，如学历水平、职业经历等指标，迅速筛选简历并对申请人作出初步评价。

借助在线测试及心理评估工具，企业能够更加全面地掌握求职者的人格特质、职业偏好及工作习惯，进而提高对应聘者与岗位匹配度的判断准确性。这种方法提高了招聘流程的整体效率，也保证了进入后续面试阶段的候选人都经过了严格的筛选，是与职位需求高度契合的人选。

四、网络招聘的方式和应该注意的问题

伴随着互联网技术的广泛应用，网络招聘已经成为连接雇主与求职者的关键渠道。这种方式不仅提高了效率，减少了时间成本，而且显著降低了招聘过程中的开支。尽管如此，在实际应用过程中仍有一些值得重视的问题。接下来将深入探讨网络招聘的主要形式及其实施过程中需要特别注意的核心议题。

（一）网络招聘的主要方式

1. 利用企业主页发布招聘信息

对于那些已经在市场上建立了稳固品牌形象的大公司来说，它们往往倾向于通过官方网站来公布职位空缺。这种方法能够有效地吸引对企业背景有一定认识且对其感兴趣的潜在员工，从而增强招聘活动的精准度与成效。

2. 与人才网站合作

对于那些规模较小且品牌认知度较低、官方网站访问量有限的企业而言，选择与知名招聘平台建立合作关系往往能够产生更为显著的效果。这种合作通常包括两种主要模式。

（1）租赁简历数据库。这是一种中小型企业和在线招聘平台之间合作的普遍且成本效益较高的招聘方法。通过这种方式，企业能够迅速筛选出满足岗位需求的人选。尤其对于像信息技术这样对网络招聘接受度较高的领域来说，这种方法尤为适用。构建专属的简历库也有利于公司对未来中期或长期的人力资源需求作出规划，并有效积累潜在人才。

（2）校园招聘外包。作为企业人才储备的关键步骤，校园招聘对于人力资源部门而言是一项挑战，尤其是在短时间内需要访问多所高校并处理大量求职申请的情况下。鉴于此，不少企业倾向于将这一过程委托给专门的招聘平台。这些专业机构负责包括前期宣传、简历收集与初步筛选以及安排笔试和面试等一系列活动，从而显著缓轻了企业内部人力资源团队的压力。

（二）网络招聘应注意的问题

尽管网络招聘方式拥有众多优点，但在实际应用中仍需关注某些潜在问题。

1．网络招聘信息的真实度问题

网络平台提供了便捷性，但也伴随着传播虚假信息的风险。一方面，部分求职者可能缺乏真实的应聘意愿，仅是随意提交简历，这种行为对企业的人才选拔过程构成了干扰。另一方面，某些企业或许出于人才储备的目的，会发布已经失效或不实的职位广告。此类现象削弱了在线招聘的有效性，还削弱了求职者的参与热情。

为了提高所提供信息的准确性，企业应当定期审查并更新其招聘启事，以确保所有列出的工作机会都是最新且准确无误的。通过请求应聘者提交更为详尽的个人信息，能够促进更加细致全面的评估过程。

2．招聘信息的详细性与求职者展示的充分性

由于网络招聘平台对于信息录入及简历格式有着严格的规定，企业和求职者在自我展示方面可能会遇到一定困难。企业发布的职位描述往往过于简略，这使应聘者难以全面掌握岗位的具体要求与职责。同样地，在有限的文字数量和固定模板的限制下，求职者也很难充分展现其个人特长和优势。

为应对这一挑战，企业可以在招聘公告中增加更多关于职位描述、工作环境以及职业成长机会的具体细节。求职者也应当在个人简历中着重展现其核心竞争力及过往经验，以此来提高应聘的成功率。

3．招聘平台的同质化与信息安全问题

当前，众多招聘平台及应用程序面临显著的同质化现象，鲜有创新之举。在争取用户的过程中，部分平台间甚至出现了不正当的竞争行为。另外，随着移动互联网上求职平台使用率的增加，个人资料的真实性也遭到了质疑。一些非法机构通过发布虚假的工作机会来收集应聘者信息，进而实施诈骗活动或进行广告骚扰。

为了解决这些问题，企业应当倾向于与那些声誉良好且审核机制严格的招聘网站合作。对于求职者而言，在利用此类平台时需增强自我保护意识，尤其是对个人信息安全的重视。政府及相关机构也应强化对在线招聘市场的监督作用，以促进其健康有序地发展。

第四节　互联网背景下的员工培训

在当今互联网快速发展的环境下，知识更新的速度显著加快，尤其是在技术领域内，新的知识和技术的有效期正在不断缩短。企业为了能够持续保持其市场竞争力，需要转型为“学习型组织”，通过不断的教育与培训活动来提升员工的整体素质和技能水平。随着电子商务的快速发展，电子化培训作为新兴的教育模式之一，正逐渐成为企业对员工进行专业技能培训的重要途径。

一、建立线上线下名师资源库，加强培训师资队伍建设

随着企业对员工培训的重视程度日益增加，构建一支具备高水平的讲师团队显得尤为重要。这意味着要发掘和培养内部人才作为教师资源，还需要有效整合外部的专业力量，共同创建融合线上与线下模式的高质量教学资源平台。

（一）构建多元化的名师资源库

在搭建企业培训体系的过程中。除了注重内部优秀教师的选拔与培养，还应当积极引进外部的专业人才，以此来保证教师队伍的专业水平和多样性。对教师资格进行严格审查也是不可或缺的一环。担任培训讲师者需要拥有高尚的职业道德和全面的能力素质，还需通过正规教育获得相关认证，方能正式开展教学工作。

为促进讲师团队的积极性及专业水准，需要构建一套科学的工作激励体系，并定期对培训师进行全面评估。评估涵盖个人简历、教学计划的质量以及学生反馈等方面，依据评估结果来划分讲师级别，并据此发放相应的薪酬待遇。

在此基础上，进一步搭建融合线上与线下资源的名师数据库。在线上部分，企业可以通过采购一系列普通课程和优质课程来促进员工的专业技能发展。这种学习模式使员工能够在任何时间和地点灵活地接受教育，同时也有效减少了因参加面对面培训而产生的停工，从而降低了物资与人力资源的成本，并克服了时间安排上的局限。为了加强教学互动，可以设立专门的网络沟通平台，促进讲师与参与者之间的知识分享及问题讨论。

在实体教学方面，注重提升教师团队的整体素质，积极邀请本地及市级知名教育专家加入企业培训项目。这些专家围绕地区发展战略、企业文化构建以及意识形态教育等方面开展定制化的线下课程，提升培训活动的实际成效。

（二）建立并丰富培训师储备库

为了更好地发挥互联网的优势，并有效地整合内外资源，精心构建融合线上与线下模式的培训师人才库。人才库包含在线教育领域的知名讲师和来自企业高层及技术前线的专业人士。通过这样的方式，旨在为企业提供持续而优质的培训服务支持。

在培训师资源的选择上，将企业内部的杰出员工、中高层管理人员以及人力资源领域的专家纳入了讲师储备库；同时，从外部引进具有丰富经验的专业培训人才，以此来增强团队实力。通过这样的方式，建立起属于本企业的专业讲师团队，能够保证培训内容覆盖广泛的领域且具备高度的专业性。

倡导共享与协作的精神，积极寻求与区域内企业和研究机构的合作机会。通过构建线上讲师资源共享机制，能够获取更多高质量的教育资源。

（三）引导培训师适应新角色

随着互联网技术的不断进步，培训师的角色和观念也需随之调整。激励他们积极适应基于网络环境的人力资源管理及员工培养工作。新时代背景下，培训师应当坚持“开放、平等、协作、分享”的职业价值观，乐于参与知识共享与交流活动。为此，每位培训师都应能够全面掌握计算机技术和互联网相关知识，在日常教学活动中自觉融入互联网思维，成为新技能的倡导者和新知识的传播者。

培训师不再仅仅是知识的单向传递者或是培训活动的唯一领导者。除了承担起传统的教育职责，培训师还需引导学员探索并掌握新的学习方法和技术，同时熟练应用各类现代化培训工具与平台。适应互联网环境下的幕后支持工作也变得尤为重要，这包括但不限于在线平台的设计与维护、信息的及时发布与更新以及开展网络测试等任务。

（四）全面提升培训师的专业素养

随着互联网时代的到来，培训师的角色及其所需具备的能力经历了显著转变。为了更好地应对这些变化，并满足现代企业对于培训体系的新需求，必须提升培训师的专业能力与素质。

培训师除了具备传统的语言表达能力、现场渲染力及控场应变能力等基本技能，还应当拥有“多专多能”的综合素养，具备深厚的文化底蕴、丰富的销售经验以及有效的管理技巧。

二、利用互联网技术进行培训需求分析

在当前互联网迅速发展的背景下，企业对员工培训需求的分析变得尤为关键。此类分析是实施精准员工教育计划的基础，也是优化人力资源分配、增强公司整体竞争力的核心步骤之一。通过对培训需求进行全面而细致的研究，企业可以更好地掌握员工在知识水平、专业技能及职业态度等方面的现状，从而设计出既符合个人成长需要又契合企业发展战略的培训项目。

然而，现阶段许多企业在进行培训需求分析时仍存在一定的缺陷，尤其是在运用互联网技术以拓宽分析范围和深化理解方面做得不够充分。为了解决这个问题，企业应当积极利用互联网工具，运用其卓越的数据处理能力和高效的信息流通特性，从而有效提高培训需求分析的精确度与工作效率。

（一）构建完善的培训需求体系

为了建立全面的培训需求框架，组织应当清晰界定培训的目的及期望达成的效果。基于目标设定理论，并且按照 SMART 原则（目标应该是明确的、可量化评估的、可实现的、与业务相关联的以及有时间限制的）来制定，这将有助于企业更加准确地响应员工的实际学习需求，同时也能更有效地激发其参与培训的积极性和工作热情。

在构建培训体系的过程中，企业需要从多个维度着手。首先，应当重视培训前的准备工作，包括建立详尽的员工信息档案、促进跨部门间的沟通与合作、确保信息流通顺畅且准确无误以及定期向上级汇报工作进度等环节。其次，需制订详细的培训需求调研方案，明确调研目的、执行步骤、所用方法及具体内容，以保证调研活动能够有条不紊地推进。最后，要广泛开展培训需求调研，通过深入了解员工的工作环境及其面临的难题，特别是他们对于培训的具体期望和要求，从而综合分析并撰写出翔实的调研报告。提升培训内容的相关性和实用性，增强整体培训效果。

企业还需依据其发展战略，规划出中期至长期以及年度的员工培训方案。这些方案应当具体定义各岗位及职级的培训目标群体、培训内容、实施时间与方法等关键要素，以此来保障培训活动的体系化和连贯性，防止出现缺乏规划或目的不明的现象。

（二）充分运用互联网技术提升培训需求分析

在当今互联网时代，众多前沿技术工具极大地促进了企业对员工培训需求的分析工作。无论是采用访谈、问卷调查，还是头脑风暴会议及绩效评估等传统手段，在与现代网络技术融合后，这些方法都能达到前所未有的科学与精准。

尤为重要的是，企业应当充分利用网络调研工具来搜集与分析员工的培训需求。通过运用大数据技术，公司能够更深入地探索和解析员工的相关信息，比如教育背景、年龄构成及服务年限等，从而迅速把握组织内人力资源的基本概况，制定更具针对性的培训策略。

比如，企业能够通过微信平台或是App小程序等渠道高效地获取员工对于培训需求的意见反馈。这种方式让员工仅需使用手机便可以随时随地提交个人需求与建议，极大地提升了参与的便捷性，同时也显著增强了数据收集过程中的时效性和精确度。在完成培训需求调研之后，企业还能够借助多种在线工具来进行信息整理及分析工作。这类工具往往拥有先进的自动处理能力，可快速生成详尽的分析报告，为企业的决策制定提供坚实的数据支持。

三、利用网络学习平台构建网络学院，创新培训方式

随着互联网技术的快速发展与创新，一系列面向企业的培训管理系统应运而生，为员工教育开启了新的篇章。通过整合微信、微博、QQ等社交媒体工具，这些培训管理系统构建了既方便又高效的在线学习空间，极大地丰富了传统教学模式。对于规模较小的企业来说，过去自建培训体系所需的巨大初期投资及后续高昂的运营成本构成了不小的挑战。但如今，基于网络的学习管理解决方案成本低廉，而且易于操作和维护，这使更多企业能够无障碍地建立适合自身需求的培训架构。

虽然在线教育拥有众多优点，但面对面的培训依旧扮演着重要角色。尤其是针对那些具有特定政治身份或专业要求的人员，如中共党员，通过线下方式可以提供更加详尽和结构化的学习资料。由此可见，结合线上与线下两种形式的混合式培训方案，预计将成为企业未来发展的主要趋势。

（一）构建网络学院，提供个性化学习服务

随着培训需求的不断增长、知识更新速度加快以及对专业性和一致性要求的提升，企业应当主动适应这一变化趋势，利用互联网技术作为基础，探索并建立起集中的管理体系与分层应用相结合的在线学习平台。该平台能为员工提供定制化的学习体验，还能够向不同层级的管理者提供多样化的管理工具，从而构建一套完整的网络教育体系，实现对员工进行全面而系统的培训。

在构建网络学院的过程中，应当遵循“岗位（专业）－能力－课程”的逻辑顺序，为员工规划出一条清晰的学习路径。该路径采用图形化展示方式呈现职位晋升路线，并辅以相应的课程体系，以此形成系统化、标准化的教育框架。如此一来，员工能够获得明确的方向指导，了解自身所需掌握的知识领域

及如何通过学习提高个人技能。

网络学院提供的培训课程应当广泛覆盖多个领域，包括但不限于政策法规、经济学原理、管理学知识、计算机技术以及职业伦理等内容。我们的宗旨是根据员工的具体需求定制培训内容，即按照“缺什么补什么”的原则，确保所教授的知识能够直接服务于员工的实际工作需要。

通过互联网技术的支持，网络学院能够克服传统教育在时间和地点上的局限，使员工能够在任何时间、任何地点参与学习。这种模式允许个人依据自身需求及时间安排灵活选择学习材料与进度，从而体验在线学习所提供的便利及其带来的愉悦感。

通过充分利用网络学习平台的各种功能，网络学院在员工培训方法上实现了革新。就资源的共享机制允许企业将所有的培训材料集中于在线平台上，极大提高了资料利用效率。个性化学习模式赋予了员工按照个人时间安排及需求选择课程的权利，员工享受到了前所未有的灵活性与便捷性。在线测试系统能够有效组织考核活动，并对参与者的学习成果进行追踪与评价，进而强化了教育成效。互动讨论区则构建了开放式的沟通环境，鼓励职工就工作实践及相关议题展开交流，促进了团队成员之间的相互学习与发展。

（二）利用在线工具，创新培训形式

广泛采用多种在线工具以创新培训模式，如构建微信公众平台，提供包括学习功能、培训内容检索以及个人培训进展和总体情况查询在内的多项服务。

我们还建立了多个微信和 QQ 群组，旨在促进学习小组的形成并充分利用了互联网时代所提供的各种新工具与方法，使员工能够利用手机、电脑等多种设备灵活安排自己的学习时间。在此模式下，除了传统的集中授课，员工还可以在课后通过移动互联网平台与讲师进行交流互动。

四、利用人工智能技术打造个性化培训课程体系

随着人工智能技术的持续进步，企业能够更加有效地利用这项技术来改进员工培训机制，特别是开发出针对个人需求定制的培训计划，从而提高整体培训效率。

（一）精细化设计培训内容

在规划企业员工培训项目时，应当全面考量企业的长远战略、员工个体差异及市场发展趋势等多方面因素。尤其是在数字化转型加速的今天，培训课程需要紧跟时代步伐，涵盖诸如互联网技术应用、数据分析处理以及物联网技术

等相关领域的最新进展。

首先，培训方案需紧密对接公司的战略目标，综合考虑企业的近期及长远发展规划，深入分析员工所需掌握的能力与素质，据此确立具体的培训方向和内容。其次，根据职位特点及员工的实际工作表现量身定制培训计划，覆盖投资理财、资本运作、市场营销、财务管理等领域，以提高员工与其岗位的契合度。还应兼顾员工个人的兴趣爱好及其职业发展路径，提供多样化的学习机会，进而激发员工参与培训的积极性并提升其满意度。最后，培训课程设计时应注意将最新知识与传统知识相结合，并且实现理论与实践的有效结合，确保员工能够充分适应互联网时代对于专业知识的要求。

（二）深入考量培训对象特点

在规划培训计划时，组织应当充分考量员工的年龄、性别及其个性化需求。不同年龄层的员工对于新知的接受能力和兴趣领域有所区别，例如，较年轻的职工可能更加倾向于掌握大数据、云计算等前沿科技知识。另外，男性与女性员工在学习习惯及价值取向上可能存在差异，这就要求企业设计培训项目时，需要综合考虑室内与室外活动以及线上和线下模式的融合。

（三）融合人工智能技术

随着人工智能技术的应用，员工培训领域将迎来深刻的变革。依据胜任力模型的理论基础，企业需清晰界定各职位的具体职责与要求，并通过人工智能手段实现教育内容的个性化定制。以员工个人发展和组织绩效提升为双重导向，深入分析每位员工的学习需求及职业发展路径，为其量身打造专业技能与实践操作相结合的培训计划。这种方法能够助力员工克服职业生涯中的障碍，同时也促进了个体成长、企业发展以及长远职业规划之间的和谐统一。

企业培训课程的设计应当紧密结合行业特性，并与公司的战略方向及业务目标相契合。这些课程应被视作共享资源，而非特定部门或个人的专属财产。在规划这类教育活动时，也必须考虑员工个体的职业发展和个人成长需求，确保能够有效促进其能力提升和素质增强。通过引入互动式、情景模拟等多种教学方法，可以增进讲师与参与者之间的沟通交流，从而提高学习者的参与热情及其对培训过程的满意度。

五、利用大数据分析强化培训效果评估与成果转化

伴随着大数据技术的持续进步，企业现在能够以更高的精度衡量培训成效，并促进这些成果更有效地转化为实际的工作表现。以下是运用大数据分析

手段加强培训效果评价及推动成果转化的具体方法。

（一）改进培训评估方式

依据柯克帕特里克提出的四层评价框架，组织应当从参与者的反馈、知识技能的获取、行为改变及最终成果四个维度进行全面考量。为了保证评价过程的公正性与客观性，建议实施一系列具体措施。

（1）在培训期间，采取面谈及问卷调查等多种形式与参与者保持密切沟通，旨在收集他们对于教学方式、课程内容以及时间规划方面的意见和建议。

（2）培训活动结束后，利用考试或评估测试来客观衡量员工的学习成效，并对比培训前后的情况以识别进步程度。

（3）培训结束后 3 个月，组织由人力资源部门、客户以及同事共同参与的评估活动，旨在检查受训员工是否能够将所学知识有效应用于实际工作中。

（4）在培训项目实施一年之后，依据企业的实际运营情况来评价员工的工作成效，并据此对整个培训流程开展全面且长期的回顾与评估。

在数字化时代，企业应当充分利用信息技术与大数据手段来提升评估流程的效率。比如，可以通过大数据技术及时调整和完善评价体系，构建鼓励多方参与并支持即时反馈的评估机制。通过委托独立第三方机构执行或激发用户主动参与的方式实现精确评估，并借助个人电脑或移动设备完成问卷调查，以增强评估过程的便利性和公众参与度。

（二）结合互联网将培训成果有效转化

培训效成果的转化程度是评价培训活动成效的关键指标之一。在当今互联网环境下，企业应当积极运用网络平台及大数据技术手段，以促进培训成果的有效应用与实践。具体有以下几种方法。

（1）采用柯氏评估模型。通过增强与参与者的交流互动，定期对培训成效及员工的工作表现进行评价，以此验证培训计划的合理性，并依据所得反馈信息适时调整培训材料与教学方法。

（2）借助在线评价机制针对各类培训活动及其具体内容实施即时评估。通过数据解析来收集员工与管理层的意见反馈，并据此规划相应的成果应用策略。

（3）在制订成果转化方案时，应教导员工如何将所学知识有效地应用于实际工作中，并提供必要的技术支持与资源保障，以此来增强员工将培训成果转化为实际行动的积极性。

（4）利用社交媒体等渠道构建积极的交流氛围，分享转化过程中的宝贵经验，以此促进科技成果更高效地转化为实际应用。

（5）构建有效的成果转化反馈系统，定期追踪并评估转化成效，并据此为团队成员提供必要的支持与指导。

第四章

人力资源管理信息系统及其应用

第一节　人力资源管理信息系统概述

一、管理信息系统的基本概念与理论

（一）管理信息系统理论

人力资源管理信息系统是一种集成化的技术方案，旨在提高组织内部的人力资源流程效率及决策质量。

1．管理信息系统（MIS）理论

管理信息系统诞生于20世纪80年代的美国，它融合了计算机硬件、软件、人工操作、分析方法、规划工具、控制流程及决策模型与数据库技术于一体，其主要目标是为组织的运营、管理和决策活动提供必要的信息支持。

这套理论体系跨越了众多学科领域，由于其在提高生产力、加速决策流程、增强团队合作、构建合作伙伴网络、推动全球化进程及组织结构转型等方面展现出的重要价值，因此被广泛应用于各个行业。

2．技术进步对MIS的影响

伴随互联网及计算机科学技术的进步，管理信息系统在诸如电子商务、教育和经济管理等多个领域展现出了其不可或缺的价值，极大地促进了工作效率的提高，并有效降低了对人力资源的需求。

随着大数据、人工智能、5G以及区块链等前沿技术的发展，可以预见管理信息系统将在未来持续推动社会创新，并创造更大的价值。

总而言之，管理信息系统通过融合多样的技术和策略，为机构提供了坚实的信息支撑，有助于优化业务流程、提高决策的质量与效率。随着技术的持续发展，此类系统的作用领域及其效能预计将持续扩展和加强。

（二）管理信息系统的决策支持功能

管理信息系统的核心价值主要体现在优化组织资源配置方面。借助这一系统，机构能够显著提高工作效率，规范业务流程，并有效降低资源使用量。由此节省下来的资源可以被重新分配到更加关键的任务中去。例如，在应对新型冠状病毒疫情期间，我国利用该系统成功实施了患者信息管理、接触者追踪及人员流动监控等一系列复杂工作，这些任务单凭人力难以高效完成。在时间紧迫、责任重大且可用资源有限的背景下，管理信息系统的应用为我国提供了强有力的工具，使疫情防控措施得以顺利执行。

另外，管理信息系统内保存的数据构成了决策过程中的关键基础。随着数据分析价值的认识日益提升，众多企业开始更加注重对系统中存储信息的整理与解析工作，以此为依据支持决策制定。通过将处理后的数据报告与预期目标进行对比，决策者能够识别出实际执行情况与计划之间的差异，并据此采取相应的调整措施，从而有效地控制项目实施流程。由此可见，从实现企业战略目标的角度出发，利用管理信息系统作为辅助工具对于提高决策质量具有重要意义。

（三）管理信息系统的构建过程

管理信息系统的建立过程涵盖了硬件购置、系统集成与部署、软件的设计开发及后续的运维活动。该系统从规划到退出服务，通常会经历立项、实施开发、运维管理和最终退役四个主要阶段。

1．立项阶段

在系统建设的启动阶段，首先应当明确系统的定义及整体规划思路。通过深入调研和分析相关的信息系统产品，编写详细的系统规格说明书，并据此正式确立项目。

2．实施开发阶段

系统开发实施阶段基于立项时明确的需求，通过一系列活动如需求分析、架构设计、编程实现、功能测试及最终交付等步骤，确保达成既定的建设目标。

3．运维管理阶段

系统运行维护阶段始于信息系统的开发企业完成项目并通过用户验收之后。鉴于在实际操作过程中可能会出现先前未察觉的技术问题，因此有必要对该系统实施持续性的维护工作，以确保其稳定性和高效性。

4．最终退役阶段

在管理信息系统投入使用之后，随着用户业务需求的变化，系统可能需要经历改造升级、新增功能或面临技术过时等问题。这些因素可能导致系统逐渐无法适应当前的业务要求。一旦用户通过经济和技术层面的评估后认定该系统已失去其使用价值，则标志着这一信息系统步入了终结阶段。

（四）管理信息系统的常用开发方法与技术概述

1．主流的开发架构

信息管理系统开发所采用的架构主要分为客户端—服务器（C/S）架构、浏览器—服务器（B/S）架构以及这两种模式相结合的形式。在C/S架构下，整个系统被划分为用户端和服务器端两大部分，这种设计支持网络数据库的共享，以实现高精度的数据处理、强大的安全性能及良好的交互体验。不过，此架构也存在一些缺点，比如维护成本较高且操作复杂，因为每次更新都需要用户安装特定的客户端软件及其补丁来保证系统的稳定运行。相比之下，B/S架构通过网页浏览器直接访问服务，无须额外下载或安装任何应用程序，这使它更加经济实惠、易于管理和使用，并且具有较强的分布性。但是，基于互联网传输的数据量较大，可能会导致通信效率降低，同时对数据保护提出了更高的要求。为了克服单一架构带来的局限性，结合C/S与B/S两者优点而形成的混合型架构应运而生，旨在更好地服务于特定业务场景，同时减轻各自固有的劣势影响。

2．前后端分离模式的应用

前后端分离架构是一种将前端与后端开发工作完全独立开来的方法。在此模式中，前端和后端各自采用适合自身需求的技术框架，并在部署阶段分别置于不同的服务器上运行，以此达成前后台功能的解耦。前端主要承担用户界面的设计、数据请求及展示以及页面间导航控制等职责，而后端则专注于处理用户认证、接收并解析请求参数、实现业务逻辑、管理数据处理流程，并通过定义好的接口向前端提供所需的数据支持。这种分层设计的优势在于，它既解决了由后台直接干预前端路由和视图渲染带来的问题，减轻了高访问量情境下服务器的负担，也缓解了由于前后端代码交织在一起导致维护成本上升的问题。当需要增加新的客户端应用（如小程序或移动应用程序）时，只需调用现有的后端服务接口即可，无须对后端代码做任何修改，从而简化了开发过程，减少了潜在错误的发生。

3．面向业务流程思想的实现

在人力资源管理系统的设计与实施过程中，应当融入BPM（业务流程管理）的理念。作为一种以流程为核心的方法论，BPM旨在通过信息化手段对企业的全部运营活动进行有效管理。传统的信息系统更多地关注企业数据的录入、变更、删除以及输出等操作，而忽视了对实际工作流的支持作用，导致系统与现实业务之间存在一定的脱节现象。采用BPM策略能够促进信息平台与具体业务操作之间的紧密结合：一方面，它允许组织将其既定的工作程序转化为固定的电子化流程，并通过软件来规范这些流程的具体执行步骤；另一方面，BPM还支持自动化的处理方式，提高了工作效率和准确性，而且简化了跨部门协作过程中的沟通成本；该方法论也为公司提供了灵活调整其内部运作机制的能力，使其能够更好地适应快速变化的外部环境。

4. 数据库技术的核心作用

数据库技术在管理信息系统的构建中扮演着至关重要的角色。当计算机处理数据时，会生成大量的信息，而数据库则能高效地组织并存储这些数据。依据所支持的数据结构差异，数据库大致可以划分为两大类：关系型数据库（SQL）与非关系型数据库（NoSQL）。数据库技术以其独立性、资源共享能力和灵活性，在信息管理领域展现出显著优势。它承担了保存数据的基本任务，还进一步提供了强大的数据管理能力。因此，该技术的应用极大地简化了开发人员在创建管理系统过程中的工作流程。

二、管理信息系统定义与内涵

管理信息系统作为一门新兴学科，其发展与计算机技术和通信技术的进步紧密相关。目前，管理信息系统被广泛定义为一种结合了人员和计算设备或其他信息处理手段，并应用于信息管理领域的综合体系。此体系包括信息的收集、传输、存储、处理、维护以及利用等六个核心环节。高效且结构合理的管理信息系统通常需满足以下四个标准：需求清晰界定、信息易于获取与加工、能够向管理者提供所需信息以及实现有效的信息管控。评估管理信息系统是否成熟，关键指标在于它是否拥有统一规划的数据库，这也反映了管理信息系统本质上是计算机软件工程技术的应用成果之一。作为跨学科领域，管理信息系统整合了诸如网络通信、数据库技术和编程语言等计算机科学知识，统计学、运筹学及线性规划等数学方法，还有管理理论与仿真技术等多个学术范畴的知识。

人力资源管理信息系统（HRMS）作为一种基于系统理论方法构建的组织或社会团体工具，旨在对企业内部的人力资源管理进行全面的分析、规划、执行、调整、完善与优化。其目标是持续提升企业人力资源管理的整体效能，确保人力资源管理工作能够更有效地服务于组织或团体的战略目标。通过提高员工的工作满意度和忠诚度，该系统致力于促进员工绩效的提高，并辅助管理者通过加强组织管理的有效性来实现成本控制与增长加速，最终为企业创造更大的价值链收益。

人力资源管理信息系统是一种融合了信息技术与人力资源管理理念的管理手段。该系统由多个相互联系且互相作用的人力资源管理单元构成，能够实现对相关信息的收集、处理、存储及发布，并为企业中涉及人力资源管理的所有活动提供分析、协调、控制以及决策支持服务。根据其功能和应用领域的差异，这类系统可以被划分为单一功能型 HRMIS、传统型 HRMIS、ERP 框架下的 HRMIS 以及包括 HRMIS 与 eHRMIS 在内的新型 HRMIS 等多种类型。

人力资源管理信息系统具体体现涵盖了八个关键领域，这些领域均依赖于人力资源管理信息系统的支撑。①通过构建一体化的信息系统来促进数据的高效管理和广泛共享；②借助业务流程管理系统将组织的战略目标、运营过程与客户需求紧密相连；③采用信息技术手段实现传统人事管理工作与信息收集、处理、存储、传播及应用的一体化；④在统一且规范化的数据模型基础上建立交互平台；⑤依靠功能自动化确保信息资源能够根据需要灵活配置并易于获取；⑥实现了跨层级、跨行业以及跨地区的集团化集中管控；⑦塑造知识密集型和以人为本的工作环境，增强员工对企业文化的认同感及其工作满意度；⑧促进人力资源系统与其他企业级应用程序或管理工具的有效整合，确保各系统间的服务调用及功能协同运作顺畅无阻。

三、人力资源管理信息系统的核心功能

人力资源管理部门并非企业的基础业务执行单位，而是承担着监控全体员工运作状态及制定企业人力资源成本策略的关键角色。对于组织来说，该部门应当发挥好人力资源管理者的职能，通过运用相关的人力资源管理信息系统软件，实现对人力资源各个方面的有效分配与调控。

（一）人力规划与控制

人力资源管理信息系统的核心功能之一在于记录并维护企业的组织结构信息，这使人力资源部门能够准确地了解到公司的人员配置情况，如哪些团队成员不足、哪些部门已达到饱和状态或哪些职工有离职的倾向等。基于这些关键数据的支持，人力资源管理者可以更加科学合理地规划人力资源策略，无论是支持企业规模的增长还是应对业务缩减时所需的员工数量调整，都能够作出更为精准有效的决策。

（二）招聘管理

杰出的员工对于企业的贡献至关重要，因此有效地留住人才及优化招聘流程是至关重要的。利用人力资源管理信息系统可以协助企业更高效地规划面试安排，从而给求职者留下良好的第一印象。这类软件还能够将公司的具体需求与申请人的资格进行对比分析，帮助筛选出不符合要求的候选人，进而有效减少招聘过程中的成本和潜在风险。

（三）人才管理与发展

人力资源管理信息系统的作用超越了单纯处理人力资源部门日常事务的范畴，它覆盖了企业员工管理的广泛领域。利用此类软件工具，人力资源团队能够全面协调与员工相关的各项事宜，比如通过实施有效的薪酬策略来吸引并留住人才，同时结合细致的绩效评估体系以识别和表彰员工的价值及其潜在能力，从而为企业持续注入新的活力。

随着企业的不断壮大及管理需求的日渐复杂，传统的人工方式在处理人力资源信息方面逐渐显得力不从心，特别是在追求高效获取信息与快速响应市场变化的需求下。因此，在企业发展至一定规模后，部署一套适合自身特点的人力资源管理系统成为必要之举。这有助于应对日益复杂的管理挑战，也是推动企业持续健康发展的重要手段之一。

四、人力资源管理信息系统的架构模型

当前，市场上流行的人力资源管理信息系统通常集成了六大核心功能模块：组织架构管理、薪酬体系管理、招聘流程管理、出勤记录管理、员工培训管理及绩效评估管理。这些模块从企业人力资源管理的基本需求出发，为企业提供有效的支持与帮助。虽然每个模块都有其独特的操作特点，但在实际运用过程中，它们之间存在着紧密的联系和相互促进的关系，如图 4-1 所示。

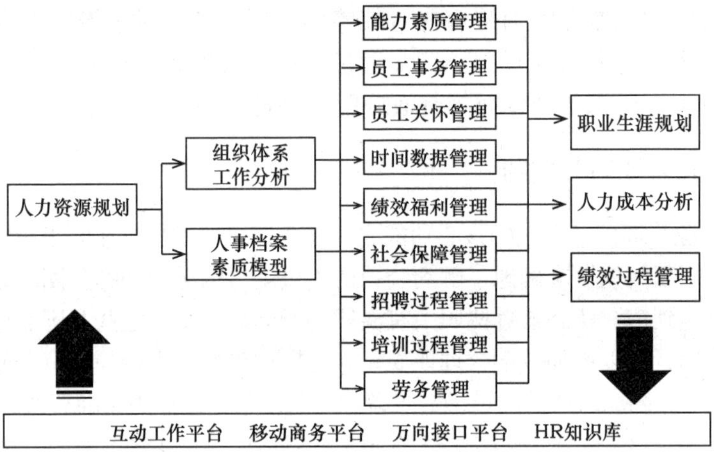

图 4-1　人力资源管理信息系统框架模型

在人力资源管理信息系统中，组织管理功能扮演着至关重要的角色，它是其他功能模块得以顺利运作的前提条件，也是企业在部署此类系统初期必须优先考虑并实现的关键部分。该功能涵盖了员工信息维护、岗位配置及企业结构规划等方面，这些方面对于员工个人价值的体现以及管理者高效指导团队都至关重要。人力资源管理信息系统还集成了流程管理和决策分析等功能模块，旨在进一步增强企业的人员管理效能。

五、人力资源管理信息系统的发展历程

（一）HRMIS 发展的五个阶段

从薪酬管理到人力资源信息系统的演变，HRMIS 经历了以下五个发展阶段。

（1）20 世纪 60 年代末，随着计算机技术的进步，第一代 HRMIS 应运而生。起初，它主要被用于处理薪资计算，功能相对单一。尽管如此，这一系统的出现对于人力资源管理领域的发展而言，仍具有里程碑式的意义。

（2）在 20 世纪 70 年代，第二代人力资源管理信息系统虽然持续增强了其管理功能，但依然未能全面地整合对人力资源需求及其理念的系统性考量。

（3）20 世纪 80 年代，虽然实现了对人力资源相关信息的集中化处理，构建了统一的信息平台，但其信息化水平相较于同期的财务管理信息系统而言仍显得较为滞后。

（4）20 世纪 90 年代末，尽管当时已具备利用网络技术实现信息即时共享的能力，但其实际应用领域相对狭窄。

（5）21 世纪以来，极大地革新了员工间以及员工与组织间的交流模式，为公司提供了一套既体现关怀又可灵活调整的管理工具。

（二）我国人力资源管理信息系统的发展

当前，人力资源管理信息系统的发展已经趋于成熟，并在市场上获得了广泛的认可。各类企业，无论规模大小或所属行业，如房地产、银行业、金融领域、制造业以及服装业等，都在积极采用这类系统以优化其内部的人力资源管理工作流程。最初，此类系统主要服务于那些拥有雄厚财力支持的大企业。然而，近年来，即使是零售业与快递服务这样的中小型公司也开始越来越多地采纳这项技术。为更好地适应不同行业的具体需求，不少 HRMIS 供应商还特别开发了面向特定领域的解决方案，促使该系统从最初的通用版本逐渐演变为更加专业化的产品。互联网技术的发展降低了获取高效人力资源管理系统的技术门槛，使得即使是小型企业也能享受到原本仅限于大中型企业才能拥有的优势。这一变化标志着 HRMIS 在中国市场的成功落地，同时也证明了中国市场对于此类先进信息技术的高度接受度和适用性。

我国人力资源管理信息系统的发展可以分为三个阶段。

（1）在人力资源管理的初步发展阶段。市场经济的概念刚刚引入，此时的人力资源管理体系依旧沿用了传统的劳动管理和薪酬管理方法。该阶段的信息技术应用主要集中在遵循上级主管部门的相关政策与指导方针，确保能够按照既定的质量和数量标准制定出详细的劳动规划及薪资方案，并定期提交相关报表。信息化手段的功能相对有限，主要用于满足基本的数据记录与报告需求。

（2）企业内部实施阶段。随着市场竞争日益加剧，人力资源管理的重要性逐渐凸显。各家企业都在探索有效的人才配置策略。在这种背景下，管理信息系统和办公自动化（OA）系统得到了快速发展和完善，从而催生了人力资源管理信息系统。相较于早期的人力资源信息化产品，HRMIS 的最大特色在于它不仅局限于简化人力资源管理流程，而是将人力资源置于企业战略层面进行考量，通过信息化手段实现组织内资源的优化配置。

（3）向外服务拓展阶段。在这一时期，单靠企业内部资源已不足以支撑其成长需求，也无法顺应时代的发展趋势。因此，外部的人力资源服务及其他企业支持性服务成为企业运营中不可或缺的一部分。互联网技术的迅猛进步推动了人力资源管理的信息化进程，达到了前所未有的高度。利用互联网技术，能够显著提高人力资源管理的工作效率，降低相关成本，还能革新传统管理模式，助力企业在竞争激烈的市场环境中实现更加快速和健康的发展。

第二节　人力资源管理信息系统建设的必要性和有效性

在人力资源管理的实践中，日常操作及常规任务主要依赖既定的规章制度与标准化流程体系。这类职责的特点在于其高度重复性，往往基于过往经验进行，显得十分琐碎且复杂，缺乏创新元素。而且这些基础性的任务占用了人力资源部门工作人员大量的时间，并构成了人力管理不可或缺的一部分。目前，越来越多的企业领导层开始认识到引入人力资源管理信息系统 (HRMIS) 的价值所在，并积极寻找或定制符合自身需求的解决方案。然而，仍存在一些管理层人士对于 HRMIS 的理解不够深入，他们简单地认为只要将员工信息录入电脑并通过 Excel 或者 Word 生成报表即可满足需求。实际上，这样的做法与真正意义上的 HRMIS 应用之间存在着显著的区别。

一、人力资源管理信息系统建设的必要性

（一）实现信息源的整合与集中

在对企业人力资源管理信息的存储与检索方式进行审视时，可以观察到员工薪酬通常依靠自行开发的应用程序或 Excel 表格来计算。至于保险详情、合同资料以及个人数据等，则可能分散存放在多种 Word 文档或 Excel 表单中，甚至以纸质形式保存于档案柜内。这种碎片化的信息来源导致了数据收集、整合及更新过程中的重复劳动问题，消耗了大量的时间和资源，也使信息的维护和查询变得异常复杂。更为严峻的是，在确保所有相关信息能够及时得到更新并保持一致方面面临着极大挑战。每当需要生成报告时，往往不得不从不同文件间匹配信息，这增加了工作量，还容易造成信息不一致或缺失的问题。相比之下，引入人力资源管理信息系统能够通过集中式的数据库将人力资源相关的各类信息进行系统化管理和有效连接，从而显著减少了冗余操作，保障了数据的一致性，并提高了整体

工作效率。该系统还能提供之前难以实现的数据分析报告。

（二）构建易访问和查询的信息库

在引入人力资源管理信息系统之前，企业内部的数据统计工作通常依赖指定人员从多种渠道收集并整合信息。这种方法耗时较长，还容易受到员工流动的影响而中断。然而，随着 HRMIS 的应用，这一流程得到了根本性的改善。通过授权访问，管理层能够直接登录系统查询所需资料，极大提升了数据获取的速度与准确性。该系统还为管理者提供了发现潜在问题的新途径，如识别出某位员工在病假期间异常获得加班费的情况。此类细致入微的审查，在没有信息化工具支持的情况下是难以实现的。因此，HRMIS 的部署使企业得以更高效地掌握详尽的人力资源状况，并据此采取措施解决管理中的不足。

（三）有助于留住人才和体现公平性

众多企业在面对人才流失这一挑战时，往往感到束手无策。当员工通过业余时间自我提升并取得相关资格认证后，如果企业未能给予相应的职位或薪酬调整，这些员工可能会选择离开当前岗位寻求更好的发展机会。引入人力资源管理信息系统能够有效缓解这一问题。该系统允许企业记录并追踪员工的技能信息，在特定需求出现时快速定位内部合适的人选，从而提高了组织运营效率，也提高了员工的职业满意度与忠诚度。借助 HRMIS 平台，在进行重要人事决策如晋升等过程中，可以基于更全面的数据支持来实施，确保了整个过程更加公正透明，有利于构建积极向上且公平竞争的工作环境。

（四）提高企业管理水平

引入人力资源管理信息系统的目的在于提高工作效率，更在于为企业管理层提供全面而精准的人力资源状况概览，并生成详尽的分析报告以支持决策过程。推行 HRMIS 的过程也是对企业内部架构、职位配置、管理流程以及薪酬制度等进行全面审视与优化的良好时机。通过这一系统的实施，企业可以识别并解决人力资源管理中潜在的问题，进而实现组织结构的调整、管理水平的提高。由此可见，构建HRMIS对于提高企业的整体管理水平具有不可忽视的作用。

二、利用 e-HR 提升人力资源管理的有效性

在当代的人力资源管理领域，减轻日常事务性工作的负担是一项关键任务。尽管外包服务为这一目标提供了有效途径，但利用信息技术处理此类任务已成为最新的发展趋势。如今，人力资源信息系统已经进化到了能够让员工自

行完成许多操作的程度，如在线注册、调整福利选项或是直接通过系统申请相关福利。由此可见，信息技术的应用极大地减少了人力资源部门在常规管理活动上的时间投入，使其能够将更多精力转向更具战略意义的工作上。

（一）通过自动化提高人力资源管理效率

电子商务技术为企业提供了重新评估并优化其内部传统流程的机会，尤其是在人力资源管理方面。以 Oracle 公司为例，通过部署自身的电子人力资源（e-HR）系统，成功实现了超过 10 亿美元的成本节约，其中相当大的比例来自人力资源管理方式的革新。这种转变主要是通过将日常行政任务转移到线上来完成的，从而让 HR 专业人士能够集中精力于更具价值的工作上，如招聘、人员配置、培训与发展以及薪酬激励等。在推行此改革之前，Oracle 对其全球范围内的人力资源部门所需执行的所有任务进行了详尽的评估与审核，结果表明，约有 60% 的工作内容属于基础性的行政职责。借助向员工提供的自助服务平台，减少了对常规性事务处理的需求，使人力资源团队得以从烦琐的日程中解脱出来，转而更加专注于战略性议题。

甲骨文公司借助其 e-HR 系统达成了如下目标：为管理层及员工构建了全面的互联网架构，并提供了多种自我服务工具，通过推广自助服务平台与业务流程自动化技术的应用，实现了日常运营活动的高度自动化；该系统还促进了原先分散且相对独立的人力资源管理系统的整合。此举减少了管理费用和 HR 人员相对于全体员工的比例，而且在保证人力资源部门预算不增加的情况下支持了企业的持续增长。未来，该公司计划进一步丰富系统功能，以期让管理者和员工能够获取更多有助于提高工作效率和激发创新潜能的知识与工具。

（二）通过网络系统完成更多人力资源管理活动

在信息化迅速发展的今天，对速度的需求促使人力资源管理部门寻求利用新兴技术来辅助执行常规及创新的人力资源管理任务。虽然并非所有此类活动都能够完全转移至线上平台进行，但现今仍有许多依赖纸质文件或直接面对面沟通的流程，可以在不损害工作效率与成果质量的情况下迁移至网络环境中实施。

当前市场上已存在大量专门针对招聘筛选、人员规划、教育发展、绩效评估以及薪酬福利等领域设计的应用程序。例如，为了识别并培养对企业忠诚的员工，公司需要持续监测员工对组织的承诺程度，及时发现可能存在的问题，并快速采取措施以解决这些问题。过去，员工态度调查是众多企业实施此类管理活动的重要手段之一，但是传统的调查方式往往耗时较长。如今，诸如 E-Pulse 之类的在线调研工具正在尝试构建接近实时反馈的平台。

这类软件能够通过网络向员工询问关于工作体验的问题，并即时处理收集到的数据。这样一来，基层及中层管理者几乎可以立即获得员工的态度反馈，并据此作出相应的调整。然而，值得注意的是，尽管技术为提高人力资源服务效率奠定了基础，但唯有采用系统化的方法才能确保服务质量与决策质量的同步提高。

第三节　人力资源管理信息系统的业务应用探讨

关于人力资源管理信息系统在实际应用中的部署及其功能架构的设计，这一议题既广泛又复杂，难以在有限的空间内进行全面阐述。

一、人力资源规划

人力资源规划旨在从宏观层面出发，通过全面审视组织当前的人力资源管理现状，来科学合理地设计和规划人力资源。该过程涵盖的主要内容包括以下几个关键方面：

一是实现人力资源供给与需求之间的均衡是企业进行人员配置及具体管理活动的基础，因此，在制定人力资源策略之前，企业需要确保这一平衡状态，这涉及对持续监测与未来供需状况的预测。通过这种方式，相关管理人员能够收集到有价值的信息，并据此预估未来的供需变化趋势或补充必要的数据。

二是设计具备前瞻性和创新性的人力资源管理策略。在构建这一策略时，应加强对细节的关注，并提出有效的应对方案。在有效管理人力资源日常工作的基础上，稳步朝向既定的战略目标前进。

三是确保人力资源相关信息文档得到妥善保管。对于组织内部的规章制度、高层讲话、会议纪要及工作报告等重要文件，应配备合适的存储设施，并设立定期的数据备份流程，以保障有权访问这些资料的员工能够方便快捷地查阅和使用。

二、招聘与配置

人力资源管理部门负责的招聘流程包括一系列紧密相连的步骤，如确定招聘目标与标准、制订并审阅招聘方案、按计划执行招聘活动并实施监控、收集并整理相关数据、评估招聘成效及结果分析、依据岗位职责合理分配新员工等。还需对新入职职工的工作表现和业绩进行跟踪记录。在规划招聘策略时，应综合考量企业当前的发展状况、实际需求以及未来发展方向，科学系统地设计和审批招聘计划，涵盖待填补职位的具体描述、所属部门信息、所需人数、教育背景与实践经验要求以及公司能够提供的薪酬福利条件等细节。还应当提前作好招聘组织工作，如明确参与招聘工作的部门和个人名单、设定具体的招聘时间表和地点、调配必要的资源等。在招聘过程中，需要安排专人详细记录各项事宜，在获得上级批准后有序开展，并最终依据既定标准对招聘效果进行全面评价。

三、培训与开发

企业对员工的培训包括全体员工定期的学习和技能提升，以及新入职职工的职业素养培育等。在构建培训体系时，应重点关注以下几个要素：首先需制定符合实际情况且行之有效的培训策略。依据各部门的具体业务目标及企业的长远发展战略，将不同层次、能力各异的员工进行合理分类，并基于他们各自的特长与不足，利用系统提供的标准化培训方案来明确具体的培训步骤，进而形成一套切实可行的培训规划。其次，培训计划的实际执行过程。类似于招聘流程的操作模式，相关人员应对整个培训期间的关键环节和细节给予详尽说明并作好记录，同时需要得到主管人员的审批同意。当所有预订的培训项目完成后，参与培训的员工应当诚实地评估此次培训的效果，并提出建设性的改进建议，以便管理层能够根据这些反馈信息及时调整和完善未来的培训计划，同时也为企业后续类似活动积累了历史资料和经验。

四、绩效管理

绩效管理活动主要涉及两方面的参与者：一方为负责实施绩效评估的专业人员，另一方则是接受评估的普通职工。在构建绩效管理系统时，只有那些专门负责绩效评价的管理者能够访问到系统中的特定考核功能模块，而对于普通员工而言，他们主要是通过该平台参与在线的自我评估过程，并且能够查阅个人的业绩以及相应的激励或处罚措施。在设计此类系统时，应当合理运用信息技术手段与统计分析工具，以形成覆盖广泛的绩效评价框架。这样的框架涵盖了从员工绩效标准制定到审核，再到具体执行流程的设计，还包括了成绩评定后的结果呈现、员工对于自己表现情况的查询途径及其申诉机制的设立，以及提供给员工用于反馈意见的有效沟通渠道等方面的内容。

（一）绩效考核方案的制订

绩效评估通常采用平衡计分卡和 360 度反馈等方法。依据被评估对象的不同，可以将绩效管理区分为个人层面的评价与组织整体的表现分析。设计人员可以根据系统提供的标准化流程，来构建全面的绩效评估计划。

（二）绩效考核的实施

绩效评估应当遵循预先设定的计划，定期执行，以实现既定的管理目标。在实施过程中，特别需要关注的是评价标准与评分机制的设计，这是确保整个考核流程顺畅运行的基础。因此，确立合理的评价指标及其相应的权重分配构成了设计阶段的核心挑战。当对个人进行评估时，管理者应在指定的时间段内对员工的工作表现进行监督和评价，这涵盖了日常任务完成的质量，还包括出勤记录等。可以采取扣分制来量化表现，并结合直接上级的意见作为综合考量的一部分。

（三）绩效管理的目的与应用

绩效评估的目标在于量化特定时间段内员工或团队的工作成效，识别存在的差距，并据此提出改进建议。对于表现突出的个体或团体，应当实施奖励措施，以此激发他们持续进步。

五、薪酬福利管理

作为企业吸引与激励员工的关键策略，薪酬及福利体系在人力资源信息系统中扮演着至关重要的角色。此体系与诸如绩效评估等其他管理模块紧密相连，其中许多福利项目直接依据个人或团队的业绩来确定。在实际发放之前，对薪酬和福利总额度进行合理规划也是必不可少的环节。

（一）薪酬管理

员工的薪酬根据其职位、级别以及诸如工龄和绩效等因素而有所不同。高效的薪酬管理体系应当明确区分员工的职级与岗位，以确保报酬发放既公正又合理。

（二）福利管理

福利管理系统包括但不限于节日礼品与各类补贴，能够实行一种自选式的福利方案。根据员工的不同级别来定制福利项目、具体数额及发放时间。

（三）薪酬福利的发放管理

薪酬福利发放系统需与公司的财务管理软件相兼容，以确保数据的互通。该体系涵盖“五险一金”的配置及税费计算等功能，在经过相应的审核流程后，依据规定准确地向员工支付扣除税款后的薪资及相关福利。

六、劳动关系管理

劳动关系管理涵盖了员工信息的维护与劳动合同的监管，这一管理体系适用于各类员工。

（一）员工信息管理

员工信息管理系统涵盖了对员工基本信息的录入与查询等功能，这些信息既可以通过企业统一输入，也可以由员工个人提交，但无论哪种方式都必须经过相应的审核流程以确保准确性。

（二）员工调动管理

员工跨部门调动的管理流程，通常始于个人或所属部门提交正式请求，随后经过必要的审查及批准程序后方可执行。

（三）劳动合同管理

高效的劳动合同关系管理系统应当集成有效的提醒机制，以确保在合同到期前能够及时通知相关方，并且该系统还需维护一份详尽的合同签署记录。

七、系统管理

系统管理涉及用户角色管理和权限控制管理。

一是用户角色管理。人力资源管理信息系统通常涵盖了多种用户角色，如决策支持门户、管理层入口以及普通职工与专业技术人员等，各自承担着特定的职责。

二是权限控制管理。权限控制管理是指对系统内用户访问及操作权限的定义与调控，依据不同用户的角色来分配相应的访问权限。

八、系统安全设计

鉴于网络环境的复杂性，确保系统安全性成为设计过程中的关键环节。应当围绕访问控制、业务操作流程、用户权限管理以及数据存储等方面综合考虑安全措施的设计，并构建有效的系统恢复机制。

九、系统界面设计

在设计系统界面时，应当优先考虑用户体验，通过化操作流程、优化信息布局以及采用引导式的交互模式来实现。还应积极探索并适当融合新技术元素，并提供可定制化的用户界面选项，以满足不同用户的个性化需求。

第五章

劳动关系管理信息化

第一节　劳动关系的基本认识

一、劳动关系的含义及特点

（一）劳动关系的含义

劳动关系指的是雇员与雇主（涵盖企业、个体工商户及各类机构）之间基于职业活动所建立的一种社会经济纽带。此类联系不限于城市地区，在农村同样普遍存在，涉及所有类型的工作关系。作为社会经济体系正常运作的基石，劳动关系对于促进人类社会的发展和繁荣起着不可或缺的作用。

在不同地区和国家，描述工作场所中雇主与雇员之间关系的术语可能有所差异，如“劳资关系”“劳工关系”“劳雇关系”，或是“员工关系”。在我国大陆地区，广泛使用的是“劳动关系”这一表述方式。这种方式能够适应各种所有制形式下的雇佣情况，同时也避开了由于特定政治立场或态度而引起的定义上的模糊性。

（二）劳动关系的特点

在劳动关系框架下，雇员与雇主之间虽享有法律意义上的平等地位，但在日常运营过程中，雇员需遵守由雇主制定的规章制度及指示，从而体现出某种程度上的从属特性。

1．劳动的提供方向

劳动者向用人单位提供劳动，这是劳动关系的基本前提。

2．有偿的职业劳动

劳动关系建立在劳动者提供有偿服务的基础上，这意味着他们通过完成工作任务来获取工资或其他形式的报酬。

3. 遵守内部规定

一旦个体加入某一组织机构，便需遵循该机构的内部规章制度及其工作调度安排。

4. 双方当事人的身份界定

在劳动关系中，一方应为从事工作的个人，而另一方则是为其提供就业机会的组织或单位。

5. 国家意志与个人意志的结合

国家法律法规对劳动关系进行规范与指导，同时也充分尊重并体现双方当事人之间的意愿及协议。

二、劳动关系的内容和类型

（一）劳动关系的内容

劳动关系管理的内容涉及多个方面，具体包括但不限于以下几点。

（1）明确日常工作时间和休息时段，包括但不限于工作日程规划、加班政策及假期安排等。

（2）制定薪酬体系、奖金分配、福利待遇等。

（3）工作环境的安全与卫生，旨在创造安全的工作条件，有效防止职业伤害的发生，并采取相应的健康保障措施。

（4）构建一套涵盖员工行为规范、违规处置流程以及激励措施的劳动纪律与奖惩体系。

（5）特殊保护，为女性员工和未成年人提供特别保护措施。

（6）员工培训与发展，提供职业发展机会、技能培训计划等。

（7）社会保险，保障员工享有法定的社会保险福利。

（8）劳动合同管理，制定、执行、修改劳动合同的相关规定。

（9）为妥善处理劳动纠纷，需建立一套完善的争议解决机制，涵盖调解、仲裁及法律诉讼等多种途径。

（二）劳动关系的类型

劳动关系的分类受到管理者与员工之间权力平衡状态的影响，同时也受制于政府政策和法律法规的作用。

1. 均衡型

在一种较为平衡的劳资关系模式下，员工与管理层之间的影响力大致相当，彼此间能够形成有效的制衡机制。这类关系的特点是：员工及其代表机构能够参与企业的重要决策环节，获取必要的内部信息，并对生产活动和管理策略产生影响。这种平衡状态下的劳资互动有利于增强双方的合作意愿，通过协商达成共识，最终实现互利共赢。

2．倾斜型

不平衡的劳动关系指的是在双方力量对比中，某一方显著占优的状态，这种优势既可能倾向于管理层也可能偏向于员工。在全球范围内观察到的现象表明，多数情况下是管理层占据上风，意味着雇主相对于雇员拥有更强大的影响力。然而，在某些特定条件下，比如那些工会组织发展较为成熟的行业里，员工通过集体行动能够形成较强的话语权，从而使劳动关系向有利于员工的方向偏移。理解不同类型的劳动关系及其内涵对于企业来说至关重要，它能帮助企业制定合理的人力资源管理策略，有效地协调和处理劳资双方的关系，促进组织内部的和谐与稳定。

3．政府主导型

在由政府主导的劳动关系框架下，政府部门承担着核心职责，并对劳工事务拥有广泛的管理权限。比如，在实行计划经济体制的国家里，政府往往直接参与劳动关系的调控，涉及工资设定、工作环境等多个方面。新加坡便是这种模式下的典型案例，其政府在维护劳资双方利益平衡方面发挥了不可替代的作用，促进了社会经济秩序的稳定与和谐发展。

第二节 信息化对劳动关系管理的价值

一、提高员工培训与健康管理水平

当前，企业越来越注重员工的专业培训及健康状况管理。随着信息技术的持续进步，采用信息化工具以提高这两方面工作的效率已成为一种普遍趋势。

（一）信息化让职业安全培训更加便捷高效

在传统上，职业安全教育往往要求员工在指定时间和地点集合参加培训，这种做法实施起来较为烦琐，其实际成效也常常不尽如人意。但随着信息技术在人力资源管理中的应用逐渐加深，上述难题得到了显著缓解。

通过利用“网络”这一互动式的信息传播平台，企业能够将职业安全教育的相关资料，如培训视频、在线讨论及考核等整合至信息化管理系统之中。这样一来，员工可以不受时间、地点限制地参与学习与交流，相关信息也能直接送达每位员工手中，从而显著提升了培训成效。这种方法有助于削减培训成本，还能有效缩短培训周期。

借助信息化平台，企业能够灵活地向员工推送各类职业安全教育资料及警示信息，如夏季防暑降温指导、安全生产须知等。构建一套规范化的突发事件报告体系也是十分必要的，这样可以在遇到诸如工伤事故或交通事故等紧急情况时，让相关管理人员迅速上报，并依据事件的严重程度及时采取相应措施，从而有效控制局势，避免不良后果的进一步扩大。

（二）信息化促进员工健康管理数字化升级

1. 降低企业人力运作成本

在当今快节奏的社会环境中，注重员工健康已成为不可或缺的一环。借助信息技术优化人力资源管理，能够有效改善员工的身体状况与心理状态，这对个人工作效率的提高有着直接促进作用，进而为企业带来更佳的经济效益。这种以人为本的管理模式还能够加深员工对企业文化的认同感，提高其对组织的忠诚度，减少优秀人才的流失，最终增强企业的市场竞争力。

2. 提升健康管理效率

员工的身体健康水平被视为公司极为重要的事务之一。利用信息技术工具，企业能够更加高效地实施健康管理措施。通过对员工多年来的体检记录进行综合分析，可以更早地识别出潜在的健康风险，并采取相应的跟踪与预防措施。比如，若统计数据显示员工普遍存在脂肪肝或高血脂等问题，组织可以通过举办相关健康教育研讨会及促进健康的活动来引导员工改善生活方式，从而提高整体健康水平。

通过分析员工的加班记录及考勤信息，企业能够迅速识别出是否存在过度工作的现象，并据此采取适当的措施。此举有助于保障员工的身体与心理健康，还能促进工作效率的提高，增强员工的工作满意度。

二、智能操作提高了企业工作效率

在当今这个信息爆炸与智能化并行的时代，企业运营的各个层面都在经历着深刻的转变。尤其是在人力资源管理领域，这一企业管理的关键组成部分，正迎来前所未有的革新。智能技术的应用极大地丰富了员工自助服务的功能，还从根本上推动了组织整体效率及管理水平的提高。

随着信息技术在人力资源管理中的应用不断深入，员工自助服务平台已成为日常工作中不可或缺的一部分。职工被赋予了个人账户，能够便捷地使用系统完成考勤记录提交，并可即时访问自己的打卡历史，迅速解决考勤过程中出现的任何问题。这样的转变极大地简化了工作流程，使员工无须再依赖人事部门即可自行查询假期余额，如年假和调休天数等信息，进而更加灵活高效地规划个人休假安排。

对于人力资源管理部门而言，智能化操作的引入显著改变了其运作模式。过去，该部门需要手工处理大量的考勤记录并编制报告；如今，系统能够自动完成每月的考勤统计与薪酬计算工作，大幅减少了日常事务性任务。此举提升了工作效率，也使人力资源管理团队得以将更多精力投入到战略层面的人力资源规划与发展上。

值得注意的是，信息技术的应用催生了一种全员参与的人力资源管理模式。借助于信息系统的支持，员工能够轻松访问所需模块，获取相关信息与资料。他们还能以一种成本低廉且高效率的方式将自己的见解迅速传达给管理层、人力资源部门以及其他同事。这种高效的沟通机制显著增强了企业内部劳动关系的管理效果，有利于构建和谐的工作环境和健全的劳动关系管理体系。

对于管理层而言，智能化的操作模式为其带来了前所未有的管理体验。借助于系统权限的合理配置，各级管理者可以根据自身职责访问相应级别的数据与控制功能。特别是非人力资源部门的主管现在能够更加直观地掌握其团队成员的工作状况及绩效表现，显著提高了整体运营效率和工作成效。

现今，众多企业逐渐认识到，单凭构建健全的人力资源管理体系，并不足以将人力资源转化为企业的核心竞争力，还需要专业的人力资源管理人员发挥作用，需要所有管理层成员的积极投入和支持。

三、塑造品牌形象增强员工凝聚力

在当前这个信息高度发达的时代，构建强有力的品牌形象对于提升员工之间的团结至关重要。除了依靠传统的广告策略，企业还可以通过优化人力资源管理的信息技术来进一步推广其品牌价值。每位员工是这些信息系统的关键用户，也是传播企业文化的不可或缺的一环。当员工被鼓励参与公司品牌形象的塑造过程时，能够加深他们对组织的认同感，同时也极大地促进了团队精神的发展。

通过实施人力资源管理信息化，企业能够有效地增大内部宣传力度，进而培养员工对于公司品牌的认知及归属感。利用该系统信息传递迅速且受众面广的优势，组织可以定期或非定期地将各类与企业文化相关的资料上传至平台之上，使所有成员都能够便捷地获取这些资源。这种方式有助于加深员工对企业价值的理解和支持，还能激发他们在的集体自豪感，最终促进团队精神的形成与发展。

每位员工实际上都是独立的信息传播者，掌握着诸如QQ、微信、微博等多样的数字交流平台。一旦员工深刻理解并认同公司的品牌理念，便能够迅速有效地扩大企业形象的影响力。通过这种积极主动的参与方式，可以显著提高企业的公众知名度，还能有效加强外界对企业正面形象的认知，从而进一步巩固和提升其品牌形象。

四、数据文件的信息化提高管理效率

在当前这个信息高度发达的时代背景下，数据已经转变成为一种关键性的资源，在各行各业的应用范围不断扩大。尤其是在企业运营领域，数据处理对于增强管理效能发挥着不可或缺的作用。本书拟从劳动关系管理的角度出发，详尽地分析和讨论数据文件的数字化转型如何有效地促进了管理效率的提高。

（一）简化劳动关系管理的工作流程

作为人力资源管理的重要组成部分，劳动关系管理涵盖了从员工入职到合同执行乃至劳资争议处理等多个环节。在传统的管理模式中，这些过程通常既复杂又耗时，给管理者带来了较大的负担。然而，随着信息技术的应用，现在有了更有效的手段来简化上述流程，从而大大提高工作效率。

信息化手段能够有效支持构建关键劳动关系管理环节的提示机制。比如，在劳动合同管理流程中，从新员工入职直至合同结束或终止期间，会经历诸如签订、修改及续签等一系列重要阶段。借助信息技术平台，可以实现对这些时间节点的自动化提醒设置，确保人力资源管理人员不会忽视任何重要时间节点，如合同续签日期或是法律诉讼的有效期等。此举有助于规避因疏忽或延迟处理而可产生的法律纠纷风险，同时也显著提高了工作效率。

信息技术的应用可以显著缓解人力资源部门工作人员面对的手动操作负担。在尚未引入信息化管理的企业里，员工往往需要处理大量的纸质文件和执行烦琐的手工程序，这消耗大量时间和精力，而且容易产生错误。通过实施信息化解决方案，上述流程被转化为电子形式并实现了自动化处理，从而极大地简化了工作步骤，提高了整体工作效率。

信息化手段能够显著提高人事及行政事务的处理效率。利用信息系统，企业可以实现各类人事、行政相关文件的在线审批与流转，从而摆脱了时间和地点的约束，加速了流程。无论是员工请求休假或费用报销，还是涉及人员配置变动和薪酬调整等工作，均可通过该系统迅速完成审核与归档工作，有效减少了时间上的耗费。

信息化还能够有效降低行政开支。通过推行无纸化办公模式，企业减少了对传统纸质材料的依赖，进而降低了在纸张采购、打印以及文档存储等方面的成本。员工可利用手机及诸如微信、钉钉等移动应用程序，在任何时间、地点完成考勤单据的提交与审批过程，真正实现了无纸化、移动化和高效化的办公环境。这一变革提高了员工的工作满意度，同时也为企业带来了显著的成本节省效果。

（二）减少了劳动关系管理中的数据分析工作量

除了优化流程，信息技术还在降低劳动关系管理过程中所需的数据分析工作负担方面起到了关键作用。

信息技术的应用促进了大数据的量化处理，进而提高了工作效率并优化了业务流程。在劳动关系管理领域，企业面临着海量人力资源信息的存储与管理挑战。借助信息化工具，能够实现这些数据与其他企业管理系统之间的无缝对接，为人力资源管理人员提供了便捷的数据分析条件。基于此得出的洞察能够作为制定企业战略的重要依据，也使人力资源管理工作更加紧密地服务于企业的整体战略目标。

信息化能够促进企业管理的系统化、规范化与集成化进程。在传统的人力资源管理体系中，许多劳动关系管理环节可能存在操作不规范或专业性不足的问题。通过引入信息化管理系统，招聘、人力资源规划、绩效评估、薪酬管理及员工培训与发展等各个环节得以更加有序、标准且高效地运作。这样一来，提高了整体管理效率，还有效减少了潜在的法律风险。

信息化手段也显著优化了与企业员工相关的人事管理流程。对于职工而言，诸如入职、离职、转正及社保公积金等人事手续得以简化。以离职流程为例，在传统模式下，员工需要前往各个相关部门逐一签字确认，过程复杂且耗时较长。相比之下，借助信息化平台的支持，许多步骤能够实现电子化并行处理，从而大幅度提高了整体效率。

五、现代化通信工具提高了沟通效率

在传统模式下，信息从高层向基层员工传递时需经过多级审批，这延长了信息流转的时间，而且容易导致信息在传递过程中发生扭曲。此类信息失真现象往往需要企业投入额外资源来纠正，有时甚至会引发不必要的经济损失，并对企业形象造成负面影响，使员工质疑公司的管理能力。

随着信息技术在人力资源管理领域的应用不断深化，企业纷纷引入了诸如内部沟通平台、即时消息服务以及微信公众号等多种现代化通信手段。这些技术工具促进了企业和员工之间、管理层与基层员工间的直接且高效的交流。这一变革减少了沟通成本，极大提高了信息传递的质量，有助于缓解由于沟通障碍引发的工作关系紧张问题。

（一）准确传递信息带来的便利

1. 减少误解

通过确保信息的准确传达，能够有效防止由于信息不对称或传递失误引发的误会，这对保持和谐的劳资关系具有重要意义。

2. 及时解决分歧

在遇到观点不一致的情况下，及时而高效的交流能够阻止事态进一步恶化，并有助于迅速找到解决方案，从而维护和谐的劳资关系。

（二）提高信息传递效率

1. 即时响应

员工能够借助人力资源管理系统、即时通信工具或是微信公众号等平台，不受时间和地点的限制，获取与其个人权益紧密相关的各类信息，并迅速作出响应与反馈，及时传达个人见解。

2. 信息清晰透明度

清晰的信息流通能够促进员工之间的信任与认同感，同时有效减少因信息不对等而产生的误会和怀疑。

第三节　信息化在企业劳动关系管理中的挑战

一、人力资源管理信息化对劳动关系管理人员的挑战

随着信息技术的迅速进步，人力资源管理领域的数字化变革已经成为企业提高管理水平及改善员工关系的重要手段。虽然这一转变给负责劳动关系的管理者带来了操作上的便捷与效率上的提高，但也伴随着一系列新的挑战。

（一）对人力资源从业者提出更高要求

在促进企业人力资源管理信息化及劳动关系优化的过程中，从业人员的专业水平起着决定性作用。然而，当前有部分从业者，尤其是在规模较小的企业中，表现出专业能力不足的情况。某些中小型企业甚至未设立专门的人力资源管理岗位，相关职责通常由行政人员兼任。在这种情形下，人力资源管理者往往需要承担多项任务，难以集中精力于提升管理信息系统的效率和改善员工关系上。

为有效应对这一挑战，企业需着重关注人力资源部门员工的专业能力和技能发展。一方面，可以通过吸引那些既有深厚专业知识又有丰富实践经验的人力资源管理专家加入团队，以此强化组织实力。另一方面，定期举办内部研讨

会或参与外部专业培训课程，帮助从业人员及时更新其知识体系并精进职业技能。除此之外，构建合理的奖励制度与清晰的职业晋升路径也极为重要，这样可以激发人力资源工作人员持续学习的热情，并促进个人职业成长。

为了更好地满足企业发展需求，企业应从战略高度出发，加大对人力资源管理信息化建设的投入，并注重引进、培养及保留劳动关系管理领域的专业人才。此举能够显著提高企业整体的人力资源管理水平，同时也为企业的长远发展打下坚实的基础。

（二）对企业管理者提出更高要求

在知识经济迅速崛起的时代，人力资本的重要性愈发显著，成为促进企业长远发展的关键因素。但是，某些企业管理层追求经济效益时往往忽略了人力资源管理的信息化建设及劳动关系的有效管理。他们或许认为，只要能够吸引并保留顶尖人才，就能确保企业的市场竞争力。然而，若不充分利用信息技术来改进劳动关系管理，则可能导致企业内部环境紧张、员工满意度降低，最终影响到企业的整体表现。

随着信息技术在人力资源管理领域的应用日益广泛，企业领导层和管理层需要摒弃传统思维模式，主动迎接转型。这一过程涵盖了工作环境、操作流程及管理制度等多方面的改进。具体而言，为顺应信息化社会的发展趋势，组织架构的调整、业务流程的优化以及劳动关系管理体系的完善成为必要步骤。通过集中处理并深入分析原本分散的劳动关系数据，可以实现更加系统化、科学化与合理化的劳动关系管理模式。

然而，如果企业领导者未能充分认识到其重要性，或者出于某些原因而拒绝实施必要的变革与调整，那么推进人力资源管理的信息化进程将会遭遇重大障碍。这种忽视态度还可能引发企业内部管理秩序紊乱、信息交流不畅等问题，从而对企业长期稳定及发展产生不利影响。

二、人力资源管理信息化对员工满意度的影响

伴随着信息技术的持续进步，通过信息化手段加强人力资源管理已经成为企业提高工作效率和管理水平的关键途径。不过，在这一进程中也涌现出了诸多新问题，特别是在维护员工满意度方面显得尤为突出。

（一）信息化系统沦为闲聊工具的风险

当前，企业员工主要由“80后”与“90后”构成，这一群体普遍拥有较高的教育水平，并且倾向于追求个性和自由。信息化的人力资源管理系统为他们搭建

了高效的沟通渠道。然而，这也引出了潜在问题：若企业的管理措施不够严格，该系统有可能转变为员工之间非正式交流的平台，进而影响正常的工作流程与效率。

为防止此类问题的出现，企业需要在日常沟通及信息传播活动中实施有效的指导与管理措施。首要任务是清晰界定信息系统的使用规则及其预期目标，以保证员工能够恰当地利用该平台促进工作交流。还需加大对信息系统使用的监管力度，避免其成为非正式对话的媒介。构建积极向上且富有成效的工作沟通环境对于激发员工保持高效率与专注度同样至关重要。

（二）信息化系统导致人际交往的缺失

随着信息技术在人力资源管理中的应用不断深化，员工之间的信息交换变得更加高效快捷。然而，这一进步也伴随着潜在的问题：员工可能会过于依赖电子信息系统，从而减少了实际生活中面对面的互动机会。直接的人际沟通能够有效传递信息，还能促进情感联系和信任感的建立。当工作人员过分依靠数字平台进行交流时，与同事及上级领导之间面对面接触的机会相应减少，这可能会影响到团队内部成员间的情感纽带与相互信赖程度。

为了解决这个问题，企业应当主动促进员工参与管理决策过程，并增强不同层级间的沟通。通过定期组织员工大会和公开讨论会等形式，激励员工提出个人见解与建议，从而强化直接交流与互动。这样的做法能有效预防误会，有助于加深同事间的相互理解与信任关系，也减少潜在的矛盾与争议。

（三）可能导致劳动关系管理细节的忽视和员工精神面貌的下滑

在推进人力资源管理信息化的过程中，如果企业忽视了管理细节的重要性，可能会对整个流程的规范性和效率产生不利影响。这样一来，企业的管理体系可能变得流于表面，员工的工作态度也可能趋向消极，缺乏积极性与进取精神。

为防止此类问题出现，企业应当重视精细化管理模式的应用，确保每个环节都能得到充分的关注与持续改进。还应通过加强企业文化建设来激发员工的工作热情和积极态度。企业文化反映了企业的核心价值观，而且是其精神支柱所在。唯有将人力资源管理的信息化进程与企业文化的培育有机结合，方能提高运营效率增强员工的积极性与进取精神。

（四）信息化系统可能引发员工间的盲目比较，进而降低满意度

伴随着企业人力资源管理信息化进程的推进，人力资源部门的透明度得到了显著提升。这种透明度的增加，在某种程度上增强了员工对工作环境公平性的感知，因为信息变得更加公开透明，员工能够更加清晰地理解公司决策流程

以及资源是如何被分配的。然而，值得注意的是，这种高度的信息开放也可能导致员工之间产生不必要的相互比较。

员工满意度体现为一种个体心理状态，其基础在于个人期望与实际工作经历之间的对比。当组织内部的信息透明度提高时，员工会将自己的情况与外部同行进行对照，也更倾向于在同一工作环境中与同事作横向比较。一旦员工在这一过程中感受到不公，或是认为自身努力与所获回报之间存在显著失衡，则他们对于所在机构的满意度可能会显著降低。

为防止此类情形发生，企业应着重培养员工对公平公正原则的认识，鼓励他们以理性态度接受个人间的差异及各自贡献的不同，并理解公司资源分配机制的正当性。还应该建立一套定期沟通与反馈体系，以便迅速捕捉并处理员工的情绪波动和疑虑，进而提高其工作满意度及对企业的忠诚度。

（五）线上办公的过度强调可能削弱团队活动和建设的氛围

信息化的人力资源管理促进了工作模式的多样化，如弹性工作制、远程办公以及家庭办公等形式。尽管这些新的工作安排为员工带来了更大的灵活性和自主性，但同时也可能削弱了他们与团队之间的联系，减少了参与集体活动的机会。

团队活动与团队建设对于增进员工间的合作精神及形成团队凝聚力至关重要。若企业过于侧重线上工作模式，而忽略了面对面交流，可能会导致团队氛围不佳以及工作效率下降。因此，在推进人力资源管理信息化进程的企业还应致力于构建积极向上的团队文化，定期举办各类集体活动，以此来强化成员的归属感和协作意识。

三、人力资源管理信息化带给劳资争议管理的挑战

信息技术在人力资源管理中的广泛应用，显著提高了工作效率，但也给劳动关系的处理带来了前所未有的挑战。这些新出现的问题尤其集中在劳动合同的管理和劳资矛盾的解决上。

（一）人力资源管理信息化对劳资纠纷管理的挑战

1．取证难度的增加

在处理劳动争议案件时，一般适用的原则是“谁主张谁举证”。但是，在当今企业广泛采用信息化人力资源管理系统并实行无纸化办公的趋势下，获取相关证据变得愈加复杂。尤其是在涉及劳动合同终止、薪酬支付、工龄计算、劳动关系确认及出勤记录等事项时，雇主一方需承担证明责任。因此，在这样数字化的工作环境中，如何高效地收集与保存必要的证据材料，成了企亟待解

决的一大难题。

2. 对内部劳动关系管理制度的更高要求

信息化在人力资源管理中的应用显著提高了工作效率，还对人力资源及法务部门的专业人员提出了更高标准的要求。这些专业人士需培养扎实的法律意识、有效的应急响应策略以及严谨的数据保存习惯。因此，随着信息技术的发展，企业内部的相关政策和流程也应适时更新与完善，以更好地适应数字化背景下的劳动关系管理和日常运营需求。

（二）人力资源管理信息化带给劳动合同管理的挑战

劳动合同的管理涵盖了从签署到变更，再到解除和终止等多个步骤。信息化手段在人力资源管理中的应用，极大地提高了这些过程的效率与便捷性。但是，随之而来的是一系列潜在的法律挑战。如果不充分注意这些法律风险点，在执行劳动合同管理时可能会出现不合规的情况，从而导致雇主与员工之间发生争议。

特别地，信息化工具的应用可能导致劳动合同的签署与调整过程变得过分简化，从而忽略了某些重要的法律条款或细节。另外，鉴于这类系统的易于操作性，存在未经充分审查便轻易修改合同内容的风险，这种情况同样会提高发生法律争议的可能性。

四、人力资源管理信息化对信息安全和保密性的挑战

在劳动关系管理领域，人事资料因其高度的私密性和敏感性而受到特别关注。传统管理模式下，这类信息通常由人力资源部门严密保管，只有特定人员才能接触，尤其是关于高层管理人员的信息更是采取了严格的保密措施。但在人力资源管理逐步实现信息化的过程中，这些资料需要被整合进统一的信息系统中，并通过数据库的形式加以存储与分享。这一转变虽然为员工获取相关信息提供了便利，但也对信息安全和隐私保护提出了新的挑战。

在传统的工作模式下，非人力资源部门往往仅聚焦于与其职责直接相关的资料。但在人力资源管理信息系统被引入实施后，所有员工能够更加便捷地通过公司的数字平台访问、复制、下载甚至分享人事相关的信息。若缺乏一套完善的信息安全保障措施，这种便利性则可能显著提高数据泄露的风险，并有可能对企业造成重大损失。

为了有效应对上述挑战，企业应当实施一系列策略，以保障信息的安全性和机密性。

（1）权限控制。构建严密的权限控制系统，以保障唯有获得许可的人员才能够访问敏感资料。

（2）加密技术。通过运用加密手段来确保信息在传输及存储期间的安全。

（3）审计追踪。建立并执行一套完整的审计与监控体系，用于记录特定用户访问具体信息的时间点及详情，从而有效识别和跟踪潜在的异常活动。

（4）员工培训。应强化对员工进行信息安全意识的教育工作，使员工深刻认识到维护企业信息安全的重要性。

（5）政策规划。制定详尽的信息安全保障措施，并确保全体员工对其有充分的认识且能够严格遵循。

第四节　人力资源管理信息化背景下劳动关系管理的优化

随着信息技术在人力资源管理领域的普及与应用，它对劳动关系管理体系的影响愈发显著。这一变化影响到企业及员工的利益分配，同时也促使企业工会和劳动保障机构重新审视自身的工作模式与职能定位。接下来从四个维度出发，提出一系列建议，旨在探索如何在数字化转型的大背景下改进劳动关系的管理机制。

一、对企业的建议

在信息化人力资源管理的发展趋势中，企业应当深刻理解劳资双方的关系并非零和博弈，而是能够通过协作实现共赢的伙伴关系。利用先进的信息管理系统，企业需致力于构建和谐、平等的工作氛围，并主动征求员工对企业运营及工作环境的看法与建议。定期或不定期地开展员工满意度调研活动，帮助管理层更好地把握员工的心理状态及其需求变化，进而适时调整策略，优化劳动关系管理机制。

企业应当充分利用信息技术管理所带来的效率提高与成本降低的优势，并将这些优势转化为增强自身竞争力的手段，从而实现更高水平的经济效益。在追求经济效益增长的同时也须确保员工能够获得合理的报酬，使他们可以共享企业发展所带来的成果。因此，随着信息科技持续发展，企业还需适时调整其管理规范，不断改进劳动关系管理系统，以更好地适应新的工作环境及满足员工的需求，促进形成和谐稳定的劳资关系。

二、对企业工会的建议

在劳动关系管理领域，企业工会承担着至关重要的职责。作为连接管理层与员工的桥梁，工会应当充分利用人力资源信息化平台，以发挥其监督和调解的功能。通过提前监测公司内部劳动关系的运作情况及员工满意度，工会能够迅速识别潜在的问题，并采取适当的沟通措施或干预手段。

工会代表应当密切接触一线员工，建立健全信息交流与反馈体系，以便能够迅速识别潜在的问题，并协助企业快速采取措施解决。工会还需借助信息技术手段来有效传播企业文化，关注员工的生活和工作状态，确保员工的权益得到妥善维护，同时促进团队精神的形成与发展。

三、对劳动者的建议

员工应当充分利用人力资源信息管理系统的便利性，以更好地认识并保护自己的合法权益。借助信息化工具，员工能够更加高效地获得各种服务，并且能够及时与所在单位及其上级沟通交流，提出个人的看法和建议，从而促进企业内部劳动关系管理体系的不断发展和完善。

当遇到企业违规行为或个人权益受损时，员工应当掌握利用信息技术手段搜集证据的方法，比如从企业的信息系统中获取相关数据和信息，为日后可能需要采取法律行动作准备。鉴于劳资双方力量对比往往不利于劳动者一方，员工可以考虑借助公司内部的信息技术平台来协调同事间的沟通与合作，通过集体协商的方式争取合理权益。

四、对劳动保障部门的建议

劳动保障机构应当跟踪人力资源管理领域信息化发展的最新动态，同时关注在数字化管理模式下新生代劳动力群体的行为特征变化。面对不断演变的劳资关系管理挑战，该部门需要迅速开展相关研究，并适时出台相应的指导方针与具体措施，旨在促进更加和谐的工作环境建设，有效预防并妥善处理可能出现的劳资矛盾问题。

在实际操作过程中，相较于事后的调解与处理，劳动保障机构的事前监管和预防措施显得更为关键。因此，这些机构可以根据各企业的具体情况构建一套信息化管理系统，旨在监督企业是否遵循了劳动关系及薪酬管理方面的法律法规。通过快速识别并解决企业在劳动关系管理上存在的问题，劳动保障部门能够更加有效地履行其指导和支持的职责，从而维护劳资双方关系的和谐稳定。

第六章

企业员工绩效评估管理

第一节　绩效评估与管理概述

一、绩效评估

（一）绩效的多维定义

“绩效”这一概念既复杂又广泛，其含义随不同场景与环境的变化而呈现多样性。若从字面意义来解析，“绩”指的是工作成果及其实质性的成效；“效”则强调的是员工在执行任务时展现出来的能力水平和工作效率。因此，我们可以将绩效视为高质量的工作流程与卓越的工作产出之间的一种整合状态，它不仅重视最终的成果，同时也非常注重实现这些成果的过程。

影响工作表现的关键要素多样，主要包括四个维度。

（1）与工作任务直接相关的因素，如目标的设定、计划的编制、资源的需求及过程中的控制。

（2）员工个人特质和能力的作用，包括工作态度、专业技能水平、知识积累、智力以及情绪智力等。

（3）管理体系的影响，涉及规划、组织架构、领导指挥、监督实施、控制机制、激励措施以及反馈循环等方面；工作方式的选择也是不可忽视的因素，它涵盖了操作流程的设计、团队间的沟通协调以及整体的运作模式。

（4）工作环境同样对绩效有着重要影响。工作环境包括物理上的自然环境，还包括企业文化氛围在内的软性环境。每个层面的变化都可能深刻地影响到最终的工作成果，因此，对于管理者而言，核心职责就是有效地调控并优化上述各方面条件，以获得更高的工作效率。

（二）绩效评估的多元视角

绩效的变化受到多种因素的影响，如时间、地理位置、工作条件及环境等因素。鉴于这些影响因素本身所具有的高度多样性、复杂性和变化性特征，对于绩效的评价需要采用一种综合性的方法，即从多个角度、不同层面和维度来进行全面考量。

关于绩效评估，学术界存在着多样化的看法。初期的重要观点大致可以归纳为以下几点。

（1）对组织内部成员的工作贡献进行排序。

（2）定期地、系统性地并且尽可能客观地评价员工在其岗位上的表现及未来发展的可能性。

（3）基于事实来评估个人的性格特点、技能水平、工作习惯及态度，他们对于所在机构的相对价值；作为人力资源管理体系的环节，通过对员工日常工作的观察与记录，据此作出评价，旨在促进员工能力的发展和有效利用。

（4）设立一种正式机制，用于定期检查并评定个体或团队的工作成效。

虽然不同领域的专家与学者对于绩效考核的看法存在差异，但多数意见均围绕着三个核心方面展开。

（1）绩效评估作为人力资源管理体系中的重要环节，具备一套独特的制度框架和评价标准。

（2）它基于客观事实对员工在日常工作中所表现出的能力、态度及业绩进行评估。

（3）该过程旨在服务于企业的经营目标，通过将评估结果与其他人力资源管理活动相整合，共同促进企业战略目标的达成。

总而言之，绩效评估是体系化的过程，在这一过程中，评价者依据既定的工作目标或业绩标准，运用科学合理的评估手段，全面考察员工任务的完成状况、职责履行情况及其个人成长，并及时将评估结果反馈给被评估者。

（三）绩效评估的多样化分类

从多维度审视，企业绩效评价体系可被细分为若干类别。这些分类主要体现在以下七个方面。

（1）依据评估目的的不同，可以区分为日常检查、晋升考核、转正审核、职称评定、培训效果检验以及新进员工适应性考察等。

（2）基于评估内容的差异，又可分为职业道德考察、专业技能测试、业绩成果衡量及全面素质评价等。

（3）根据实施时间点来划分，则有周期性评价与非周期性评价之分，其中定期评价按照频率进一步分为半年度、年度、两年一次或三年一次等形式。

（4）依照评价方式的不同，存在口头反馈与书面报告、直接观察与间接调查、个人面谈与团队讨论等多种形式。

（5）根据不同执行者的视角，涵盖上级领导评审、自我反省、同僚互评、专家鉴定、下属反馈乃至结合多方意见的全方位评估机制。

（6）针对不同层次人员的考量，包括普通职工表现分析、管理层（具体到高层管理者、中层管理者和技术骨干）能力测评等。

（7）按照评判标准设定的方法论区分，还存在着绝对指标对比和相对排名两种基本模式。

通过上述多样化的方式，我们能够获得对企业绩效管理体系更为全面且深刻的洞察。

（四）企业绩效评估面临的挑战与问题

在执行企业绩效评估的过程中，面临诸多问题与挑战。这些问题主要源自三个方面：管理层、员工个体以及绩效评价体系本身。

1．管理层

管理层在执行绩效评价过程中，由于个人偏见或判断失误，可能会对员工的积极性产生不利影响。部分管理者在处理奖励或惩罚时倾向于采取较为温和的方式，避免直接面对评估结果。随着评估频率的增加，管理人员所面临的工作压力也随之增大，这可能导致一系列相关问题的出现。

2．员工个体

主要问题表现为由于上级的偏见，部分职工可能成为绩效考核中的不利因素。这种偏见，加上员工偶尔出现的小失误，均可能导致评估结果失真或存在偏差。另外，多数员工感到现有的绩效评价体系缺乏全面性，难以让管理者充分认识到他们的长处。因此，当收到如“普通”“尚可”“合乎要求”等中等水平的反馈时，员工往往会感到沮丧与不满。

3．绩效评价体系本身

对于团队合作中的个人贡献进行精确衡量存在一定的难度。在高度协作的环境中，项目的成功通常是集体智慧与努力的结晶。在这种背景下，想要客观地评价每位成员的具体贡献变得尤为复杂。举例来说，一则成功的报纸广告背后凝聚了美工人员对版面布局的精心设计、文案创作者对内容的巧妙构思以及设计者对整体视觉效果的把控等多方面的努力。由于各自承担的角色各异，使对其个体价值作出精准评估颇具挑战性。

对于创意价值的精确评估，在绩效考核过程中也存在一定的难度。比如，在一家专注于女装销售的企业里，最近对商品展示方式进行了创新，并增设了店面广告。这些富有创造性的举措由负责销售的副经理主导执行。因此，该企业还招募了一批新的销售人员，并通过人力资源部门为她们提供了专业的培训服务。本月销售额因此显著增长。然而，要明确区分出这一成绩中有多少是由副经理所实施的创新措施所带来的，又有多少归功于新员工服务水平提高的结果，则显得颇具挑战性。

在进行绩效评价时，往往未能充分考虑那些不可预见的外部因素。尽管两名员工可能都以相同的努力程度投入工作中，但由于某些无法控制的因素的影响，他们的工作业绩可能会大相径庭。举例来说，在评估机床操作员的表现时，通常依据的是他们所生产的产品数量及其质量合格率。然而，假设有两位技术水平相当的操作员，但如果其中一位使用的设备频繁发生故障，则即使两人付出同样多的努力，其实际产出结果也会存在显著差异。由此可见，当前采用的评价体系可能存在一定的局限性，难以全面公正地反映每位员工的真实贡献。

总而言之，在实际操作中，企业绩效评价面临着一系列问题与挑战。这些问题削弱了评估结果的精确度和公平性，还可能导致员工对整个评估过程产生抵触情绪。因此，探索有效的策略和方法来克服这些障碍显得尤为重要。

二、绩效管理

（一）绩效管理的定义

绩效管理可以被理解为一种综合的组织运作机制，有以下几方面。

1．绩效管理的全面性

绩效管理构成了一套由目标确立、成效评价及反馈组成的封闭循环体系。首先需界定哪些关键绩效指标对于达成机构战略目标具有决定性作用；其次，运用评估工具来度量员工在这些选定指标上的具体表现；最后，借助有效的沟通渠道将评估结论传递给相关人员，以此激励他们根据组织的发展方向不断优化个人的工作效率与成果。

2．绩效管理的沟通性

绩效管理体现为一种持续互动的过程，其中通过频繁的交流让员工能够明确理解组织的发展方向及其目标。这样的沟通机制促进了员工与组织之间对于预期成果的一致性认识，还确保了个人的努力方向与整体的战略目标相契合。

3．绩效管理的整合性

绩效管理是一种机制，旨在将员工的日常任务与组织的整体战略目标紧密联系起来。个体员工的表现构成了达成组织层面成果的基础。为了确保这些个人贡献能够有效支持整体目标的实现，对员工表现的评价应当依据一套与组织目标相吻合的标准来进行。通过这种方式，可以促进组织既定目标的有效达成。

从这些视角出发，绩效管理局限于对员工工作成效的监测与评估，更是一种旨在加强员工与组织目标间协同一致、进而提高整体运营效率的关键策略。

（二）绩效管理的特点

绩效管理具备系统性、可控性和联结性三个显著特点，具体展现在以下三个方面。

1．系统性

绩效管理是一项综合性的体系化活动，其内容包括工作成效的界定、量化以及相关信息的反馈。为了保证这一机制的有效运作，必须重视以下几个核心环节。

（1）确定与达成机构目标紧密相连的关键绩效指标。

（2）运用全面的评价方法来衡量员工的工作表现。

（3）通过有效的沟通渠道将评估结果告知员工，以此激励他们依据组织的整体方向不断改进个人业绩。

2．可控性

绩效管理并非单向的过程，而是组织与员工之间不断沟通互动的动态过程。仅仅依靠指示和执行是不足以保证这一过程顺利运行的。有效的交流能够帮助员工更好地理解公司的长远规划，并且促进双方在工作目标上达成一致，进而确保个人的工作进度可控，同时使个人成果与公司整体方向保持一致。

3．联结性

绩效管理有效地将员工的行为模式、职业态度与组织目标相结合。这一过程致力于提高员工的工作效率，还促进了企业目标的具体化。从根本上讲，企业的成就取决于每位员工的个人贡献，而这些贡献应当在公司整体战略框架内进行评估。评价体系的设计需紧密围绕着公司的长远目标展开。这种关系体现了整体与个体之间相互依存且相辅相成的本质。

（三）绩效管理的深远意义

1．企业战略实施的核心载体

绩效管理对于塑造员工的工作态度及行为模式至关重要。通过为每位员工设立明确且可达成的目标，该机制有效地将组织的战略方向与个人的职业发展相连接。在此过程中，企业应当重视目标设定的程序，确保战略意图能够顺畅地从高层传递至基层，并得到有效执行。

2．企业文化塑造与强化的重要工具

作为企业的重要非物质财富，企业文化在塑造市场形象与公众认知方面发挥着关键作用。面对当前的经济形势，虽然许多公司都在努力培育独特的文化氛围，但往往对这一概念的理解不够深入。实际上，企业文化的核心在于其价值观体系，这种价值观渗透到了企业的运营与管理之中。在此过程中，绩效管理体系起到了连接和促进的作用，既有助于文化的建立也能够加强其影响力。

3．员工成长与发展的强大驱动力

绩效管理体系在促进员工职业发展方面扮演了重要角色。它鼓励管理层对下属进行指导和支持，还激发了员工的积极性，从而提高了他们的工作技能与专业素养，最终促进了个人绩效的显著提升。该体系对于员工成长的支持作用主要表现在三个方面。

（1）通过实施绩效管理，组织能够更加明确地识别出个体之间的差异，并引导员工深入理解这些差异背后的原因，进而发挥各自的优势，在职业生涯中取得进步。

（2）这一过程也激励着员工不断追求更高的工作效率和个人成就。

（3）绩效管理制度加强了不同层级管理者之间以及管理者与员工间的沟通渠道，有助于构建更紧密的工作关系网，同时培养团队合作精神，增强整个组织的向心力。

综上所述，绩效管理体系是人力资源管理的关键环节之一，也是促进现代企业增强竞争力、优化内部治理的有效工具。其根本目标在于通过有效的评估机制来激发员工潜力，从而助力组织达成长远规划与发展愿景。

第二节　绩效评估的标准与核心方法

一、绩效评估的标准

（一）个人品质

1．个人品质评估

个人品质评估是一种通过分析员工所具备的多种优良特性来衡量其职业表现的方法论。这种方法论指出，表现出色的员工往往共享某些积极特征。在进行此类评估时，通常会考察如人际沟通技巧、勤奋程度、团队协作态度、决策力、创新能力、自主性、领导潜能、社交技能、工作热情、勇气展现、忠诚度、可靠性、进取精神、自信水平以及与岗位相关的专业素养和能力等多方面特质。

在进行个人品质评估的过程中，评估人员应当为每一项特质提供清晰的定义与标准。比如，当将决策能力作为评判依据时，就需对其作出明确界定，如“在得出准确结论时辨识关键要素的能力”。除此之外，对于各个评估等级的具体要求也应详尽规定，甚至尽可能地量化，以此来增强评估过程的可操作性和评估结果的可靠性。

鉴于其条理分明、易于实施且能有效激发员工的积极性，个人品质评估方法在实际应用中得到了广泛的认可与采纳。

2．个人品质评估的局限性

个人品质的评估过程往往容易受到主观因素的影响。在实际操作中，由于评估人员可能不愿单凭自己的感知来决定他人职业道路的发展方向，他们或许会倾向于采用较为宽泛的标准来进行评判。这种做法可能导致最终的评估结果趋于一致，进而使整个评估体系变得流于形式。

个人特质与职场表现间的确切关联往往难以界定。现有研究指出，这两者之间的联系并非总是清晰可见，很多时候评估者在评估时倾向于依据主观印象而非客观证据。

总而言之，个人品质评估是依据员工内在素质来进行绩效评估的一种方式，在实际应用中虽然广泛受到青睐，但也面临着因主观判断较强及量化难度大所带来的挑战。

（二）工作成果

1. 基于成果的绩效评估

该评估体系主要关注员工的工作成果及其对企业价值的贡献程度。其核心目的在于评估员工是否达成了预定的工作目标及预期效果。企业通常会通过诸如利润水平、不良品比率、净销售收入、销售成本、维护开支、应收账款周转时间以及投资回报率等关键绩效指标（KPIs）来衡量个人表现。借助这些具体指标，组织能够更精确地量化员工的工作成效，并以此激励员工不断提高工作效率与质量，进而推动整个企业的业绩增长。

2. 基于成果评估的优点

评估结果具有较高的客观性，便于实际操作和衡量。

减少了评估过程中的主观推断，更多地依据可量化的实际成果。

3. 基于成果评估的缺点

可能存在一种倾向，即过度重视最终成果而忽视了执行过程中遭遇的不可控因素，这种做法可能会导致对员工所付出努力的认可不够公正。

这可能会促使员工过分关注眼前的成果，而忽略了企业的长远规划，甚至采取一些不正当的方法来实现目标。

4. 适用范围的考量

尽管基于成果的绩效考核体系在众多企业中，特别是在生产与销售团队内得到了广泛应用，但并非所有部门或情境都适合采用这一模式。比如，在人力资源、财务会计、研发以及公关等领域，工作成效往往难以通过直接量化的指标来体现，或是其价值实现存在时间上的延迟效应，因此可能需要探索更适合这些特定领域特点的评估方式。

总而言之，基于成果的绩效考核机制侧重于结果评价，这种方法在保障评估过程中的客观性与可操作性方面表现出色。然而，它也可能导致对工作流程细节的关注不足，并可能促进短期行为的发生。因此，在实际应用过程中，企业应当根据各部门的具体特性和工作任务的本质，精心挑选最适合的评估指标。

（三）日常行为标准

员工在日常工作中的表现也可以作为评价其绩效的关键因素之一。在对员工的行为进行评估时，主要考虑的方面包括遵从指示的程度、遵守规章制度的情况以及准时上下班的表现等。

鉴于各企业性质不同，某些公司将任务的准时完成视为达成公司目标的关键。在这样的管理框架下，基于行为的绩效评估系统展现出显著的实际应用价值与有效性。该评估方式的优势在于能够向员工提供有助于提高工作效率的反馈信息。不过，其难点在于如何构建一套切实可行的行为评价标准。一旦成功建立起科学合理的行为评估体系，并据此来衡量员工的工作表现，则这种以行为为基准的评估方法的有效性和科学性将得到极大增强。此法特别适用于那些难以通过具体数值量化的岗位，比如管理层及专业技术人员的工作。

总而言之，这三种评估指标各自具备独特之处，它们之间的主要差异体现在关注点上：个人品质的评估侧重于了解被评估者“具有何种性格特质”，工作成果的评估则更注重被评估者“达成了哪些成就”，而行为考核则是围绕着被评估者“实际执行了哪些具体行动”来进行的。

二、绩效评估的核心方法

（一）关键事件考评法

关键事件考评法是一种通过记录员工在工作中展现出的、能够显著影响其所在部门或组织绩效的行为来进行评估的技术。这里所指的关键事件，涵盖了那些对工作环境产生重大正面或负面影响的具体行为实例。当采用这种方法评估员工表现时，管理层需要详尽地记录下员工日常展现出来的积极或消极行为，并基于这些详细的观察来作出公正的工作效能评定。

作为对其他评价手段的一种补充，关键事件法具备多方面的优势。首先，这种方法确保了员工的评估基于其在整个考核周期内的综合表现，而非仅限于最近的表现，有效减少了由于近期效应所导致的评估偏差。其次，通过记录关键事件，考评人员能够向被评估者提供具体而客观的事实依据来解释绩效结果。最后，关键事件的记录还为管理者提供了关于员工如何解决低效表现问题的实际案例。

然而，关键事件法在实际应用中也暴露出一些缺陷，其中最显著的问题是管理人员可能遗漏记录重要的事件。虽然在初期阶段，管理者通常能够详细地追踪并记录下每个重要事件，但随着时间的推移，由于兴趣减退或工作量增加等因素的影响，他们可能会逐渐忽视及时记录的要求。这种做法往往导致在绩效评估周期即将结束时匆忙补充信息，从而过度放大了最近发生的事件对评估结果的影响，进而损害了员工绩效考核的公正性和准确性。

（二）评级量表考评法

评级量表考评法是一种广泛应用于企业环境中的绩效评估手段。该方法通过事先设定的一系列量化指标及评估标准，来实现对员工工作表现的标准化考核。

基于评级量表的绩效评估过程大致分为三个主要阶段。

（1）根据评估目标和要求构建评级量表框架，在此框架内列出所有相关的评估条目，并对每个条目的具体含义及其量化指标进行详尽说明。

（2）为每个评估维度设定若干评分级别，同时为各级别指定相应的分值，以便评估人员能够依据员工在各维度上的实际表现给出公正合理的评分。

（3）汇总各项得分以确定整体评估结果。

（三）强制正态分布考评法

强制正态分布考评法是一种基于员工绩效表现呈现“中间大、两头小”特征的理论而设计的评估体系。该方法假设，在任何工作环境中，员工的能力水平自然地遵循一种正态分布模式，即存在少数表现优异者与欠佳者，以及多数处于平均水平的工作者。因此，在实施这种评估策略时，管理者首先需依据统计学上的正态分布原则来设定各个绩效等级及它们在整个团队中所占的比例。尽管具体的百分比配置可以根据组织的具体需求灵活调整，但总体上必须保持数据分布符合正态曲线的特点。之后，根据每位成员的工作成效，将其分类至相应的等级之中。

强制正态分布考评法尤其适合大规模员工群体的绩效评估场景，且其实现过程较为简单直接。该方法基于统计学中的正态分布原则设计，有助于减轻评价过程中因个人偏好或偏见所引起的不一致性问题。对于那些已经建立了末位淘汰制度的企业而言，采用这种方法能够更有效地识别出表现不佳的职工。然而，值得注意的是，当团队内的所有成员均表现出色时，继续沿用这种评分体系可能会造成不公平的结果。

（四）配对比较法

配对比较法，亦即两两对比或对偶评估技术，是一种更加精细且高效的排序评估手段。

配对比较法的具体实施步骤如下。

（1）需对每位被评估者的各项基本工作指标，例如完成的工作量、工作的质量水平以及展现的职业态度等，依据一定的逻辑顺序进行整理排列。

（2）对每位评估对象的工作表现逐一与其余所有员工进行对比分析。在此过程中，对于表现出色的员工采用“+”或“1”作为标识，而对于那些相对表现不佳者，则以“-”或“0”来标记。

（3）对每位被评估者所获得的正负号数量或具体得分进行统计，并据此排序。

配对比较法的核心思想是将所有被评估对象视为统一的整体，这种方法相较于直接排序评价方式，在精确度上有着显著的优势。然而，其实际操作过程较为复杂，特别是当参与者数量较多时更为明显。因此，在执行此方法的过程中，确保数据的准确性对于评估者来说至关重要。

（五）排序考评法

排序考评法是基于特定评估维度（如工作质量、职业态度或整体绩效）对员工进行从优到劣排列的一种绩效评价手段。在实践中，此方法可细分为直接排序与交替排序两种实施方式。直接排序是指根据既定标准将被考核者按表现由佳至劣依次排列。而交替排序则是首先确定表现最优及最差的个体，接着挑选出次优和次劣者，依此类推直至完成所有人员的排序过程。通过上述任一方法得出的结果将以名单形式呈现，其中首位为评价最佳者，末位则对应最低评价者，其余人员则按照其相对位置填充于两者之间。

排序考评法特别适合小型企业中对员工进行评估，尤其是在那些执行相似工作任务的员工群体中。此方法最显著的优势在于其操作简便、效率高，能够在较短时间内完成员工之间的相对排名与对比工作。然而，这种方法也存在一定的局限性。由于评估过程主要基于评估者的个人判断来进行排序，不同的评估者可能持有各自的偏好，这可能导致在排序过程中出现一定程度的主观偏差。鉴于缺乏具体明确的评价标准，在两位员工表现接近的情况下，难以准确界定谁更胜一筹。被评估对象仅能了解到自己在整个团队中的大致位置，却无法清晰地认识到自身的优势与劣势所在。再者，因为缺少统一的评价基准，跨部门之间员工的表现比较变得较为困难。

（六）平衡计分法

平衡计分卡作为一种广泛应用于企业绩效评估及管理的方法，其精髓在于该工具的设计与执行过程。精心设计且合理的平衡计分卡体系应当能够紧密地将企业的财务表现、运营效率、领导力培养以及激励机制等关键要素结合起来，并且必须与公司的长期发展战略和日常经营方针保持一致。

平衡计分法的编制和实施应遵循以下步骤。

1. 明确企业发展战略和经营策略

这份文件构成了企业日常运营与管理的基础，对于各个部门的具体工作具有直接的指导价值。在启动平衡计分方法前，企业应当对该工具形成清晰且深刻的理解。该方法的核心在于设立一系列评估标准，用以衡量各部门管理者所执行的工作是否能够有效促进既定战略目标的达成。建议企业组建专门负责解释公司战略方向和业务策略的团队或委员会，确保每位管理者都能全面掌握公司的长远规划和发展蓝图。

2．建立各项具体指标

评估过程离不开明确的评价标准，而平衡计分卡的设计正是为了设定与客户满意度、财务状况、内部运营效率、学习与发展以及创新能力相关的具体指标，并为这些方面选择最合适的绩效衡量方法。在通常情况下，每个子领域都会设立 3 ～ 5 个关键指标，这些指标既是大类目标细化的结果，也是构成各子领域不可或缺的部分。

3．确定具体量化目标

在构建企业平衡计分卡的过程中，第三个关键步骤涉及设定每个阶段管理绩效的具体量化标准，并基于这些指标来规划管理者的工作任务及生产人员的进度安排。一旦计划制订完成，接下来的重要环节是定期使用这些指标来评估计划执行的实际成效，并将之与预先设定的目标进行对比分析，以检验两者之间的一致性。若发现实际成果与既定目标存在明显偏差，则需及时调整平衡计分卡的相关内容，确保其能够有效地服务于企业的战略目标。

4．修正平衡计分法

根据第三步的阐述，我们了解到测评结果可能与预期存在较大偏差。平衡计分方法的调整是企业整体规划流程中的最后阶段。在此阶段，企业通过问卷调查等形式收集并采纳员工提出的合理建议，通过对平衡计分卡相关指标的修正来实现企业管理策略的调整。在这个过程中，员工的作用至关重要，因此企业应当鼓励员工发挥主人翁精神，积极参与管理绩效评估的监督活动，以避免出现“官富民贫”这类不合理的现象。

（七）360° 考核法

传统的绩效评估机制通常依赖上级管理人员的评价，但随着经济形势及企业运营模式的变化，这种方法的信息来源相对单一的问题变得愈发明显，甚至可能影响到评估过程中的客观与公正。为应对这一挑战，一些组织开始采用 360° 反馈体系。这种评估策略通过收集来自上司、同事、下属乃至客户的多角度意见，能够更加全面且精确地衡量员工的工作表现，从而实现对个人贡献更为公正合理的评价。

360° 考核法主要按照以下几个方面来实施。

1．考核方法

360° 考核评估体系是一种利用来自经理、同事、顾客、合作伙伴及供应商等多方面反馈来综合评定员工表现的方法。通常，这种评估通过匿名方式进行，旨在鼓励参与者能够更加坦率地表达意见。随后，收集到的数据会由专人或特定软件进行整理分析。在理想情况下，被评估者应有机会与直接上级就所得评价开展一对一交流。在实践中还存在多种变体形式可供选择。

2．考核者构成

考核者可由以下两个方面构成。

（1）同事。个体并非独立存在，其行为会对周围人群产生不同程度的影响。特别是在绩效评估过程中，每位员工的工作态度及行为都会客观地对其同事产生影响。因此，在实施绩效管理和评估时，应当充分考虑这种互动与依赖关系。员工也需要通过同伴的反馈和建议来不断提升自我，从而成为更加优秀的团队成员。

（2）客户。企业的兴衰并非由个人意愿所决定。虽然让员工接受来自上级的评估与反馈是一种有效做法，但这仅仅是其中的一部分。企业管理层还应当积极采纳顾客的意见，这一点具有重要的价值。客户是接收企业最终产品的人群，而供应商则提供企业生产所需的基本材料。根据客户服务及质量控制领域的专家观点，这些关系同样至关重要，因此在评估体系中也应该给予充分重视。

第三节　绩效评估的系统设计与具体操作

一、绩效评估的系统设计概述

作为企业管理体系中的关键环节，绩效评估系统的精心设计至关重要。对于此类体系的全面掌握是必不可少的，因为这直接关系其执行效果的好坏。实际上，绩效评价并非孤立存在，而是与组织内部诸多方面紧密相联，唯有确保各部分协调一致，方能实现顺畅运行。

为了构建高效的绩效评估体系，企业需关注以下几个关键点。

（一）明确期望与目标

在启动绩效评估流程之前，公司应当向员工清晰地传达对于达成卓越业绩的具体期待。这样做能够帮助员工明确自身的工作目标，同时也能有效激发其内在的工作积极性，促使他们以更高的热情投入工作，努力实现既定的目标。

（二）选择恰当的评估方法

为了确保对员工的工作表现及成果作出公正合理的评估，企业应当采用恰当且有效的绩效考核手段。所选用的方法要能够准确体现员工的实际工作状况，还需尽量减少个人主观判断和偏见所带来的负面影响。

（三）进行职务分析，制定评估标准

为确保组织运作的高效与公平，企业需实施详尽的工作职责分析，清晰界定每一岗位的具体要求。以此为基础，进一步设立合理的绩效考核指标体系，旨在提升评估过程的精确度与客观性。所设定的标准应当具备高度的可操作性和透明度，便于员工理解和落实。

（四）明确组织战略目标与人力资源管理要求

为了确保企业能够有效地将其绩效评估体系与长远的发展规划相融合，首先应当清晰界定公司的核心战略目标及其对人力资源管理的具体需求。这样做不仅有利于保证所有评估活动都能紧密围绕企业的主要发展方向展开，而且能促进组织内部的一致性和协同效应。

（五）建立信息反馈机制

企业应当构建一种与工作成效紧密相联的信息反馈体系，以此来迅速地将评估结果传达给员工，并积极接纳他们的看法和提议。这样做不仅能够帮助员工更好地认识到自身的工作状况，及时识别并修正存在的问题，而且能加强员工对于绩效考核制度的认可度及参与积极性。

（六）评价并修订绩效评估系统

企业应当定期审查绩效评估系统的实际成效，并依据反馈结果作出相应的调整与优化。此举对于保证该体系的科学性及实用性至关重要，使其能够更加贴合企业的长远发展目标以及员工个体的发展变化。

总而言之，企业在设计绩效评估体系的过程中，应当全面考量各种相关因素，并确保整个流程中的各个部分能够协调一致、紧密相连。唯有如此，方能构建起一套科学合理、高效公平的绩效管理体系，从而为企业长远发展及员工个人职业成长奠定坚实的基础。

二、绩效评估的具体操作流程

（一）信息收集阶段

在绩效评估的过程中，信息收集扮演着基础而至关重要的角色。这一阶段涵盖了从上一次评估到下一次评估期间，通过详细观察员工的行为表现或听取组织内部其他成员对该员工行为的看法来收集相关信息。该步骤的重要性在于它为评估提供了基于事实的客观依据。如果忽略了这个环节，那么整个评估流

程可能会失去其应有的准确性和公平性。

在信息收集阶段，广泛采用的一种方法是“关键事件法”。此技术主要关注于收集那些显著且容易观察的事件信息，这些信息与员工的工作表现密切相关。一旦获取了相关事件的信息，接下来需要对其进行详尽的分析与归纳，并将其记录到专门设计的评估表格中。为了便于未来检索和利用，还会依据特定的主题对这些资料进行分类整理。

除了考核记录，还配有一份详尽的操作指南，该指南针对考核表上所列的多项重要标准提供了详尽的解释。部门负责人需依据收集到的信息，在考核表上进行记录。此表格被划分为蓝色和红色两个部分，每部分各占一页的一半。对于促进工作进展的行为应记录于蓝色区域，而那些未能带来正面影响的行为则应登记在红色区域。该指南特别强调，所有记录的内容都应当基于直接观察，并且能够清楚地表明这些行为对于组织而言是积极贡献还是消极影响。

在收集“关键事件”的评估资料时，管理层可以通过两大主要渠道来获取相关信息。

1．日常工作表现的详细记录

这些文档涉及多个维度的信息，如产品的质量水平、员工的工作投入度、安全规范的遵守情况、任务完成的时效性、预算与实际支出之间的差异、出勤状况以及来自客户和同事的反馈频率等。在日常运营过程中所发生的各项活动均可作为信息收集的对象，从而为绩效考核提供了翔实而客观的基础资料。

2．从其他相关人员那里获取信息

理想的评估参与者应当是那些与被评估者有一定工作交集的人员，如其直接主管、同事或服务对象。如果所在企业采用了项目团队模式，并且该员工参与了特定团队的工作，则联系团队领导者将是不错的选择。在沟通时，应追求信息收集的客观性，避免提出诸如“您觉得小李表现如何？”这样主观性强的问题。取而代之的是，采用更加具体和客观的方式提问，例如：“小李在哪些方面提供了帮助？”或者“就这一点而言，您对他有何看法？”总体来说，资料来源越广泛越好，但选择时需谨慎行事以保证客观公正。在收集到相关信息之后，还需对其进行详尽分析与整理，并依据既定的绩效标准作出适当调整，力求得出准确无误的评价结论。

（二）设定评估的间隔时间

确定绩效评估的时间间隔对于整个评估过程来说具有重要意义。这一时间间隔应当依据工作的特性来科学地设定，以防止因评估过于频繁而导致资源浪费和成本上升；例如，对流水线工人进行过于密集的评估可能并无实际意义。反之，如果评估周期过长，则可能会削弱绩效考核的监督作用及其对员工行为的约束，导致员工不能及时接收到关于工作表现的反馈，从而影响其工作效率和个人成长。在通常情况下，将评估周期设定在6个月至1年之间是比较合理的，这适用于大多数岗位类型，如已经熟练掌握技能的流水线工人或是一般管理人员。对于基于项目的任务，评估往往会在项目中期、结束阶段来进行。至于正处于培训阶段的新员工，则建议缩短评估之间的间隔，以便他们能够更快地得到指导并作出相应调整。

评估周期应当依据具体目标灵活设定。如果目的是人员调动或是晋升决策，则需要通过较长时间的绩效观察来避免被短期内的表现误导，而若是为了加强上下级之间的沟通以及提高工作效率，那么可以适当缩短评估的时间间隔。对于那些长期表现优异且持续进步的员工，管理层应考虑给予薪酬增加或职位晋升的机会，而对于长期表现不佳者，则可能需要考虑对其岗位进行调整。

（三）360°绩效评估

360°绩效评估，也被称为全方位绩效评估，是一种从多个维度对个人表现进行综合评价的方法。它采用来自上级、同级同事、下属、自我反省以及客户和专业顾问等多个方面的反馈信息来构建全面的评价体系。该方法旨在通过汇集不同来源的意见，克服单一评价者可能带来的偏见或局限性，从而增强评价结果的客观性和全面性。

1．上司评估（60°）

在360°绩效评估体系中，上级主管的意见占据着举足轻重的地位，往往被视为最主要的评判来源。鉴于他们对于下属工作情况及日常表现有着全面而直接的了解，在评价过程中自然享有较高的权威性与影响力。

2．同事评估（60°）

同事作为与被评估者日常互动最为频繁的群体，能够全面掌握其工作表现、专业技能水平、处理事务的方式及其所取得的成绩。

3．下属评估（60°）

在本土企业中，下级对上级进行评估的做法尚不普及；然而，在更加开放的国际公司里，这一实践正逐渐被采纳。此类评估机制对于促进组织内部民主氛围及增强团队成员之间的向心力有着不可忽视的价值。

4．自我评估（60°）

自我评估作为激励员工参与目标制定过程中的策略，构成了目标管理框架的关键部分。当员工能够参与个人及团队目标的设定时，他们对于工作职责的理解更加清晰，并且能够更有效地确定努力的方向。

5．客户评估（60°）

客户评估构成了评估资料的关键组成部分。由于顾客处于企业体系之外，不受内部利益关系的影响，因此他们所提供的反馈往往更具客观性和公正性。

6．专家评估（60°）

专家是指那些在绩效评估领域具备深厚知识的专业人士，他们往往来自企业外部，独立于公司内部的利益链条之外，因此能够提供更加客观公正的评估。

（四）绩效评估面谈

绩效评估面谈在绩效管理流程中占据着至关重要的位置，对于保障评估工作的有效实施与最终的成功起着决定性作用。

1．绩效评估面谈的主要内容

（1）通过与被评估对象进行详尽的沟通，收集其对于评估结果的意见和反馈，特别是针对那些需要进一步改善的方面。

（2）研究被评估者对于整体评估流程的个人体验及反馈，以深入了解他们对这一过程的看法。

（3）通过集体讨论来确定改进策略，并探索最符合被评估者具体情况的发展路径。

（4）提倡被评估人员分享他们对评价流程的意见与建议，并探讨其对未来职业目标的展望及期望。

2．绩效评估面谈的主要优势

（1）有利于进一步细化和改进评估结果，确保其内容的精确性和实际应用价值。

（2）加强评估者与被评估者之间的交流，以使评估者能够更加透彻地了解被评估者的观点和需求。

（3）为构建和落实绩效提升策略提供基础，以保证所提出的改进措施能够被有效地执行。

（4）能够促进评估的核心目标，即通过绩效考核机制激励个人与团队的成长，使之成为推动整体进步的有效工具。

绩效评估会谈是信息共享的渠道，更是推动个人成长及达成组织目标的关键步骤。通过直接对话的方式，能够增进评价过程的透明度与公平性，并给予被评价者表达自我见解的空间，从而提升整体估价的有效性和被认可程度。

三、绩效评估系统可持续改进的原则、实施与注意事项

持续优化绩效评估机制对于增强员工表现及提高企业管理效率至关重要。构建一套科学合理、公平透明且高效的评估体系，能精确反映个人业绩，还能够激发职工潜能，促进自我完善与发展，从而助力企业实现长远规划与成长。接下来将深入探讨绩效评估体系的改进原则、执行流程及相关注意事项。

（一）绩效改进的原则

1. 员工意愿优先

在推进绩效优化的过程中，应当着重关注员工个人愿意主动改善的领域。这样的策略能够有效激发员工内在的积极性，因为他们往往更乐于从自己认为有价值且渴望提升的方面开始努力。采取这种方式能够获得员工更好的响应，还能促进他们持续地投入其中。

2. 复审评估结果

针对评估过程中发现的问题，应当实施复核以保障评估结果的精确性。此举有助于减少因个人偏见导致的误判，还能保证整个评估过程的公平性。通过复核也体现了对员工工作表现的认可与重视，从而提高他们对最终评价结论的信任度和接受度。

3. 考虑资源投入

在规划改进措施的过程中，企业应当全面评估所需投入的各项资源，如时间、人力及资金等。应挑选最具可行性的优化方案，以保障实施过程既不会给企业造成沉重负担，又能最大化增强改进效果。

4. 从易见效处着手

为了有效提升员工的工作满足感，并为后续改革措施的成功实施奠定坚实基础，企业应当优先考虑那些能够迅速展现成效的改进领域。通过这种方式，不仅可以让员工在较短的时间内见证到积极的变化，而且能进一步激发他们参与未来改进计划的积极性。

（二）绩效改进的实施

1. 广泛认同与积极参与

获得员工的普遍支持是启动任何改进措施的关键起点。管理层与基层员工都必须积极投入，并严格按照既定方案行事，以此来保障计划能够顺利推进。组织还应当激励员工分享个人见解和提议，这样能够提高方案的实际操作性，还能进一步增强其效果。

2. 切实可行与紧密相关

改进方案应具备实际操作性，并且要直接针对存在的绩效问题。重要的是，不要让计划仅仅停留在理论探讨或设定过于宽泛的目标上，这样才能保证所提出的措施能够有效应对企业当前面临的挑战。

3. 明确时间框架与阶段性目标

为保证改进方案能够有条不紊地推进，并最终按时达成目标，公司应确立清晰的时间规划与阶段性的目标。这样做能让员工更加明确地把握项目的运作节奏及具体要求，还能够激励他们以更高的积极性参与改革过程。

（三）绩效改进过程中的注意事项

1. 员工改变意愿

激发员工主动寻求个人行为调整的意愿是实现自我改进的基础。组织应当采取有效的沟通策略与激励措施，促使员工积极地参与变革过程。

2. 提供必要培训

为了促进员工更有效地落实改进措施，组织应当提供相应的知识和技能教育。这涉及指导员工了解具体任务及其执行方法，还包括预见潜在障碍及提出应对策略等内容。

3. 营造积极环境

营造积极向上的工作氛围对于激发员工的积极性和创新精神至关重要。在此过程中，管理层的作用尤为关键。他们应当通过提供必要的支持与激励措施，帮助员工克服对失败的担忧，鼓励大家勇于探索新的工作方法和技术。

4. 设计合理奖励机制

为了促进员工对改进措施的接纳与执行，组织应当构建一套公平合理的激励体系。该体系涵盖经济性奖励，如薪资增长、奖金发放以及其他形式的福利待遇；还包括非物质性激励手段，如公开表彰、个人成就的认可以及赋予更高的决策自由度等。通过采用这种多元化的激励策略，公司能够更加有效地回应员工个体差异的需求，进而激发其工作积极性和创新能力。

总而言之，通过不断优化绩效评估机制，企业能够建立起一套更加公平、透明且高效的评价与改进系统。此举有助于提高员工的工作表现及满意度，还能促进公司长远的发展，并增强其在市场上的竞争力。

第四节　企业绩效评估的创新路径

一、绩效评估内容的革新

绩效评估，也被称为绩效考评、绩效评价或员工考核，是组织内正式的员工评价体系，构成了人力资源开发与管理的基础。该制度的主要目标在于采用科学的理论和方法，系统地评价员工在其岗位上的工作表现及其成果。在我国的企业实践中，绩效评估更多地关注员工的职业道德、能力水平、勤奋程度以及实际业绩四个方面。

在当前的经济环境下，企业有必要对其人力资源评价体系进行创新，以此促进企业的长远稳定发展。新的考核机制应当既能有效激励员工的积极性，在行动层面推动他们向前迈进，又能在精神层面营造鼓励追求卓越与创新的文化氛围。唯有如此，才能使企业的绩效管理活动更加高效地服务于组织的成长与发展。

在构建创新绩效评估体系时，企业可以从多个方面综合考量员工的能力，如组织协调、技术创新、创意思维、数据分析、问题解决、沟通交流以及团队合作或领导才能等。通过这种方式，能够更有效地将这些能力与具体的工作表现相结合，进行量化的评价，进而促进绩效考核机制的创新与发展。

二、绩效评估方法的创新

（一）绩效评估创新的核心原则

在推进企业绩效评估创新时，需遵循一系列核心原则。

（1）确保员工绩效评估体系与企业长远发展目标相匹配，以实现与公司战略方向的一致性。

（2）创新的绩效评估体系应当支持员工的职业成长，并作为设定薪酬水平、发放奖励、挖掘个人潜力及规划教育与培训活动的基础。该体系产生的评价结果还能够为公司内部各部门在制订工作计划和作出决策时提供有价值的参考。

（3）在设定评估标准权重及实施多维度评价的过程中，采取将定性分析与定量分析相结合的方法，能够保障评价结果的全面覆盖和精确度。

（4）依照绩效考核的流程推进创新，涵盖职务分析、岗位职责书的制定、个人绩效目标的明确，并通过与员工沟通来确保对这些目标的理解达成一致。

（二）绩效评估方法的创新实践

1. 量化评估指标的创新

在进行员工绩效评估的过程中，企业需要解决如何合理量化评价标准的问题。对于那些能够直接观察到的指标，应特别注意它们之间可能存在冲突的多维度特性，防止出现不当激励的情况。鉴于这些可观察指标受外部因素影响较大，在确定各指标权重时，企业应当全面考量不同组织在同一项度量上的差异性。为此，可以通过召集领域内专家开展头脑风暴会议，对各项指标的重要性进行评分，并通过特定行业的实际案例来验证这些权重设置的有效性和适用范围，从而保证最终结果既精确又具有广泛的应用价值。

2. 评估模型的创新

在进行评估时，企业应当融合统计分析技术、管理学理论及跨学科的研究方法。通过对多种方法的横向对比，深入探讨其实施的可能性，并开发适合不同类型企业的评价手段，以此来增强评估结果的精确度与效用。还应该构建相应的模型验证机制，以保障所采用的评估体系既具有实际应用价值又足够稳定可靠。

第七章

企业员工薪酬与福利管理

第一节　薪酬管理概述

一、薪酬的深入理解与构成要素

（一）薪酬的构成解析

1．工资

工资作为报酬体系中的基本元素，代表了企业对员工所提供服务的一种较为固定形式的经济补偿，构成了劳动者收入结构的主要部分。这一薪酬组成部分反映了三个主要方面，共同彰显了劳动者的贡献及其工作的多维度价值。

（1）固定薪酬。这是指企业依据既定的时间周期（如每周、每月、每季度或每年）向员工提供的稳定经济报酬。该薪酬标准体现了员工所在职位的重要性及其个人能力，同时也紧密关联着企业的类型及经营状况，构成了员工生活稳定性的关键因素。

（2）基于工作时长的薪酬体系。此类薪酬模式依据员工实际投入的工作时间来计算，按照预设的每小时工资标准支付给劳动者。该种支付方式特别适合于非全日制或短期雇佣关系中的岗位，例如按小时计酬的临时工职位，确保了工作者在其服务期间所付出的努力能够得到相应回报。

（3）计件薪酬。该制度基于员工所完成的工作量或任务数来决定报酬，通常被视为一种激励机制。尽管这种薪酬模式最初主要应用于劳动密集型行业的基础操作岗位上，但随着市场经济的发展以及企业管理体系的不断进步，越来越多的组织开始采用这种方式以激发员工的工作积极性，提高工作效率。采用计件薪酬可以让员工更加直观地认识到个人努力与其收入之间的直接关联，进而促使他们更加努力地投入工作。

2．奖金

作为一种额外的经济奖励，奖金由企业颁发给那些表现优异或作出显著贡献的员工，在其常规薪酬之上给予。它是对个人努力和成就的一种肯定，同时也肩负着强化员工对企业忠诚度及促进企业文化认同感的重要使命。通过这种激励机制，企业能够鼓励员工持续发挥高水平的工作效率，从而推动组织的成长与发展，并加强文化价值观的传递。

3．佣金

佣金是指企业为鼓励员工达成特定目标（通常以货币形式衡量）而提供的一定比例的报酬，可视为奖金的一种表现形式。特别是在销售行业，这种制度被广泛采用，并被称为提成。通过将经济奖励与个人销售成绩直接挂钩，该薪酬机制旨在增强员工的工作动力及效率。

4．福利

企业福利是指除直接薪酬外，向员工提供的各类物质性待遇与关怀措施。这些额外的福利设计旨在提高员工在工作及日常生活中的满意度，通过提供实际的帮助或享受来体现公司对员工全面支持的态度。

5．激励因素

激励因素涵盖了企业向员工提供的一系列旨在促进其积极投身于实现组织目标的措施。这些措施涉及实质性的报酬，比如奖金和销售提成等财务奖励，还包括非物质形式的认可，如表彰仪式和个人职业发展的机会。通过综合运用这两类激励手段，能够有效提升员工的工作热情与参与度。

（二）薪酬的多重作用

1．吸引并招募优秀人才

在以市场为导向的经济体系中，员工择业时主要考虑的因素是寻求更优的经济收益。因此，企业若能够提供具有竞争力的薪资待遇，则能显著提升其对潜在雇员的吸引力。需要指出的是，虽然高额报酬并不是吸引顶尖人才的唯一条件，但是构建全面且优越的薪酬制度，确实是促进更多优秀人才加入组织的重要手段。

2．留住并激励核心人才

薪酬是企业对员工个人价值的一种肯定与回馈。为了确保能够持续吸引并留住顶尖人才，构建一套具有市场竞争力的薪酬机制显得尤为重要。一般而言，对于那些在公司长期辛勤工作的员工，组织倾向于通过增加薪资的方式以表彰其贡献，这是维持团队稳定性的关键策略之一。

3．激励并提升人才绩效

作为一种重要的激励手段，薪酬的科学合理设置能够极大地激发员工的积极性，因为他们珍视这份待遇良好的工作，并渴望维持其稳定性和增长潜力。评估薪酬体系效能的关键指标在于它是否能显著提高个人及组织的整体表现。

设计得当的薪酬管理方案能够鼓励所有成员主动为达成公司目标而努力，进而营造出积极的工作环境和高效的业绩文化。

4. 满足组织需求与实现双赢

在市场导向的经济体系中，追求利润最大化通常是企业的核心目标。尽管上调薪资水平可能会增加人力资源的成本，从而有可能减少企业的盈利空间，但重要的是要认识到，合理设计的薪酬体系其实是一种能够促进双方利益共赢的机制。它最基本的作用体现在：通过给予员工公平合理的报酬，可以激发员工的工作积极性与创造力，使他们为公司带来更高的价值和效率，进而促成企业和个人共同成长与繁荣的局面。

二、薪酬管理

（一）企业薪酬管理的核心内容与定义

作为企业人力资源管理的关键环节，薪酬管理体系的核心在于对员工报酬的设定、标准及其构成进行系统规划与适时调整。尽管该体系涉及的内容十分广泛，但可以大致归纳为四个主要方面。

1. 明确并科学确定薪酬管理目标

在着手构建薪酬管理体系的目标之前，企业需要首先清晰地定义其人力资源战略及长期发展愿景。这一定义过程为薪酬管理目标的设立奠定了坚实的基础。为了保证薪酬管理目标的有效性和与整体战略的一致性，应严格遵循三项基本原则。

（1）维持员工团队的稳定并吸引高素质人才。薪酬管理制度应当致力于打造既稳定又能对外界优秀人才产生吸引力的工作环境，通过实施合理的报酬机制来确保现有人才的留存，并吸引外部杰出人才的加入。

（2）增强员工的工作热情并促进卓越绩效。在设定目标时，应着重于如何有效地激发员工的参与积极性，从而促使他们在工作中取得更优异的成绩，为企业的发展作出更大贡献。

（3）推进组织与个人发展目标的一致性。薪酬管理体系应当致力于促进机构目标和个人职业规划之间的协调统一，确保员工在实现自我职业成长的同时为公司整体的成功贡献力量。

2. 精心选择适合的薪酬政策

薪酬政策是企业管理层在综合考量企业战略目标与人力资源现状的基础上，对薪酬体系的目标、任务及实施方法进行细致规划的结果。它反映了企业在追求其战略目标时，在薪酬管理方面所采取的核心策略和指导方针。在通常情况下，企业的薪酬政策包含三大核心要素。

（1）薪酬开支策略。确立企业关于薪资的预算安排与投资方针，保证薪酬相关开销同公司的财务健康状况及长期发展规划保持一致。

（2）薪酬体系政策。涵盖薪资的计算方式、支付频率及调整规则等方面，旨在保障薪酬体系既公平又能起到激励作用。

（3）薪酬体系与薪酬标准政策。涵盖薪酬组成部分的界定（如基础薪资、激励奖金、员工福利等）以及薪酬水平的确立，旨在反映员工的价值贡献、岗位的关键性以及市场竞争力。

3．精心制订薪酬计划

薪酬计划是企业对员工报酬体系进行系统化设计的过程，它具体体现了公司的薪酬政策，并为实际操作提供了指导框架。该计划涵盖了预期的薪资标准、支付架构以及给付方式等关键要素，以确保达成既定的薪酬管理目标。在构建薪酬计划时，应当遵循两个核心原则。

（1）与企业目标管理体系相契合。确保薪酬体系的设计能够紧密配合公司的总体战略规划及长远目标，从而有效促进公司战略目标的实现。

（2）旨在增强企业的市场竞争力。薪酬计划应当致力于通过吸引和保留核心人才，为企业构建持久的竞争优势。

4．灵活调整薪酬结构以优化激励效果

薪酬体系主要涵盖以下几个核心要素。

（1）在同一职位上，不同员工之间的薪酬分配。这一做法体现了公司内部的公正原则，确保处于相同岗位的工作人员能够根据个人的工作贡献及表现得到相匹配的薪资待遇。

（2）职务与岗位间工资成本的分配，体现了各职位价值及市场竞争状态之间的差异，旨在构建既能吸引又能留住关键岗位人才的有效薪酬体系。

（3）基本工资与浮动工资之间的分配策略对于平衡薪酬体系的稳定性及激励机制至关重要。通过设定合理的固定收入与变动收入的比例，可以有效激发员工的工作积极性，提高绩效水平。

通过灵活地调整薪酬体系，企业能够更加有效地应对市场波动及自身发展的需求。这样的策略有助于增强薪酬制度的激励作用，还能显著提高员工的满足感与工作热情，进而促进企业长期目标的达成。

（二）影响企业薪酬管理的因素

1．外在环境因素

（1）国家政策与原则。通过一系列法律法规的制定，国家能够对企业员工薪酬实施宏观管理，旨在保障薪酬体系的公正性和合理性。这些基本原则包括按劳分配、平衡国家集体和个人的利益关系、综合考量多方面因素、精神激励与物质

奖励相结合的原则以及工资调整需上报的规定等。此类政策为员工提供了薪酬方面的法律保护，同时也为企业在设计薪酬方案时提供了指导性框架。

（2）劳动力市场的供需状况。在决定员工薪酬预期及企业支付意愿方面，劳动力市场的供需平衡起着至关重要的作用。在市场机制下运作时，如果求职者数量超过职位空缺，则雇主可能会下调薪资标准；相反地，当人才短缺成为问题时，公司往往需要提升薪酬待遇来吸引和留住关键人才。随着市场经济体系的逐渐成熟，这种由供需关系驱动的变化趋势将更加明显。

（3）居民生活水平。在构建薪酬体系时，企业应当充分考量当地居民的生活水平状况，保证员工的收入能够适应其生活开支，维持其生活质量。此举有利于提高员工的工作满意度和对企业忠诚度，同时也彰显了企业的社会责任。

2．组织内在因素

（1）财务状况。一家企业的经济健康程度直接决定了其支付员工报酬的能力。财务基础牢固的组织更有可能提供有吸引力的薪酬待遇，以此吸引并留住顶尖人才。

（2）预算管理。企业应当在既定的财务框架内有效地规划薪酬资源，以保障薪资支出的持续性和稳定性。通过实施有效的预算管理措施，能够促进薪酬体系的优化，增强企业的整体运营效能。

（3）薪酬政策。作为企业薪酬管理策略的核心部分，薪酬政策直接决定了员工报酬的结构及其分配机制。一套科学合理的设计能够有效激发员工的工作热情与创新，促进企业的长期稳定发展。

（4）企业规模。不同规模的企业，在薪酬管理策略上也会有所差异。一般来说，大型企业倾向于构建更加全面且具有激励机制的薪酬体系；相比之下，小型企业则更侧重于薪酬制度的灵活性以及成本效益的考量。

（5）企业文化。企业文化的构建对于塑造员工的薪酬预期及工作满意度具有不可忽视的作用。那些将员工个人成长与职业发展置于重要位置的企业，通常能够提供更加优厚且吸引人的薪资待遇与福利计划。

（6）岗位价值对比。各类工作的内在价值及其执行难度是决定薪酬标准的重要依据。为了确保薪酬体系的公正与合理，企业应建立一套科学有效的岗位价值评价机制。

（7）竞争力。面对激烈的市场竞争，企业必须提供具备吸引力的薪资待遇来吸引并留住高素质员工。这一做法关乎企业的生存与持续发展，也反映了企业承担的社会责任。

（8）公平性。确保薪酬体系的公正公平对于激发员工的积极性及维护员工对企业的忠诚度至关重要。合理的薪酬制度能激发员工的工作热情与创新能力，增强企业的市场竞争力。

3．个人因素

（1）工作经历。员工在企业内的服务时间是决定其薪资水平的关键因素。通常而言，具有较长工作年限的职工倾向于享有更优厚的报酬及福利条件。

（2）绩效。员工的工作成效通常与他们的薪酬水平密切相关。那些展现出色业绩的员工往往能够享受到更优厚的薪资待遇及职业发展机会。

（3）经验。拥有丰富工作经验的员工通常能够享有更优厚的薪资待遇。这主要是因为他们所掌握的专业技能与知识对于公司的成长起到了关键作用。

（4）教育程度。通常而言，较高的学历水平与更优厚的薪酬待遇之间存在着正相关关系。这一现象背后的原因在于，拥有高学历背景的人才往往具备更强的学习能力及创新能力，能够为企业创造更大的经济价值和社会影响力。

（5）发展潜力。对于那些展现出显著成长潜力的员工而言，他们往往能够享受到更为丰富的薪酬提升机遇。这一现象背后的原因在于，这类员工的成长与进步直接关系企业未来竞争力的构建，同时也是企业实施长远人才投资战略的关键组成部分。

（6）个人能力。员工的专业技能与综合能力是决定其薪酬水平的关键因素之一。拥有卓越技能及能力的员工，往往能够获得更优厚的薪酬待遇以及更多的职业晋升机会。

（三）薪酬管理的原则

薪酬管理体系的核心在于确保员工报酬的分配既公正又高效，这些指导方针构成了企业制定与执行薪酬策略的基础。接下来将从不同角度探讨这些原则的具体内容及其意义。

1．战略一致性原则

薪酬策略应当与公司整体战略目标紧密结合，确保两者方向一致。借助合理的薪酬激励机制，组织能够促进那些对达成其长期发展目标至关重要的行为，并适当限制或调整不利于战略推进的做法。为此，制定薪酬政策时需基于详尽的战略考量，清晰界定各类因素对于达成战略目标的作用程度，并据此合理分配相关资源。如此一来，薪酬体系便能成为驱动企业战略成功实施的重要动力。

2．激励性原则

薪酬管理的关键目标在于激发员工的工作热情与创新意识，促使他们更加投入地参与工作，进而为企业的成长作出贡献。不同的薪酬架构和分配策略能够产生显著不同的激励效果。企业应当细致规划其薪酬体系，力求达到最佳的激励效果。这要求综合考量诸如岗位的重要性、个人绩效以及能力水平等多方面因素，并确保薪酬发放能公平地体现这些考量点，从而有效激活员工潜能及工作积极性。

3．公平性原则

在薪酬管理体系中，公平性原则占据着极其重要的位置。员工往往会将个人的努力程度、投入的时间以及所掌握的技能与他们所获得的报酬进行对比，并且也会关注同事间的薪酬差异。当感受到不公平待遇时，这种感知可能极大地削弱其工作积极性和满意度。因此，公平性原则倡导，在相同岗位或相似条件下工作的人员应当享有相等的薪资水平，而对于那些处于不同情况下的职工，则应依据其承担的工作职责的重要性、个人绩效以及其他相关因素来合理调整薪酬差距，以此保障整个薪酬体系既公正又合乎逻辑。

4．市场竞争力原则

在当今充满挑战的商业环境中，企业为了能够成功吸引并留住核心人才，必须保证所提供的薪酬待遇在市场上具备足够的吸引力。当一家企业的薪资水平低于行业标准时，可能导致员工流失，还可能削弱其市场竞争力及未来的成长潜力。因此，在规划薪酬方案的过程中，企业应当细致考察当前市场的薪酬状况以及同行所采取的相关策略，以此为基础构建既能招揽又能稳固高质量人力资源的薪酬框架。

5．成本效益原则

在制定薪酬管理体系时，企业需遵循成本效益原则。这要求薪酬开支应当控制在企业的经济承受能力之内，并且能够为企业创造相应的价值。短期内，薪酬费用不应超出扣除非劳动力成本后的销售收入余额；从长远角度来看，支付完员工薪酬后，公司应保留足够的利润空间以支持其持续成长及扩张策略。通过有效调控薪酬成本并优化薪酬构成，企业能够确保薪酬制度的高效运行，还能促进自身的可持续发展。

6．合法合规原则

在制定薪酬管理体系时，企业应严格遵循国家法律法规及各项政策要求。比如，《中华人民共和国劳动法》中明确了最低工资标准等保护劳动者权益的规定，这就要求企业在设计薪酬制度时必须确保符合上述法律条文。这样做能帮助企业规避潜在的法律风险，还能有助于塑造和维护企业的正面社会形象。

综上所述，遵循并实施上述原则能够帮助企业构建既体现公平性又能有效激发员工积极性的薪酬机制，同时该机制还需与企业的战略规划及财务状况相匹配。这种薪酬体系有助于提高员工的工作满意度和对企业忠诚度，而且还能为企业未来的持续发展提供坚实的人力资源基础。

第二节 职位薪酬体系设计

一、职位薪酬体系

（一）职位薪酬体系的概念

职位薪酬体系是现今全球广泛采纳的一种薪酬管理机制，其关键在于企业根据岗位的内在特性，例如职责范围、工作的复杂程度以及工作条件等因素，来确定相应员工应得的工资待遇。这样的薪酬安排旨在确保每位员工所获得的报酬能够准确反映他们在各自岗位上所贡献的价值，从而体现“按劳分配”的理念。

职位薪酬体系并不是新兴的概念，它有着深厚的历史根基和广泛的应用实例。随着时代的演进，这种体系经历了不断的调整和完善，最终发展成为一种既科学又公平的报酬分配框架。这样的体系能有效激发员工的工作热情，提升其职业满足感，同时也对企业的持续健康发展起到了积极作用。

除了基于职位的薪酬制度，许多企业还倾向于采用技能导向和能力导向的薪酬机制。与单纯依据职位来决定薪资不同，后两种体系更侧重于评估员工在其职责范围内的具体表现及贡献度。它们主张，个人收入应当与其掌握的专业技能、展现的能力以及实际工作成效紧密相连。

然而，职位薪酬体系是基于理想假设而构建的，即每位员工都能完全匹配其岗位所需的能力。但在实际操作中，由于个体能力存在差异，这种理想状态往往难以达成。一方面，可能会遇到员工技能不足以满足工作需求的情形；另一方面，也有部分员工的实际能力远超其所在职位的基本要求。鉴于此，在实际应用过程中，企业应当根据具体情况灵活调整薪酬结构，以确保整个体系既能体现公平性又能发挥激励作用。

（二）职位薪酬体系的优缺点

1．职位薪酬体系的优点

（1）公平性。职位薪酬体系遵循了等量工作换取等额报酬的原则，实现了基于贡献度的合理分配机制，确保每位员工都能依据其岗位职责得到与个人能力相匹配的薪资待遇。

（2）操作便捷性。此体系通过将薪酬直接与岗位相关联，简化了管理流程，降低了运营成本，同时也使整个过程更加直观易懂。

（3）激励机制。通过将晋升机会与薪酬增长相联系，该职位薪酬体系旨在鼓励员工不断提高个人技能和职业能力，从而争取更高的职位等级及其相应的薪资待遇。

2．职位薪酬体系的缺点

（1）职业晋升关联性。鉴于薪资水平与职位级别密切相关，员工在未能得到职位提升的情况下可能会经历薪酬停滞不前的问题，这种情况有可能削弱他们的工作热情及创新能力。

（2）适应性问题。职位薪酬体系可能因为过于固定而难以快速响应外部经营环境的变化，这种情况在某种程度上削弱了薪酬制度的灵活性及其对员工即时激励的效果。

从上述讨论中可以看出，职位薪资结构在促进薪酬公正及简化管理程序方面表现出显著优势；然而，它也面临着激励机制不够充分以及灵活性较低的问题。因此，在构建薪资体系时，企业必须仔细平衡这些考量因素，以确保所制定的薪酬策略既能有效激发员工的积极性，又能灵活应对市场环境与组织内部的变化。

二、职位薪酬体系实施的前提条件

在引入基于职位的薪酬体系前，组织需确保满足一系列特定的前提条件。若在这些条件未完全具备的情况下就急于实施该制度，则可能引起员工的负面情绪，甚至增加人力资源开支，从而对企业日常运作产生不利后果。因此，在正式推行此类薪酬架构之前，企业应当仔细审视自身状况，特别是以下几个关键方面，以评估是否适合采用这种薪酬模式。

（一）职位定义的明确性

构建职位薪酬体系的基础在于，需对每一职位（岗位）的具体工作内容、所需专业技能及职责范围作出明确而详尽的定义。为此，企业必须开展全面深入的工作分析，以确保每个职位面临的挑战、所要求的能力以及预期达成的绩效指标都能够被清晰地表述并量化。唯有如此，才能保证薪酬结构与实际工作需求相匹配，进而营造出公正且透明的薪酬环境。

（二）职位内容的稳定性

职位薪酬体系的成功执行很大程度上基于岗位职责的相对固定。一旦这些职责频繁变化，将极大影响职位等级结构与薪酬制度的稳定性。因此，机构应当努力维持一段时间内岗位内容的稳定状态，这有助于员工明确自身的工作范围及绩效预期，同时也为薪酬管理的有效运作奠定坚实的基础。

（三）职位与能力的匹配机制

机构需要构建一套科学合理的体系，旨在确保员工个人能力与其所担任职位（岗位）之间达到最佳匹配。这样做既能够避免因员工能力不足而承担超出其水平的工作职责，进而减少工作差错和低效表现的风险，也能防止那些能力出众的员工被错误地低估或忽视。随着员工技能的增长及经验的不断积累，组织应当考虑为他们提供薪资更高、更具挑战性的职位，以此作为激励手段，鼓励员工持续提升自我。

（四）职位等级的多样性

为了确保员工能够清晰地看到职业发展路径以及薪资增长的可能性，机构应当设立丰富且多元化的职位层级。若职位级别过于单一，则可能会导致那些已经提升自身技能的员工面临晋升机会有限的问题，这种情况会限制其收入水平的提高，还会对其职业生涯的进步构成障碍，最终影响到他们的工作热情和对公司的忠诚度。因此，构建既具备多样性又具有层次感的职业等级系统，是激励员工不断提高个人能力和工作表现的关键措施之一。

（五）薪酬水平的适宜性

在构建职位薪酬体系的过程中，必须高度重视薪酬水平的合理性。即使是针对最低职级的员工，其薪资也应当能够保障基本生活需求。倘若整体薪酬偏低，并且职位层级划分过于细化，则位于职业阶梯底段的工作人员可能会得到相对较少的报酬，这将极大削弱他们的工作热情与组织归属感。因此，为了确保薪酬体系既公正又有效，机构需要综合考量市场行情、员工期待以及自身的财务状况，合理设定薪酬标准。

总的来说，要成功实施职位薪酬体系，必须在岗位界定、工作内容的稳定性、岗位与员工能力之间的匹配程度、职级结构的多样性以及薪资水平的合理性等方面打下坚实的基础。这些因素共同构成了确保该体系有效运作的关键组成部分，同时也是达成薪酬管理目标、激发员工积极性以提高工作效率的重要前提。

三、设计职位薪酬体系的基本步骤

创建一套适合企业的薪酬体系是一项复杂且细致的工作，它既不是一朝一夕就能完成的任务，也不应仅仅基于理论或是个人的主观判断。要设计出有效的薪酬制度，必须依照特定的原则和流程来进行。一般而言，这一过程涵盖以下几个重要阶段。

（一）职位（岗位）评估

职位（岗位）评估是建立企业薪酬管理体系不可或缺的开端。员工薪酬标准往往与其岗位的重要性、工作性质以及对公司贡献度紧密相联。因此，在规划薪酬体系时，公司需依据员工的工作职责、任务范围、法定权益及任职要求等因素，以科学合理的方式设定薪酬分配规则与水平。这一过程应基于客观分析而非人力资源管理者个人的主观判断。通过这种方法，可以确保薪酬制度既公平又合理，同时也体现了公司对于维护员工薪酬公正性的重视。

（二）职位（岗位）评价

职位（岗位）评价是一种基于组织内人力资源管理现状，通过考量员工工作的重要性和对企业贡献程度，运用如分类、排序及要素对比等多种科学分析方法来确定各岗位薪酬等级的过程。这种方法对于提高工作效率和促进企业整体表现至关重要，是构建现代化薪酬体系不可或缺的一环。

（三）市场调研

构建任何制度或管理策略时，都应基于详尽的市场研究，以此来保障措施的合理性和可执行性。通过深入地探究市场需求，企业能够确保其薪酬标准具有竞争力，并全面掌握潜在员工及现有团队成员对于薪资待遇的看法与期待。因此，在设计薪酬架构的初期阶段，公司应当实施细致的薪酬调研工作，以了解行业内部的薪酬趋势，从而为适时调整薪酬政策提供依据。

（四）计划制订

在完成职位评估、岗位评价及市场调研后，企业能够获取大量用于决策的信息。随后，在基于详尽这些信息分析的前提下，企业着手起草薪酬体系的设计方案。此过程中，企业需对所收集的数据与情况作出全面而深入的考量，并遵循既定原则来构建薪酬体系的框架。尽管初次提出的方案可能尚存不足，但其为企业薪酬制度的设计提供了基础思路。

（五）方案测试

正如前面提到的，企业薪酬体系的初步设计仅仅标志着起点。为了确保其能够顺利实施，还需要经过一系列严格的评估与测试环节。这些评估与测试主要依赖模拟运行的方式来进行，目的是验证草案在实际操作中的可行性。在此过程中，企业还将对薪酬体系可能产生的效果作出预测，并针对发现的问题进行相应的调整，以消除不合理之处。

（六）方案推广与实施

没有任何一项计划能够达到绝对完美。经过细致评估后，应依据实际情况对识别出的问题和不足进行修正和完善。之后，公司内部将针对新修订的薪酬体系开展必要的宣传与培训活动。鉴于薪酬政策直接关系到每位员工的利益，故除了需要获得管理层的支持，更关键的是要赢得广大职工的认可。通过高效的信息传递和交流，一旦新的薪酬安排得到了员工们的广泛支持，便可以正式进入实施阶段。

（七）反馈调整

尽管薪酬体系已经历了周密的考量，但由于商业环境固有的复杂性和不确定性，该体系难以全面预见所有实施细节。因此，在实际操作过程中，企业必须依据未预料到的因素及方案的实际效果作出相应的调整与优化。

构建一套企业薪酬体系是一项至关重要的任务，而且也极为复杂，它直接关系企业的运营模式及其长远发展。在规划这样的体系时，必须确保其具备足够的灵活性与全面覆盖性，以保障薪酬制度的公正合理及科学严谨。通过这种方式，可以最大化地发挥薪酬机制对于员工激励和行为规范的作用，从而成为推动企业达成目标的有效手段。

第三节 现代企业薪酬管理的新发展

一、技能薪酬

（一）技能薪酬的内涵

技能薪酬体系，作为一种创新性的工资支付模式，其核心理念在于，依据员工所具备的与岗位直接相关的能力和技术来决定基本薪资水平。该体系超越了以往以职位等级作为报酬基础的传统框架，转而强调个人实际能力和专业技能的价值，更有效地满足了现代企业对于人才多样化及专业化的追求。

技能薪酬体系适用于那些职责明确、易于量化的操作性岗位、技术岗位及办公室行政等职位。在这些领域，员工的专业知识、技术水平和工作表现成为确定其薪资水平的主要依据，而非单纯依赖职位等级。

技能薪酬体系的核心特征在于，员工的报酬与个人所具备的知识、技能及能力密切相关，而不仅仅依赖其职位。这种机制能够有效激发员工自我提升的积极性，并促进他们持续学习新的技能。

技能薪酬制度对员工技能的要求主要有三个维度。

（1）深度技能（Depth of Skill）。该维度着重于员工在执行相同类型的任务时，所需掌握的知识与技能的广度和深度。这意味着员工要熟悉基础的操作流程，还需对相关领域有深刻的理解，以便能够妥善处理工作中可能遇到的各种复杂状况。

（2）广度技能（Horizontal of Skill）。除了掌握当前职位所需的专业知识与技巧，广度技能还强调员工应具备与其工作领域相关但不同岗位所需的其他能力。这种跨职能和领域的综合素养能够使员工更加灵活地应对企业内部的岗位变动，并促进团队间的有效合作。

（3）垂直技能（Vertical of Skill）。该维度着重于员工的自我管理能力，以及在工作中所需掌握的计划制订、领导力培养和团队协作等多方面技能。这意味着员工需要在其专业领域内有所成就，还需在团队合作及项目管理等方面展示出优秀的能力。

（二）技能模块的等级定价：探索与实践

在技能薪酬体系中，为每位员工依据其展现的技能水平分配相应的货币价值，即对技能模块进行定价，这一过程具有极其重要的意义，并已被广泛认可。然而，鉴于各组织间实施的具体方法存在差异性，目前尚缺乏一种能够普遍适用的技能等级定价标准。即使如此，通过持续的实践与研究，我们仍能提炼出技能模块定价的关键要素：明确不同技能模块间的相对价值；构建一套针对技能模块进行合理定价的操作机制。

在评估各技能模块间相对重要性时，可从数个核心方面进行全面考量。

1．失误造成的后果

此维度主要探讨技能执行过程中出现的失误可能给财务、人力资源以及组织结构带来的负面影响。不同职位因职责各异，其工作中的错误对企业整体运作的影响程度亦有所不同。对于那些一旦发生错误就可能导致重大后果的关键岗位，企业往往会设定更高的任职标准，并通过提供更优厚的薪酬来彰显这些职位的重要性；反之，如果某项工作的失误对整个企业的运营影响较小，则该职位的薪酬可能会相应较低，以此反映其所承担的风险和价值相对较低的特点。

2．工作性质的重要性

这一指标反映了特定技能对于达成组织认定为至关重要的工作任务所做出的贡献水平。不同行业背景下的职位，其重要性存在差异。比如，在以销售为主的公司里，销售人员的角色通常被视为核心组成部分，因为他们直接影响企业的收益和市场占有率，而在摄影工作室中，摄影师的专业素质则显得尤为关键，因为他们的工作成果直接关系到顾客满意度及企业形象。鉴于这些岗位的独特性质及其在机构内不可或缺的地位，相关的技能组合往往会被给予更高的评价，以此彰显它们的战略价值。

3．基本人力资源水平

此维度主要评估掌握某一技能所需的数学、语言及逻辑推理等基本知识的广度。在通常情况下，若一职业要求的知识领域较为广泛，则表明该技能的学习与精通难度较大，因此其薪酬水平也相应较高，以体现其较高的知识含量和技能要求。反之，如果某项工作仅需较为基础且范围较窄的知识，那么由于这类技能相对容易获得和替代，其薪资待遇可能会较低。

4．工作或操作的水平

本维度考察的是工作内所涉及技能的深度与广度，涵盖横向任务及纵向任务。当所需技能更为广泛且深入时，意味着员工必须具备更丰富的知识体系，掌握专业技能，以应对更加复杂且层次较高的工作任务。因此，这将直接提升与其相关技能模块的价值，从而更好地反映其高水平的专业素质及其对工作的贡献程度。

5．监督责任

此维度考察的是在特定技能层次上所需展现的领导力、团队问题解决技巧、培训能力及合作精神等方面的广度。对于那些承担较大监督职责的技能单元而言，员工往往需要展现出更强的领导与管理才能，以便能够有效地引导团队达成目标、克服障碍，并对组员提供必要的训练和支持。上述这些素质对企业运作和促进团队协作来说至关重要，因此，具备更高监管责任的技能部分通常会被认为具有更高的价值，以此来反映其在组织架构内的关键角色及其贡献。

在为技能模块设定价格的过程中，由于参考标准和依据存在差异，导致了最终结果的多样化。这种变化通过多种定价模式得以体现，它们各自代表了独特的定价方式及其结果。这揭示了技能模块定价过程中的复杂性与可变性，还强调了根据企业特定情况及需求进行细致分析的重要性。在构建基于技能的薪酬体系时，也应当全面考量组织的战略方向、职位特性以及员工个人的能力与发展需要，以期制订出既科学又合理的技能模块定价方案。

二、能力薪酬

（一）能力薪酬的定义与内涵

能力薪酬，有时也被称作胜任力薪酬，是一种基于员工所展现出来的、能够促进其达成优异工作成果的个人特质集合来设定薪资水平的人力资源管理策略。该体系的核心在于重视员工的知识水平、专业技能、性格特点以及内在动机等多方面素质的综合表现，这些素质可以通过多种途径在工作中得以体现。鉴于员工的个人能力是其完成工作任务并取得良好业绩的基础，依据能力来决定员工的报酬，在一定程度上体现了公平原则。

（二）员工能力的多样性与分类

个人能力的发展深受生活环境、教育背景及职业经历等多方面因素的影响，每位员工因此形成了独具特色的技能组合。这些差异化的技能共同构成了个体在职场上的综合竞争实力。在通常情况下，我们可以将员工的能力大致归类为如表 7-1 所示的几种类型。这种分类方法有助于我们从更宽广的角度来理解并评估员工的能力构成，进而为构建更为科学合理的薪酬体系奠定基础。

表 7-1　员工能力模型类型及释义

模型类别	模型释义
核心能力模型	适用于整个组织的能力模型，是用来界定企业各层各类人员所通用的核心素质，适用于整个组织
职能能力模型	围绕关键业务（财务管理、市场营销、生产制造）职能建立起来的能力模型，适用于特定领域
角色能力模型	适用于在一个组织中的某些人所扮演的特定角色，技师、经理等，适用于以团队为基础的组织
职位能力模型	适用于单一类型的职位的能力模型，适用的范围最狭窄

三、绩效奖励薪酬

（一）绩效奖励薪酬的深刻内涵

绩效奖励薪酬制度不同于传统的固定薪酬安排，其特点在于根据个人、团队或整个组织的业绩指标进行动态调整。此制度的设计基础是对员工表现及其对组织目标贡献程度进行全面评估，目的是通过正面激励机制来加强公司规范，激发员工的工作热情与创新意识，从而促进整体业务表现的提高。

（二）绩效奖励薪酬的多样化类型

1．绩效加薪

绩效加薪作为一种激励机制，旨在将员工的基本薪资提升与他们在绩效评估体系中的表现等级相结合。通常情况下，在每年度的绩效考核完成后，企业会依据员工的表现及预先确定的绩效加薪标准来调整下一年度的基本薪酬。值得注意的是，通过这种方式获得的薪资增长具有累积效应，意味着随着员工在同一家公司服务年限的增长，其基本工资也会相应地逐步增加。

绩效提升方案的核心组成部分涵盖薪酬增长比例、执行时机以及实施策略三个方面。薪酬增长的具体数值主要由企业的财务状况、企业现有薪酬标准与行业平均水平之间的差异，加上员工所在职位层级及其在组织内部的相对薪资地位共同决定。在执行时间方面，基于表现的薪酬调整一般作为短期激励措施每年进行一次评估，但根据具体情况也存在半年或两年为周期的情况。就实施方式而言，此类薪酬调整可以通过两种途径实现：其一，通过持续累积的形式增加基础工资；其二，以一次性支付的方式完成。

2．一次性奖金

一次性奖金作为一种广泛采用的激励机制，在绩效奖励体系中占据了显著地位，无论是从实施频率还是覆盖范围来看。从更宽泛的角度定义，这种形式的奖励可以被纳入绩效加薪的大类；然而，与基于基本薪资水平逐步累积增加的方式不同，一次性奖金是在评估员工特定时期的业绩后，于某个特定时间点给予的一次性支付。

3．月 / 季度浮动薪酬

除了基于业绩的加薪与一次性奖励，还有一种根据每月或每季度绩效评估结果发放的月度或季度绩效奖金制度，用以表彰员工的工作表现。此类激励措施更加灵活，能够迅速反映短期内个人贡献的变化。在实际操作中，员工所获得的绩效奖金通常还需考虑其所在团队的整体表现，这一做法进一步突出了团队协作及集体成果的价值。

第四节　员工福利管理

一、福利概述

（一）福利的概念

作为企业向员工展现关怀与激励的一种关键手段，福利的概念十分广泛，它既可以从较为具体的层面来解析，也可以从更加宏观的角度去理解。

1．狭义的福利

狭义上的员工福利，亦即职业福利或劳动福利，指的是企业除了支付给员工的基本薪酬，为提高其生活质量而额外提供的经济补助、实物奖励及各类服务。此类福利覆盖了两大核心层面。

（1）法定福利。政府为了确保企业员工能够享有基本的生活保障，通过立法手段对企业设置了强制性的要求。这一系列福利主要包括养老保险、失业保险、医疗保险、工伤保险以及生育保险，也就是我们日常所说的“五险”。设立这些法定福利的主要目的，在于当员工遭遇生活中的不确定因素时，可以为其提供一定的经济支持和安全保障。

（2）企业福利。此类福利是公司为了提高员工忠诚度及稳固人才基础而额外提供的。与法律规定的福利相比，企业福利更加灵活多变，可以根据企业的具体状况和员工的个人需求来定制。比如，企业可能组织集体活动，如员工旅行、团队建设等，也可能提供个性化服务，包括但不限于人寿保险、儿童照顾计划以及健康检查等。通过设立这些福利项目，旨在提高员工对企业文化的认同感及满意度，进而激发其工作积极性与创新能力。

2．广义的福利

从更宽泛的角度来看，“福利”这一概念的覆盖范围超过了传统定义下的范畴，主要包括三个层面的内容。

（1）公共福利与公共服务。此类服务由政府提供，旨在满足民众的基本生活需求及其发展需要。涵盖领域广泛，包括但不限于文化教育、医疗卫生、假期制度以及社会保障等。设立这些服务的根本目的在于提高国民的生活质量及幸福感，并促进社会的和谐稳定与发展。

（2）企业集体福利和个人福利措施。这类措施是基于企业的具体情况及员工的实际需求而设立的，涵盖了面向全体职工的集体福利项目以及针对个人的具体福利方案。其目的在于增强员工对企业的归属感与满意度，从而促进团队凝聚力的增强和企业竞争力的提升。

（3）非工资类的额外收益。这类收益涵盖了企业向员工及其家庭成员提供的物资支持，以及在教育、通勤和通信等方面的经济补贴。旨在缓解员工的生活负担，改善其生活品质，并促进工作效率的提高。也体现了企业对于员工努力工作的一种肯定与回馈。

（二）福利的特点

作为体现企业对员工关怀与激励的一种方式，福利拥有其独特的优势，这使它在组织管理中占据了不可或缺的地位。

1．补偿性

福利的非绩效关联性意味着其分配不直接依赖员工的工作表现。换句话说，不论员工的表现如何，他们均享有公司所提供的福利待遇。这种做法可以理解为组织对员工的一种无条件的额外激励措施。从设立目的来看，福利旨在补充并完善员工的基本薪酬体系，并作为对其努力工作的肯定与回馈。值得注意的是，此类奖励并不局限于金钱形式。为了维护福利制度的公正性，企业倾向于采用集体而非个人的方式发放福利，以此来促进团队合作精神和保持员工的积极性。

2．均等性

均等性是企业福利制度在法律层面所体现的显著特点。它表明，对于所有完成了相应工作职责的员工而言，都有资格享受公司提供的各种福利待遇。考虑到每位员工的能力与素质存在差异，这自然导致了薪资水平上的不同。适度的薪酬差距能够激发员工的竞争意识和积极性。然而，一旦这种差距变得过大，则可能对员工的工作热情以及公司的团队凝聚力造成负面影响。为缓解此类问题，企业需要采取措施，在非经济领域给予表现较弱的员工更多激励，并适当调节收入分配。此时，通过确保福利待遇的平等性，可以在一定程度上缓解因工资差异带来的不公感，有助于构建更加公平和谐的企业环境。

3．集体性

在之前的讨论中，我们强调了企业福利应当惠及所有员工，而非仅限于特定个体。基于这一原则，许多公司致力于构建面向全体员工的集体福利项目，例如组织旅游活动或开展团队建设等，旨在让每位成员都能感受到来自企业的支持与关怀。集体性成为这类福利计划的核心属性之一。通过实施此类集体福利措施，能够确保每位员工享受到公平待遇，还促进了团队精神和对组织认同感的增强。这种以群体为中心的福利策略对于提升企业内部的凝聚力及向心力至关重要，有助于实现公司的长远稳定发展。

（三）福利的类别

1．集体福利

集体福利通常由企业或公共社会服务机构设立，其目的在于为员工提供一系列共同享用的福利设施与生活服务。这些福利措施旨在通过合理的经济投资来保障员工的身体健康及精神愉悦，从而营造更加便利且舒适的生活环境。集体福利涵盖的内容广泛，如单位提供住宿、集体活动所需设施及相关服务、带薪假期以及组织免费旅行等。这样的福利政策能够有效提高员工的生活品质，同时也有助于增强团队凝聚力，并促进员工对企业文化的认同感。

2．个人福利

个人福利指的是企业直接以货币形式向员工发放的经济补助。此类待遇是公司为吸引并留住人才所采取的一项关键措施。常见的个人福利涵盖了探亲假期、薪资补贴、旅行费用补贴、交通费用补贴、取暖费补贴、餐饮补贴、通信费用补贴以及婚丧假期和年度休假期间的工资等。这些福利的具体内容通常会在企业与员工之间签订的劳动合同或企业的内部劳动规章中予以明确，而相关法律法规对此并没有作出具体规定。个人福利的标准及数额会依据企业的规模、经营状况以及员工的工作岗位等因素有所差异。

企业的福利政策往往与其规模及经营状况紧密相联。一般而言，规模较大或经济效益较好的公司倾向于更加关注员工的福利待遇，并且在这一方面投入更多资源；相比之下，规模较小或是经济表现不佳的企业，则可能在员工福利上的支出较少。这种现象揭示了，在不同的发展阶段和财务条件下，企业对于员工福利的关注度及其投资力度存在显著差异。

二、福利管理

福利是企业薪酬体系不可或缺的一环，它直接影响员工的个人福祉，也间接体现了公司的长远规划、文化特质及价值追求。因此，认识到福利管理在整体企业管理架构中的重要性显得尤为必要。然而，在实际操作中，不少企业尚未构建起健全有效的福利管理体系，这一现状往往导致其在福利方面的投资难以获得理想回报，使留住人才变得困难重重。过高的福利开支还可能增加企业的运营成本，从而对其经济效益造成不利影响。

为了有效管理福利，企业需要关注以下几个方面。

（一）目标管理

各企业因其独特的内外部经营环境，在福利管理方面呈现出多样化的策略与目标。尽管如此，以下几项基本原则对于构建有效的福利体系至关重要。

（1）确保福利管理的目标同企业的战略规划目标高度契合。

（2）以满足员工实际需求为出发点，使福利措施能够切实反映员工的需要。

（3）福利政策需严格遵循企业现有的薪酬管理体系，以保证两者之间的协调一致。

（4）在设计福利方案时，既要考虑到员工当前的需求，也要着眼于其未来的职业发展。

（5）理想的福利计划应当具备广泛的激励作用，能够激发广大员工的工作热情。

（6）企业在制定福利规模时应量力而行，避免因过度投入而影响正常的生产经营活动。

（7）所有福利政策都必须符合当地法律法规及政策要求。

（二）福利的成本核算

追求利润是企业运营活动中的核心目标之一，而员工福利作为一种额外开支，无疑会增加企业的管理成本。深入探讨这种成本对企业盈利水平的影响程度，成为福利管理领域的重要议题。在企业福利的成本核算过程中，主要涵盖以下几个方面。

（1）财务部门在此过程中扮演着至关重要的角色，通过科学合理的预算来为确定福利的规模与标准提供基础。

（2）为了保证企业在劳动力市场上的吸引力，需要将自身提供的福利待遇与同行业其他公司，特别是直接竞争对手进行对比分析。

（3）准确预测福利相关的成本对于制定有效的福利政策至关重要。

（4）基于对成本的预估结果，设计相应的福利项目，以确保所采取措施既切实可行又能够长期维持。

（5）在执行福利计划时，必须持续监测公司的经营效果，确保福利支出不会过度影响到公司的整体盈利能力。

（三）福利沟通

并非福利标准越高、覆盖范围越广就越好，关键在于如何最大限度地提升员工的满意度。为了准确了解员工的需求与期望，有效的福利沟通显得至关重要。在通常情况下，实施福利沟通可以采取以下几种策略。

（1）问卷调查法。这种方法适用于深入了解员工对福利的具体需求，通过系统地收集并分析员工的意见反馈，可以为制定更加合理有效的福利政策提供坚实的依据。

（2）录像方式。适合用于介绍福利项目及其未来发展，通过直观生动的视觉呈现，使员工能够更加清晰地理解相关的福利政策。

（3）面谈方式。这种方法特别适合于探索特定层级或类别员工对福利的具体期望，通过直接与员工进行对话交流，可以更深入地理解他们的真实需求。

（4）通过企业内部刊物的方式。这种方法特别适合于推广发展性福利项目，借助内刊的广泛覆盖，能够有效地提升员工对于相关福利政策的认知度与参与热情。

（5）反馈机制。该方法旨在汇集员工对于各项福利计划的意见与建议，通过持续的沟通和适时调整，不断促进福利政策的完善与优化。

（四）福利的调查

企业为员工提供福利的主要目标在于激发工作积极性及增强员工对公司的归属感。然而，是否实现了预期效果、员工对福利形式与内容的满意度如何，以及针对福利发放过程中存在的问题应采取何种改进措施等，都需要借助科学严谨的福利调研来获取答案。作为公司福利管理体系中的关键组成部分，福利调查构成了该体系的基础，而且还是确保其有效运行的重要手段之一。此类调查活动通常涵盖预先调研、年度调查以及反馈调研三个主要阶段。

（1）预先调研。在规划福利方案之前，首要任务是评估员工对于特定福利措施的态度、观点及需求。若发现员工对企业现有的福利政策存在不满情绪，企业则可以根据收集到的意见反馈作出相应的调整。

（2）年度调查。这项活动通常以一年为周期，旨在对企业员工所享受的福利进行全面审查。其核心目的在于明确在财政年度内，员工具体获得了哪些福利项目，各个福利项目占总福利的比例以及员工对于这些福利安排的整体满意度。此类调查为企业深入了解当前福利状况提供了基础数据支持，同时也是企业规划下一年度福利政策时不可或缺的重要参考依据。

（3）反馈调研。主要目的在于评估员工对于特定福利措施实施情况的看法，以及是否有必要对其进行进一步的优化和完善。这种类型的调研有时也被称作满意度调查或后续评估，为企业调整其福利政策提供了关键参考依据。

（五）福利的实施

福利计划的制订为企业提供了实施福利的基本框架，但这并不能保证企业能够毫无障碍地执行其福利方案。在福利实施过程中，企业还必须根据实际情况灵活调整其福利策略。通常来说，在推行福利计划时应关注以下几点。

（1）依据既定目标来执行福利政策，确保这些政策与公司的长期战略方向相吻合。

（2）按照预先设定的预算来安排各项福利开支，避免超出企业的财务能力范围。

（3）遵循规划好的步骤有序开展各个福利项目，促进福利措施的有效落实；保持一定的灵活性，根据公司状况及员工需求适时作出相应调整。

（4）对整个实施过程进行严格监控和管理，确保福利政策得以准确无误地贯彻。

（5）定期审查福利计划的实际执行情况，及时发现并解决问题，以维持福利制度对于提升员工积极性、增强员工对企业忠诚度和满意度等方面的积极作用。

第八章

人力资源网站建设

在推进人力资源管理信息化的过程中，人力资源网站发挥着至关重要的作用。因此，在探讨这一主题时，不可避免地需要提及这些平台的功能与影响。本章将首先介绍人力资源网站的概览，并简要介绍一些当前著名的人力资源服务网站。随后，我们将深入讨论关于这类网站的设计、构建、安全保障以及市场推广等关键方面。

第一节　人力资源网站概述

一、人力资源网站的含义、分类及特点

广义而言，所有涉及人力资源管理的在线平台均可归类为人力资源网站。依据所提供的服务类型差异，这些网站大致可以分为若干类别。

（一）人才中介服务网站

这类网站在数量上占据主导地位，通常被狭义地定义为人力资源平台。本节将从这一视角出发进行探讨。它们主要功能在于构建在线环境，供求职者与雇主发布相关信息，从而汇聚人才供需信息，促进个人寻找理想职位，也助力招聘方发现合适的人才资源。市场上较为知名的网站包括前程无忧网（www.51job.com）和中华英才网（www.chinahr.com）等。

（二）人力资源管理咨询网站

此类平台通常由管理咨询公司或专注于人力资源领域的咨询机构设立，旨在为各类企业和组织提供人力资源问题的诊断服务，并提出全面的人力资源管理方案。这些平台往往聚集了一批在人力资源领域具有丰富经验的专业人士，

能够针对企业及不同类型的组织需求开展系统性的员工培训项目，以促进内部沟通、增强团队协作精神、激发员工潜能、提升组织向心力以及加强团队整体竞争力。一些知名的网站包括中华培训网（www.china-training.com）、远卓管理顾问（www.bexcel.com）等。

（三）人力资源管理经验交流网站

此类平台通常采用会员制度，涵盖企业及个人用户两大类。其主要功能在于组织行业内的专业研讨会与各类交流活动，为人力资源领域的专业人士、从业者以及企业提供了互动沟通的桥梁。通过这样的方式，促进了先进的人力资源管理理念和技术的研究、归纳与传播，加速了知识向实际生产力转化的过程。

（四）国家各级劳动人事部门网站

在政府架构中，存在两个主要负责人力资源管理的部门：劳动部门与人事部门。这两个机构都致力于从宏观层面对人力资源进行综合规划和管理。劳动部门主要关注整个社会范围内的就业问题及社会保障体系的建设，人事部门的工作重点则放在国家机关及其下属事业单位员工的整体规划上。

（五）个人求职网站（页）

实际上，将此类网站或主页严格定义为人力资源网站或许并不完全准确；然而，如果我们从较为宽泛的角度来理解人力资源平台的概念，那么将其纳入其中也是合理的。这类平台主要是由求职者创建，旨在向潜在雇主展示个人的全面信息。设计精良的个人求职网站能够反映求职者在计算机综合技能方面的高水平，比如文档处理、图像编辑以及信息整合等方面的能力，同时也能够让招聘方对申请者的专业素质有初步的认识。通过将个人网站置于网络上供雇主随时查阅，这种方式极大地增加了求职成功的可能。

上述内容仅是对人力资源网站的大致分类。实际上，当今的人力资源平台已经不再局限于单一的服务领域。随着社会经济的进步及互联网技术应用领域的日益广泛，这类网站的服务范围也在持续扩展。特别是前面提到的前几类人力资源网站，正显示出一种融合的趋势。对于具体的人力资源站点而言，我们很难明确界定它属于哪种类型的服务提供者；通常只能依据其主要业务来判断该平台更倾向于提供哪方面的人力资源服务。这是因为这些平台往往涉足多种与人力资源相关的活动，能够为用户提供全方位的服务，并且不断探索新的业务方向以增加收入来源。这种多元化经营和服务创新是当前人力资源网站发展的重要特征之一，同时也预示着未来发展的方向。

人力资源领域的在线平台多种多样，包括但不限于教育培训机构、管理咨询公司、人力资源软件供应商、人才交流及招聘/猎头服务提供者、人力资源相关的会议组织者或行业协会、教育中介服务机构、专注于人力资源的专业资料库、研究机构和高等院校、职业资格认证机构以及专门的人力资源网站。还有一些公共服务性质的网络平台。值得注意的是，上述分类可能显得有些复杂，并且像某些教育培训机构、咨询公司和教育中介机构等，并非纯粹意义上的人力资源专业网站，而是在其官方网站上提供了与人力资源相关的一些服务。然而，"中国人力资源黄页"作为该领域的综合性门户站点，其目标在于尽可能广泛地收录所有涉及人力资源服务的相关网站，以便于用户能够便捷地找到所需的服务信息。

上述内容主要从商业运营的角度对人力资源网站进行了分类说明。接下来，我们将依据经济性质及投资来源对这类网站所作出的分类。

（1）政府在线人才交流与市场信息网（国营）。

（2）民营的人力资源开发和人才信息网（民营）。

（3）借助国有人力资源库兴办的民营人才招聘网站（国有民营）。

（4）由外资企业直接投资设立的人力资源网络，包括合资形式或外商全资形式。

这四类网站各有特色，其中政府网站因其官方背景而享有信息获取方面的独特优势；相比之下，私营网站则以更为灵活的运营模式见长，在吸引外资注入后，其资金实力将显著增强。对于所有这些平台而言，无论是通过提供免费的信息发布与检索服务来赢得用户的心，还是针对企业特定需求推出包括猎头服务、线上线下相结合的招聘解决方案，乃至将传统的人力资源管理活动迁移至线上进行，如实施在线心理评估、建立人才交流论坛及管理者社群等，都是吸引求职者和提高市场竞争力的有效手段。

二、人力资源网站的发展

众所周知，伴随着计算机技术的广泛传播与互联网领域的快速进步，现代社会中信息获取的速度及总量达到了前所未有的水平。在此背景下，人力资源网站凭借其独特优势，在促进高效信息交流方面发挥了重要作用。

在线人力资源平台为求职者与雇主提供了信息交流的空间。通过这个平台，求职者能够上传个人简历及求职意向，而平台则负责将这些资料进行分类整理，构建起基于求职者专业背景和个人能力层级的人才数据库，从而帮助雇主更高效地寻找到符合要求的候选人。同样地，雇主也可以利用该平台发布职位空缺详情，经过平台处理后对外公布，使求职者能够更容易地发现适合自己的工作机会。

当前，国内几家规模较大的人力资源服务平台每日新增的职位信息数量达到数万条，同时接收到的求职申请也多达数万份。互联网招聘打破了地理界限，使来自不同区域的求职者能够通过同一平台与全国各地的雇主进行交流。对于许多人而言，只需轻点鼠标便能找到满意的工作机会。网络招聘方式现已得到广泛认可，并被视为就业领域的一次重大变革。值得注意的是，在多数商业网站面临经营困境之时，专注于在线职业介绍服务的专业网站却呈现出强劲的增长势头，发展速度令人瞩目。

人力资源网站的核心价值体现在为用户提供高质量的服务上。对于求职者而言，在面对海量的职位信息时，往往难以快速定位到适合自己的机会。为此，这类平台通常会配备专门的搜索工具，允许用户通过设定具体参数，如公司名称中的关键字、地理位置、工作性质（全职或兼职）以及职业领域等条件来筛选信息，从而能够更高效地找到满足个人需求的工作机会，极大地节省了时间成本。部分较为先进的招聘网站还具备智能匹配功能，一旦发现符合求职者要求的岗位，便会自动向相关企业投递简历，进一步简化了应聘流程。

与其他信息传播渠道相比，网络招聘广告的真实性需要仔细考量。尤其是一些规模较小的人才网站，它们所提供的职位信息量相对有限，且相当部分是从大型平台上复制而来。尽管这些招聘信息的内容本身没有错误，但经过一系列如下载、处理和再制作等操作之后，很多信息变得不再具有时效性。当大企业发布涵盖多种岗位的招聘启事时，某些人才平台仅挑选其中部分岗位进行展示。更有甚者，在公布招聘信息时会替换掉用人单位的具体联系资料，比如地址、电话号码及电子邮件地址，从而给求职者增加了额外的沟通障碍，导致一些求职申请无法直接送达目标公司。因此，对于求职者来说，识别线上信息与实际情况之间的差异至关重要。在发现理想的职位机会后，建议首先通过电话向招聘方核实信息的真实性，然后才提交个人简历，以便迅速建立起双方的实际交流桥梁。

总而言之，一旦人力资源网站能够克服其存在的问题，并充分利用互联网的优势，致力于为用户提供真实可靠、高效便捷以及高质量的服务体验，那么这类平台必将迎来更加广阔的发展空间与光明前景。

三、主要人力资源网站介绍

（一）前程无忧网

1999 年 10 月，前程无忧网在上海创立。该平台旨在为有志于职业发展的白领和专业人才提供更佳的职业机会，并且帮助企业寻觅并吸引顶尖人才，从而成为专注于人力资源服务的专业网站。

从求职者角度看，前程无忧网主要提供个人简历管理服务、订阅职位招聘信息邮件、个人在线求职管理平台。

从招聘单位角度看，前程无忧网主要提供猎头服务、培训服务、人力资源外包服务。

（二）智联招聘网

智联招聘（www.zhaopin.com）自 1997 年起开始运营，是中国最早的专业人力资源服务提供商之一。它源于 1994 年成立的一家名为智联（Alliance）的猎头公司。这段独特的发展历程为现今智联招聘的服务质量打下了坚实的基础。目前，该公司的业务涵盖了多个领域，包括在线招聘、报纸广告招聘、猎头服务、校园招聘、代理招聘、企业培训、人力资源外包以及人才评估等。特别是针对中高层管理人员及专业技术人员的猎头服务，构成了其核心业务的重要组成部分。智联招聘致力于成为中国大陆顶尖的高质量招聘解决方案供应商。

智联招聘平台为寻求职业发展的个人提供了全面的职业规划服务。用户可以在线注册并完善个人信息，借助定制化的工具搜索职位数据库中与自身条件相匹配的工作机会。该平台还面向大型企业及处于快速增长阶段的中小企业提供一体化的专业人力资源解决方案，其客户群体覆盖了多个行业领域，在信息技术、快速消费品、工业制造、医疗健康、咨询服务以及金融服务业等方面积累了丰富的实践经验。

第二节　人力资源网站的前期规划

正如古语所云："凡事预则立，不预则废。"在构建人力资源网站之前，必须进行详尽且周密的规划与准备工作。主要包括网站目标规划、可行性分析、建设网站方式的选择等几个方面。

一、人力资源网站的目标规划

鉴于不同性质与规模的网站对于资源的需求存在差异，在着手建设人力资源类网站之初，需先确立较为清晰的目标框架，明确该招聘平台预期具备的功能特性及其大致规模。此目标设定过程涉及详尽的市场研究工作，旨在深入了解目标用户群体及其具体需求，从而界定出网站的服务范围，并据此确定所提供服务的具体类型和服务方式。

（一）市场调研的含义与目的

1．竞争分析

可以通过调研现有平台上提供的多样化服务来获得见解。比如，某些平台提供免费的人力资源管理相关书籍、期刊的在线阅览功能，并允许用户发表评论或参与讨论等。基于此类研究发现，可以明确自身网站所需开发的独特服务项目。

2．潜在需求的探究

实现这一目标首先需要确保网站的技术基础设施定期得到更新升级，以提供更快速流畅的访问体验；其次，网站内容应保持实时更新，保证信息的相关性和有效性，同时界面设计应当直观易用，以此持续吸引用户的兴趣，避免因使用不便而产生的厌烦情绪。

3．新产品市场拓展策略分析

在人力资源网站推出新服务之际，建立有效的客户反馈机制显得尤为重要。这能够帮助平台及时了解用户对于新服务的体验与建议，也为后续的服务优化提供了宝贵的参考依据。

（二）人力资源网站的服务种类

在完成市场调研并明确了目标用户的具体需求之后，接下来的关键步骤是提供能够精准满足这些需求的服务。人力资源网站的核心功能主要依托网页平台来实现，这就意味着整个网站的设计应当追求风格的一致性和视觉上的和谐统一，确保各个栏目布局清晰且易于导航。这样的设计能够让访问者轻松地在不同板块之间切换浏览，同时也便于他们快速定位到所需的信息或服务。

通过对用户需求的细致分析，招聘类网站应当具备以下基本功能。

（1）发布国家及地区人事方面的政策和动态。

（2）发布人才招聘启事。

（3）求职人才的登记、注册和信息发布。

（4）对人才简历进行分类、整理，提供查询和筛选。

（5）人才市场中介服务（包括猎头业务）。

（6）提供人力资源管理、配置研究及招聘解决方案。

（7）从事网上人才招聘、洽谈活动。

（8）进行就业的咨询评估和指导。

（9）进行人才素质测评和智力开发服务。

（10）开展网上人才培训。

（11）相关的调研活动（如薪酬研究、岗位考察及解析等）。

（12）开设人才论坛。

为了在当前激烈的市场竞争环境中稳固立足，现代人力资源平台需配备上述核心功能。这种全面集成式的人才服务模式展现了极大的发展潜力。

除了上述基本功能，人力资源网站还应当基于其独特定位，通过提供定制化的服务来增强对用户的吸引力，从而提升平台的市场影响力。比如，开发专门针对用户需求设计的在线招聘管理工具等。

（三）人力资源网站的服务形式

1. 信息发布形式

对于招聘单位的信息与求职者个人信息的开放程度，人力资源网站应当采取差异化的策略。针对雇主的相关资料，建议尽可能实现全面透明公开，而关于个人的数据，则可以根据用户自身的需求设定为三种不同的隐私级别：完全公开（所有招聘方可见）、部分公开（仅对人才平台内部开放）以及不对外展示（仅供在线提交简历使用）。还需配套实施相应的安全保护措施和技术支持手段以保障信息安全。

在公共信息网络上发布有关人力资源的信息时，应当依据国家相关法规，对所发布内容的真实性、合法性和时效性进行全面审核。禁止散布不实或误导性的信息，并且不得从事任何形式的虚假宣传行为。还应避免未经许可复制或使用其他网站设计的网页布局及已发布的招聘信息。

2. 免费、收费服务

各类人才招聘平台为求职者提供了一系列免费服务，涵盖注册、电子邮箱设置、职位搜索、发布个人求职意向及预约申请等环节。而对于雇主而言，则提供了两种类型的服务：一是免费服务；二是付费服务。其中，需要支付费用的服务内容主要包括但不限于发布招聘信息、浏览应聘者简历、获得职业中介支持、企业人力资源规划以及组织人事状况评估等。

在利用人才网站进行服务和运营的过程中，主要可以分为两种模式：一种是以线上服务为核心，同时提供线下辅助服务。这种模式的初期投资较大、覆盖面广、信息量丰富且功能齐全，但相应地也面临着较高的风险，并且见效周期较长。另一种则是以线下服务为主导，线上平台作为补充手段，主要用于宣传推广以及信息的收集与发布。该类别的特征是知名度相对较低、信息规模较小、所需投入较少，但是运营风险较低，能够较快获得较高的经济收益。

二、建站可行性分析

可行性是指在特定条件下，信息系统开发项目是否拥有必需的资源及其他条件。在建立网站前，需进行广泛的可行性研究，涵盖多个方面：内容提供与更新能力、团队构建、软件及硬件选择、网页维护与测试、域名注册、ISO 认证相关事宜的选择、信息收集、网络连接的设计与维护、搜索引擎登记、防火墙配置、基于 Web 服务器访问日志发掘新商业机会、确定网站所需交互式应用种类、客服人员安排以回应在线咨询、数据选取、网页发布策略制定以及教育和培训计划等。

对于这些任务，企业应依据自身的具体状况来决定哪些应当被纳入执行计划之中，并明确每一项工作的预期时间、预算成本及所需人力资源。

对于网站建设项目来说，其可行性研究主要从管理层面、技术实现可能性以及经济效益这三个维度来进行综合评估。

（一）管理可行性分析

管理可行性研究主要聚焦于网站建设所需的人力资源配置，即对参与项目的团队成员进行评估。其中关键步骤之一是对现有组织架构进行全面考察与分析，明确哪些角色应当参与网站的设计过程，这一点需依据网站的具体定位而定。假如仅仅让企业内部某单一部门或小组主导整个建站过程，则最终建成的网站可能仅能满足该特定部门或小组的需求，而忽略了其他同样重要的部门或团队的需求。在规划和实施网站建设项目时，必须采取措施避免不良情况的发生。除了业务相关部门负责人和技术骨干，核心业务伙伴也应被视为不可或缺的一部分。确保这些利益相关者能够积极参与项目，并通过持续沟通获取他们的反馈意见，对于保证网站建设的成功至关重要。

（二）技术可行性分析

技术可行性分析主要关注支持电子商务业务流程所需的关键硬件、软件及其他相关技术，涵盖了网站建设和运营的基本需求。

1．分析可选择的电子商务技术

伴随着信息技术的进步，电子商务技术也在持续演进，为电子商务的应用提供了强有力的支持。接下来将探讨几个最适合电子商务发展的领域。

（1）电子数据交换（Electronic Data Interchange，EDI）技术。基于报文交换的数据传输机制极大地促进了国际贸易的电子化进程。在电子商务领域，EDI 支持商业文件和单据的高效传递，还能够将结构化的交易信息整合进更广泛的应用场景中，例如通过处理客户订单来安排产品，或是优化与供应商及业务伙伴之间的商业互动过程。

（2）条形码技术。在电子商务领域内，这项技术主要用于快速识别各类商品及客户身份，并能够将这些数据信息有效地整合到其他相关系统模块中。

（3）电子邮件。在电子商务领域，利用电子邮件技术能够为公司内部员工、顾客以及合作伙伴搭建实时沟通、自由讨论、信息检索与反馈的平台。特别是通过附件功能，促进了复杂信息的共享，加速了信息的流通与交换，还极大地便利了远程协作过程，有效缩短了地理空间上的信息传输距离。

（4）万维网技术。这项技术的应用主要可以分为两类：一类是基于互联网的信息发布、浏览、查询及处理；另一类同样是基于互联网的信息发布、检索与处理功能。通过网络平台，企业能够有效地展示自身形象以及推广其产品和服务；用户也能便捷地从海量的商品数据库中获取所需信息，从而促进了电子交易的实现。

（5）数据仓库与数据挖掘技术。这两项技术在电子商务领域发挥着至关重要的作用，主要用于存储和处理海量复杂的数据信息，以提高数据分析效率，减少企业在信息管理上的开支。通过这些技术的应用，企业能够更有效地识别出商业交易中的潜在问题，并探索未来市场中的竞争机遇，从而为制定更加精准的战略决策提供强有力的支持。

（6）电子表格技术。在电子商务领域，电子表格技术能够以标准化格式高效管理交易信息，在多人协作完成不同任务的情境下，它还能追踪整个流程。该技术促进了人工录入数据与系统自动生成数据的融合，并通过互联网及内部网络平台推动了电子商务活动的有效开展。

2．技术的选择与企业原有技术或系统衔接程度的分析

当一家公司决定采纳电子商务模式并建立官方网站时，需要评估多种技术方案的可行性，以确保这些技术能够满足公司的业务需求。在选择硬件设备和技术平台的过程中，应优先考虑与现有技术体系的兼容性以及提高企业运营效率的能力，同时还要兼顾所选技术对于实现网站功能的支持程度。如果企业的既有信息技术基础设施运行良好，那么基于现有的商业或技术框架来拓展电子商务活动将极大地节省成本和资源。举个例子来说，假如某个人才交流中心已经拥有结构合理、功能齐全的人才信息库，在构建人力资源服务网站时就可以充分利用这一数据库系统，只需关注新旧硬件之间的兼容问题，并将其作为网站后台数据支持的核心部分添加用于网页浏览查询、邮件服务及 CA 认证的相关软硬件设施，即可保证整个网站系统的正常运作。

3．技术的选择与利用对于网站功能实现的支持分析

电子商务平台的构建目标直接影响其功能配置。若设定的目标较为基础，如仅作为信息发布平台服务于招聘单位与求职者，则该网站所需的功能相对简单，主要集中在信息的发布与浏览上，此时只需选用符合 WWW 服务标准的技术方案即可满足需求。然而，当网站旨在为雇主和求职者提供更为高效的信息匹配及交流渠道，并促进人力资源管理领域内的在线互动时，其功能要求则显著增加，需要涵盖信息发布、信息检索、反馈机制、网上支付以及身份验证等功能，还应支持用户间的有效沟通。因此，在技术选型阶段需全面考量对上述功能的支持能力，合理配置包括但不限于 Web 浏览器、数据库服务器、邮件服务系统、认证服务设备、防火墙 / 代理服务器、中间件组件、客户端操作系统网络服务操作系统及商务应用软件在内的软硬件资源。

（三）经济可行性分析

经济可行性分析主要是指构建和运行网站的投入与产出效益的分析。

1．网站费用

要成功构建高质量的网站，充足的财务支持是必不可少的前提条件之一。不少网站项目由于资金规划不当，在初期阶段便遭遇了瓶颈。在这些案例中，有的是因为低估了实际所需的成本，而另一些则可能将有限的资金不合理地分配到了非核心领域，这凸显了准确评估网站建设成本的重要性。在通常情况下，可以将网站相关的费用大致划分为两大类：一类是保证其正常运作的基础开销；另一类则是用于后续维护与内容更新的持续性投资。

（1）常规运营成本。

①域名注册费用。完成域名注册后，为确保持续拥有该域名的使用权，每年都需要支付一定的维持费用。不同级别的域名其收费标准也有所差异。当前，对于国内域名而言，年费通常设定为人民币300元；而对于国际域名，则其具体价格会依据所选注册服务提供商的不同而有所变化，建议直接咨询相关服务商获取准确报价。

②网络接入成本与合法IP地址费用。依据不同的互联网服务提供商（ISP）、接入技术和带宽，相关费用存在差异。通常情况下，更高的带宽意味着更昂贵的月租费。IP地址一般会随线路一同申请，并且同样需要支付一定的费用。具体的收费标准建议直接咨询当地的ISP服务商以获取最新信息。

③硬件成本。对于服务器硬件设施而言，如果选择租赁专线来自主搭建网站，则必须配备路由器、调制解调器及防火墙等网络接入装置及其相关软件。相比之下，若采用主机托管或虚拟主机服务，则能够省去这部分的接入成本。在选择主机托管或租赁虚拟服务器时，用户通常需要承担相应的托管费用或存储空间租赁成本。托管费用通常是基于设备占用的物理空间（以U为单位衡量，即机架单元）来确定的，而存储空间的成本则取决于所使用硬盘容量（以MB为单位）。值得注意的是，在多数情况下，这类服务的维护费已经涵盖了网络接入成本，这意味着客户无须额外支付互联网连接的相关费用。

④系统软件费用。系统软件费用包括操作系统、Web服务器软件、数据库软件等的费用。

⑤后续费用。在软硬件平台构建完成后，接下来需要关注的是Web页面的设计、编程以及数据库开发的相关成本。网站运营涉及的市场推广与管理成本，涵盖了多种形式宣传活动中产生的开销、内容版权许可费以及其他在日常运营过程中发生的额外支出。

（2）运维与更新成本。运维与更新成本主要涵盖了网站构建后所需进行的平台维护及内容更新所产生的费用。对于网站而言，其维护是持续的过程。

某些机构仅关注初期购置设备的成本，而忽略了每年必要的运维开支，从而导致了虽然能够负担起网站建设的初始投入，却难以承担后续运营的情况。实际上，确保网站正常运作的基础开销是相对固定的，但是若要长期维持高质量的网站，则需要不断投入。网站的成功与否，在很大程度上取决于其内容更新的速度、信息的质量以及所提供免费服务的数量，这些方面往往需要较大的资金支持。值得注意的是，当前我国在网络知识产权保护方面的力度尚显不足，随着相关管理措施的加强，预计未来这部分支出还将进一步增加。

2．网站收益

电子商务平台的收入指的是通过网站运作所产生的经济效益。现阶段，这类平台主要通过直接经济回报、间接收益及品牌价值等方式实现收益增长。

（1）直接经济回报。直接经济回报指的是电子商务平台在一段时间的网络运营之后，所实现的具体财务收益。相较于传统的商业模式，此类网站主要通过在线商品销售、提供信息服务及其他相关服务来获取直接收入。

（2）间接收益。这类收益主要体现为电子商务平台通过其关联活动所带来的效益。互联网作为信息传播、处理及互动的强大媒介，已广泛渗透至社会经济与日常生活之中。电子商务平台对这些相关活动的支持作用可以看作一种形式的回报。当前，在电商网站的整体收入构成中，间接收益占据了较大的比例。比如，企业利用网站进行品牌宣传、在线采购与销售、市场拓展、业务重组以及管理效率提高等活动所产生的价值，均属于间接收益范畴。

（3）品牌价值。在电子商务发展的初期阶段，网站的品牌建设成为一项显著特征。许多电子商务平台将提升知名度与访问量视为其运营的主要目标之一。相较于直接的经济收益而言，品牌所带来的益处更为间接。值得注意的是，品牌的影响力与其所依托的在线内容和服务紧密相联，无法独立存在。鉴于互联网行业的特性，信息高度透明化导致品牌效应相对于传统行业来说作用较小，因此，电子商务网站的品牌价值实际上更多地依赖其提供的内容质量及功能。

三、建站方式的选择

伴随着互联网技术的迅猛进步，依托这些技术的应用程序数量也在不断增加。新科技的引入正在深刻地影响着人们的日常生活方式和工作。同时，这种持续的技术革新也给终端用户在构建、运用、维护以及管理网络系统方面带来了挑战，使他们难以将主要注意力集中在核心业务领域。网络时代对于效率的要求日益提高，这促使终端用户对提高网络系统的运维水平提出了更高的期待，并且这一趋势已经显著改变了网站创建的方式。

（一）建站方式

对于企业或组织而言，在互联网上构建符合自身需求的网站时，可选择“自主建站”或是“服务外包”的方式。

1. 自主建站

这种建站模式指的是企业或机构需要独立负责网站的接入、内容构建、商务运营及后续维护等一系列相关事宜。

2. 服务外包

服务外包指的是企业将其网站托管至互联网服务提供商的数据中心。在这种方式下，客户通过租赁服务商提供的服务器和网络带宽资源，并利用其技术支持能力，依据自身需求完成从软件到硬件的整体配置工作，以实现网站建设的目标。

互联网服务供应商所提供的业务范围广泛，涵盖了网站托管、客户支持、站点管理、系统监控与维护、内容开发、营销推广、在线出版、电子商务解决方案以及虚拟商城等多个方面。还包括一系列其他形式的线上服务项目。

随着网络资源服务行业的不断发展与完善，“服务外包”这一领域已经形成了包括虚拟主机、整机租赁及服务器托管在内的多种解决方案。

特性可能会受到限制。总的来说，虚拟主机方案非常适合小型商业机构、社会组织以及任何希望以简单高效的方式建立在线存在的个人或团体。

（二）ISP 及其选择

1. ISP 简介

ISP，即互联网服务提供商，主要负责提供互联网接入及相关技术咨询服务。这类服务商充当了企业和个人用户通往 Internet 世界的门户与桥梁角色。它们拥有专门的服务器和线路资源，确保能够全天候地维持与全球网络的连接状态。对于想要接入 Internet 的企业而言，只需先通过电话网络与 ISP 的服务端建立连接，随后便可以实现与世界各地联网计算机的数据交换。

依据所提供的服务差异，互联网服务提供商可以分为以下几种类型。

（1）拨号 ISP。这类服务商通过调制解调器从单一服务器拨号连接至互联网来提供“多点现场服务”。

（2）后端 ISP。它们专注于网络服务器服务，利用高速数据缓冲储存器（Cache）为大量用户提供频繁的信息访问支持。

（3）前端 ISP。这类服务商致力于高效接入解决方案，并通过其高速数据缓冲储存器服务于局域网内的用户群体。

不同互联网服务提供商（ISP）的收费标准存在显著差异，这种差异主要受到品牌影响力、企业规模、技术水平以及市场知名度等因素的影响。在通常情况下，那些规模较大、技术实力雄厚且享有较高声誉的服务商所提供的服务质量更加可靠，但相应的费用也相对较高。然而，随着越来越多的企业加入ISP行业，该领域的竞争日益加剧，这促使服务价格变得更加灵活多变。

2．ISP的选择

选择合适的互联网服务提供商对于Web站点的成功至关重要。部分ISP虽然收费较低，但可能会导致网络连接速度缓慢，当用户尝试访问企业网站时，页面加载时间过长，这往往会导致潜在访客因缺乏耐心而放弃继续浏览。若所选ISP提供的服务不够稳定，即使用户愿意等待较长时间，也可能无法成功访问到所需的网页，这种情况会减少网站的访问量，还会降低客户的满意度。因此，在作出选择前，必须对ISP进行仔细考量，特别需要注意以下几个关键因素。

（1）应提供全面且系统的售前及售后培训服务。互联网服务提供商需解决在企业上网过程中遇到的实际问题，包括为企业设计网站架构、网页布局以及人员配置等前期准备工作。缺乏此类支持的服务商仅能供给基础资源，这显然是不够的，不利于企业的在线运营。在这种情况下，即使拥有域名，该网站也难以达到企业开展网络业务的目标。

（2）必须能够直接或间接地为企业网站提供强大且稳定的互联网接入服务。无论是通过诸如DDN、SDN等专线服务，还是基础的电话拨号方式，网络服务提供商都应确保企业能够利用电信资源实现稳定高效的网络连接。

（3）必须选择具有正式认证资格的域名代理机构。该机构应能够提供全天候在线服务，为企业注册网络商标——域名，并保证多年连续的服务支持。对于企业级别的客户而言，除了价格需要保持竞争力，更重要的是要拥有一套全面而成熟的服务体系。

（4）必须能够依据企业的具体需求，为其定制化开发在线业务平台。服务范围涵盖虚拟主机提供、性价比优良的网站存储空间、企业电子邮箱解决方案以及域名自动指向等功能。还额外提供一系列免费增值服务，如自助式的域名注册（仅需支付注册费用，无需手续费）、域名解析与服务器迁移支持、多域名统一管理（多个域名可共享同一存储资源）及基础网页设计等。

（5）必须能够提供全面的电子商务后台技术支持方案。

（6）能够提供高效且极具性价比的在线推广服务。

第三节 人力资源网站的建设

在完成网站的初步规划之后，接下来便进入实际建设阶段。这一过程主要包括以下几个关键步骤：域名的选择与注册、人力资源网站的设计等。下面将逐一详细介绍这些环节。

一、域名的选择与注册

（一）域名的选择

域名作为互联网上识别网站的标志，扮演着企业在线身份的角色。尽管用户能够直接通过 IP 地址访问网络上的每一台主机，但记忆一长串数字对于大多数人来说并不容易，因此域名系统应运而生。域名结构是分层设计的，依据地理或组织机构进行划分，并且各层级之间使用点号来区分。完整的域名从右至左分别代表顶级域、次级域以及具体的主机名称，如“招聘网”的域名为 zhaopin.com。当在域名前添加了传输协议和服务器类型信息后，则形成了完整的网址链接。选取恰当且易于记忆的域名对于任何网站的成功运营都至关重要，特别是对人力资源类网站而言更是如此，因为它是吸引并引导潜在访问者到达站点的第一步。

域名在互联网领域扮演着类似商标与品牌的角色，代表了一种无形的价值。它是用户访问网站时获得的第一印象，还应当能够直接反映出该站点的品牌形象及其提供的产品或服务。鉴于其在全球范围内的唯一性特征，域名的实际价值往往超越了传统意义上的名称和商标。因此，在构建新网站的过程中，首要任务之一便是为其选定恰当且具有吸引力的域名。

在挑选域名的过程中，应倾向于选取那些具备鲜明特征且易于记忆的词汇，以便给访问者留下深刻印象。理想的域名通常能够反映所属机构的关键信息，例如采用单位名称或其英文缩写的组合、企业的注册商标名或是与公司宣传口号相呼应的文字等。一些创意独特或者具有特殊含义的名字，如“hel-lo”“yes”“168”等，也常被选用作为域名。

拥有优质的域名是迈向成功的重要一步。当面临选择时，若手头有多个选项，则可采取多域名策略，即在注册主要使用的域名的同时，将与之相关的其他潜在域名一并注册下来，即便这些额外的域名可能暂时不会被实际应用。

（1）为了避免与其他网站之间的混淆，当“.com”或“.net”这样的域名后缀被不同的持有者使用时，往往会导致用户认知上的混乱。例如，网易与其关联的 163 电子邮局就遇到了这种情况，很多互联网用户并不清楚 163.net 和 163.com 实际上归属于两个独立的实体。这导致了当 163 电子邮局遇到登录问题时，部分用户会误将责任归咎于网易。如果同一域名被两个竞争对手共同拥有，则可能会引发更大的误解和不便，这对双方都是不利的。

（2）保障品牌名称或注册商标的安全。一家公司可能拥有多个不同的商标，而这些商标的名称未必与公司的正式名称相同。因此，在考虑域名申请时，除了基于公司名称来注册，还建议为每个商标单独申请对应的域名。鉴于当前允许的域名长度已扩展至 67 个字符，这使使用公司简称作为域名成为可能，同时也支持了使用全称进行注册的做法。这样一来，客户便能够根据企业的完整名称直接推测出其官方网站地址。

鉴于知名品牌或知名网站面临域名被抢先注册的风险较高，通常会采取注册多个相关域名为其提供额外保护的策略。

（二）域名的注册

在选定合适的域名之后，应立即按照相关流程完成注册。域名注册遵循的是“先到先得”的原则，并不提供预订服务。因此，为确保能够成功获取所选域名，应及时办理注册手续。

1．挑选合适的域名注册服务供应商

市场上存在着众多提供域名注册服务的机构，建议选取那些具有较大业务规模且能为用户提供便捷服务的企业。中国互联网络信息中心（CNNIC）自 1997 年 6 月 3 日起开始运作，作为一家非营利性机构承担着国家级互联网信息管理的职能。该中心在运营层面接受工信部的指导，在行政事务上则隶属于中国科学院。其主要提供的服务涵盖了域名注册、IP 地址分配以及自动系统号的分发等多项内容。

2．域名注册流程

在正式申请前，须先行查询所选域名是否已被他人占用。访问网站主页是进行此操作的第一步。一旦发现目标域名已被注册，则表明存在域名冲突情况。面对此类问题，常见的解决策略包括选用相似但略有不同的名称、在原定域名基础上添加额外字符或直接挑选其他未被使用的域名。当确认意向中的域名尚未被他人注册后，便可以开始注册过程了。点击“立即注册”按钮进入信息填写界面，按照提示完成所需资料的录入，仔细检查所填内容确认无误后提交。随后，根据指示支付相应的域名费用，通常支持在线支付及银行汇款等多种方式。至此，整个域名注册程序即告顺利完成。

二、人力资源网站设计

（一）网站内容设计

1．网站内容及功能的确定

网站内容通常被划分为静态与动态两大类。

（1）网站的固定元素。网站中的固定元素指的是那些相对稳定不变的部分，如网站名称、标志等。这些元素的主要作用在于保持网站的一致性风格，为访问者提供熟悉且连贯的浏览环境，同时也是塑造并维护网站形象的关键策略之一。网站形象的建立是长期的过程，而一旦形成便成为该站点宝贵的无形资产。因此，在规划网站固定内容时必须制订详尽周密的方案以确保形象得以持续维持。值得注意的是，尽管这部分内容被称为“固定”，但并不意味着完全不可更改；相反地，在保证整体风格一致的前提下，可以通过调整布局或微调设计来让页面看起来更加美观新颖。诸如公司简介、联系方式、帮助指南以及版权说明等信息也属于这类较为稳定的内容范畴。由于此类信息变化不大，通常采用静态页面形式呈现，并且更新频率较低，即使有变动也仅限于少量信息的修改。

（2）网站的动态内容。这部分构成了网站信息的核心，直接体现了整个平台的价值所在，因此对于网站开发者而言，给予其足够的关注至关重要。

网站的动态内容指的是那些需要定期更新的信息部分。对于构建网站的专业人士而言，明确哪些信息属于此类别至关重要。以人力资源网站为例，业界新闻、职位空缺详情、招聘启事以及讨论区等内容皆具有高度时效性。这类材料之所以被视作动态内容的原因在于：一旦失去即时性，新闻便不再具备其核心价值；同样地，求职与招聘信息也需快速更新，否则将变得无关紧要，导致访问量下降。至于在线论坛，其特性更为直观——用户发表的文章及回复均处于持续变化之中。因此，为了吸引并维持访客的兴趣，确保网站内容的新鲜度是至关重要的一步。

2．网站内容设计的基本原则

在对网站内容进行了静态与动态的划分之后，接下来我们将总结一下，在进行内容设计时应当遵循的一些基本原则。

（1）为了吸引并留住访客，网站内容应当具备创新性、深度以及专业水准。还应展现出独有的特色。内容布局应清晰有序，外观设计与实质信息间需达到和谐统一。另外，确保网页资料能够定期更新同样至关重要，只有持续不断地提供最新资讯，才能长久地维持用户的兴趣。

（2）重视网站加载效率。在网站设计过程中，部分设计师倾向于采用多种网页技术来提升视觉效果或功能性，但往往忽略了用户体验的关键因素——网站的响应速度。过长的数据下载时间和迟缓的信息检索过程会极大降低用户的满意度，导致潜在访客流失。因此，在规划和布局网页内容时，必须考虑减少页面加载时间。

（二）网站结构设计

针对内容详尽的网站而言，其栏目设计需经过细致考量与规划。构建条理清晰、逻辑严谨的网站框架对于网站初期建设至关重要，而且对于后续的管理和维护工作同样具有不可忽视的价值。

1．目录结构的设计

目录结构，也称为物理结构，指的是网页文件在服务器硬盘上的具体存放方式。合理规划的站点目录结构能够显著提高网站创建过程中的工作效率，而且对于后续的内容更新、维护乃至迁移都具有至关重要的作用。虽然访问者并不关心网页文件的具体存储位置，但对于网站管理员而言，明确了解每个文件所在的确切位置是必不可少的。例如，若将所有网页文件统一存放在单一目录下，在文件数量庞大时，这将极大增加区分不同栏目内容以及执行更新操作的难度。

（1）应避免将所有文件统一存放于根目录中。出于便捷考虑，部分网站设计者倾向于将所有文档集中放置在根目录下。然而，这种做法可能带来一系列不利后果。文档管理存在一定的无序性。这种情况导致难以区分哪些文件需要修订或更新，哪些不再有用的文件可以安全地移除，以及如何识别相互关联的文档，进而影响了整体的工作效率。

（2）建议尽量减少根目录中的文件存储量。通常情况下，服务器会为根目录构建文件索引。如果所有文件都存放在根目录下，即使只是更新单个文件，服务器也需要重新扫描整个目录下的所有文件。显然，随着文件数量的增加，处理时间也会相应延长。

（3）依据栏目内容构建子目录。根据主菜单的分类来创建企业的基础站点结构。对于那些需要频繁更新的内容板块，则建议单独设立子目录以便于日常维护与更新。而针对那些关联度较高且不需定期修改的信息类别，比如“关于本站”“站长介绍”“网站发展历史”等，可以将其整合放置在同一目录之下。在通常情况下，所有的程序文件会被归置到特定的目录中，这样做有利于后续的管理和维护工作。同样地，所有可供下载的资源也应集中存放于专门设置的目录里，以方便用户查找及管理员进行统一管理。

（4）建议在每个主要文件夹下设立独立的 Images 文件夹。这样做可以让图片和相关资源集中存放，从而使整体目录结构更加条理清晰。不推荐仅在项目的根目录中创建单一的 Images 文件夹，并将所有图像文件都归置其中，因为这种做法对于层次较深的页面来说，在管理和访问不同位置所需的图片时会显得尤为不便。因此，最理想的方案是在每主要文件夹下都配置专门的 Images 子文件夹。

（5）建议将目录结构控制在三层以内。这样做主要是出于便于管理和操作的考虑。

（6）应将可执行文件与不可执行文件分开存放。推荐做法是，把具有执行能力的动态网页文件和不具备执行能力的静态网页文件分别归置到不同的目录中，并且设置含有可执行网页文件的目录权限为禁止读取。采取这种措施的主要优点在于能够有效防范由于动态文件被非法访问而引发的安全隐患。

2．链接结构的设计

通常情况下，网站链接布局可归纳为两大基本模式。

（1）树状链接结构（一对一）。这种结构类似于 DOS 操作系统中的目录组织方式，其中主页连接至一级页面，而一级页面再进一步导向二级页面。当用户浏览这类链接布局时，需逐层深入或退出。该设计的优势在于其清晰的层次划分，使访问者能够清楚地知道自己当前所在的位置，从而避免迷失方向。然而，这种结构也存在不足，即浏览效率较低；如果需要从分类下的子页面跳转到另一个不同分类下的子页面，则必须先返回主页，这无疑增加了导航过程中的复杂度。

（2）星状链接结构（一对多）。类似于网络服务器的连接方式，其中每个页面均与其他页面建立了直接联系。此种结构的主要优势在于用户能够便捷地访问任何感兴趣的页面。然而，其不足也十分明显：由于链接数量庞大，浏览者可能难以准确掌握当前所在位置及已浏览的内容量，从而导致迷失方向的情况发生。

在实际网站设计实践中，单一链接结构的应用案例较为罕见；在通常情况下，设计师会结合星状与树状两种链接方式来优化用户体验。目标是使访问者能够便捷地找到所需信息，也能够清楚地意识到自己当前所处的位置。为此，一种有效的策略是在首页至一级页面间采用星状链接布局，而在一级页面到二级页面之间则利用树状链接结构进行组织。

在网页设计的实际操作中，链接结构的规划至关重要，因为它直接关系到页面布局的整体效果。例如，决定主菜单的位置、是否每一页都需设置该菜单、是否应用分帧框架技术以及是否需要添加返回首页的快捷方式等都是其重要组成部分。一旦确定了链接的基本架构后，下一步便是考虑如何实现这些链接的具体表现形式，如选择使用下拉列表还是 DHTML 动态菜单等方式来增强用户体验。

随着网站之间竞争日益加剧，如何有效延长访客停留时间，成了网页设计师必须重视的关键问题之一。

（三）网站页面设计

1．网页的版面布局设计

版面设计指的是用户通过浏览器所见的完整页面，它可能包含框架和层结构。由于不同用户的显示器分辨率有所差异，同一页面在不同设备上可能会呈现 640×480 像素、800×600 像素或 1024×768 像素等多种尺寸。而布局设计的目的在于以最有利于用户体验的方式安排页面中的图文元素。

对于网站中的每个页面而言，其布局设计需达到一种和谐统一的状态才能被视为成功的设计。即使使用相同的图像与文字，通过不同方式组合，也可能呈现出截然不同的视觉效果。在进行网页设计时，内容与形式都是设计师需要兼顾的关键因素。如果只关注内容而忽视了形式，则可能影响用户的浏览体验；反之，过分注重排版的形式而忽略了内容的质量，同样不会受到用户的青睐。因此，内容与形式相辅相成，任何一方的缺失都将导致设计上的失败。

2．常见的版面布局形式

常见的版面布局形式有以下几种。

（1）“T”形布局。这一布局方式指的是，在页面的顶部设置网站标志与广告条，紧接着在下方左侧布置主菜单区域，而右侧则用来展示具体内容。由于主菜单背景颜色通常较深，使得整个页面从视觉上看去形似英文字母“T”，因此得名“T”形布局。这种布局形式是当前网页设计领域中应用最为普遍的一种。其优势在于能够使页面结构清晰有序，层次分明，对于初学者而言易于上手学习。然而，它也存在一定的局限性，比如整体风格较为固定且缺乏变化，如果在色彩搭配及细节处理方面不够讲究，则可能会导致用户感到单调乏味。

（2）“口”形布局。这种布局方式通常在页面的顶部和底部各设置广告条，左侧为主要导航菜单区域，右侧则用于展示友情链接等辅助信息，而页面的核心内容位于中央。此类设计的优势在于能够高效利用空间，承载丰富的信息量；其不足也较为明显，即可能造成页面视觉上的拥挤感，缺乏一定的灵活性。还有一种变体是将四周部分突出显示，仅保留中心区域作为主要内容区的设计风格。

（3）“三”形布局。此类布局在国外网站中较为常见，而在国内的应用则相对较少。其特征在于页面通过两条横向的色带被划分为三个独立区域，这些色带通常用于展示广告内容。

（4）对称对比布局。这种布局方式指的是在设计时采用左右或上下的对称结构，其中一侧使用深色调而另一侧则为浅色调，常见于追求视觉效果的网站设计中。其优势在于能够产生强烈的视觉冲击力；然而，将两部分和谐地融合在一起往往具有一定的挑战性。

除此之外，还存在着许多独具特色的布局方案，这些方案的成功往往取决于网站本身的创新思维和设计理念。

3．页面版面布局应遵循的原则

（1）常态平衡。亦称“匀称”。通常指的是左右或上下相对均衡的形式，侧重于展现一种有序的状态，能够带来稳定、真诚及信赖感的效果。

（2）异常平衡。这种布局虽然不属于标准的对照形式，但仍需保持一定程度的平衡与韵律，尽管整体上呈现出非均衡的特点。通过这种方式，可以达到突出重点并吸引注意力的效果。

（3）对比。在此过程中，可以通过色彩和色调等视觉元素来实现表达，在内容层面也可以通过色彩的差异、新旧事物的对照等方式来进行阐述。

（4）空白。在网页设计中，空白能够突出网站的独特魅力，还能够促进页面布局的和谐统一，这种处理手法对于提升网页的整体品位具有显著效果。

（5）尽可能采用图像进行说明。这种方法特别适用于那些难以通过文字准确表达的情感或概念，能够为读者提供更加直观且深刻的感受。

上述设计原则，尽管可能显得较为抽象，但一旦网页设计师能够深刻理解和灵活运用至实际布局中，则能显著增强页面的整体效果。例如，在背景色过于单调的情况下，适当添加色彩区块可以丰富视觉体验；对于布局分散的问题，通过线条或特定符号的使用来划分区域是一种有效的解决方案；当左侧文字信息过多时，右侧适当插入图片有助于实现视觉平衡；而对于结构过于僵硬的表格，则可通过采用圆角或倒角设计来增加其美观度。

4．页面中图片和文字的处理

在线环境中，用户往往倾向于浏览多个网页。因此，在设计网站时，需采取有效策略以吸引访客的注意力。通过采用独特视觉效果、引人注目的图像、创新的设计布局以及优雅的文字排版，可以使网站脱颖而出，给访问者留下深刻印象。

（1）图片的应用。图片应当具有实质性的功能，避免过度装饰。理想的图像是既美观又能传达信息的结合体。图片的作用在于辅助页面的功能实现。即使是一张视觉效果极佳的大图，如果干扰了页面的核心任务，也会降低整体质量。在这种情形下，采用较小尺寸的图像或完全省略可能是更优的选择。衡量页面好坏的关键在于其能否提供有价值的信息，因此，即使图片极具吸引力或创意独特，也不应无理由地插入其中。虽然图片能够补充文字描述的不足，但不能彻底取代文本的作用。考虑到许多用户为了节约时间会设置浏览器忽略图像仅显示文本，因此，在设计网页时，务必确保通过文字形式重复表达图像中所含的重要信息或链接指引。

（2）网站字体。在设计网站字体时，需要遵循以下几个原则。

①文本大小的选择应当适度，过大或过小的字体都不利于用户体验。具体来说，过大的字体可能会占用过多版面空间而无法提供足够信息量；反之，字体太小则会增加用户的阅读难度。频繁变化的文字尺寸也可能给用户带来不适感。

②按照现代中文阅读的习惯，正文内容通常采取左对齐方式呈现，以适应大多数人的视觉习惯，不过标题部分例外，它们往往被居中显示以便更好地吸引读者注意力。在使用特殊效果如闪烁文字时需谨慎处理，虽然这种效果有时能够有效突出重点，但若过度使用则可能导致用户感到烦躁甚至分散其注意力。建议在网页内限制此类元素出现次数不超过三次，以免造成视觉混乱。

③字体选择方面，推荐采用广泛认可的标准字体类型，如“宋体”“楷体”等，避免选用那些可能在客户端设备上无法正常显示的非主流字体，从而确保

所有访问者都能获得一种良好的浏览体验。

5．网页的色彩效果设计

网页的色彩是构建网站形象的重要组成部分。尽管色彩搭配看似直观易懂，实则在网页设计领域是一大挑战。如何以最简练的颜色传达深远的意义，这是设计师需要深思熟虑的问题。在实际操作中，基于和谐、平衡与焦点突出的原则，通过精心挑选并组合不同色彩来创造视觉上令人愉悦的设计。无论是艺术创作还是商业设计，色调以及黑白灰之间的相互作用都扮演着至关重要的角色。值得注意的是，每个站点都应确立主导色系，不应为了单纯追求视觉冲击力而随意混用多种颜色。比如，IBM 便以其标志性的蓝色作为其在线平台的主要配色方案。除此之外，色彩还能激发特定的情感反应，因此应当审慎应用。根据色彩心理学原理，通常来说暖色调比冷色调更容易让人记住。色彩还承载着丰富的联想意义和象征价值，如红色往往使人联想到火焰、血液或是太阳；而蓝色则让人想起海洋、天空等自然景观。

在色彩的应用中，还需特别关注的是，由于国家、民族间的差异，如宗教信仰、地理位置及文化素养的不同，人们对颜色的好恶程度存在显著区别。例如，居住于繁华都市的人们倾向于偏好柔和的色调，而生活在沙漠地带的人们则更偏爱绿色。因此，在进行设计时，应当充分考虑网站主要受众群体的文化背景及其构成特点。

在处理网页色彩时，需关注两个关键点。

（1）色彩的选择应当具有独特性，能够体现网站的独特风格，以此吸引访问者的注意力，并在用户心中留下深刻印象。

（2）色彩的搭配还需考虑浏览者的情感体验，通过合理的配色方案营造出一种整体和谐且令人愉悦的视觉感受。

第四节　人力资源网站的安全与推广

在商务网站构建完成后，其安全性和市场推广策略便成为管理者最为关切的重点。接下来，我们将对这两个方面进行详细探讨。

一、网站面临的安全问题

在计算机领域，网站由于其开放性而成为最容易遭受攻击的目标之一。鉴于它们直接面向互联网用户，遭遇攻击几乎是不可避免的现实，因此关键在于如何有效提高自身的防护水平。为增强网站的安全性能，首先需要全面掌握当前面临的安全挑战，并且深入理解网络信息系统中可能存在的安全漏洞以及各种潜在威胁的具体形式。

（一）安全问题的类型

网站可能遇到的安全挑战大致可以归纳为物理层面的安全、网络环境的安全以及数据保护等几个主要方面，接下来将对这些类别进行简要概述。

1．物理安全

这一概念主要涵盖了主机硬件及物理线路的安全保障，具体包括了对火灾等自然灾害的防护措施，以及针对电磁辐射、硬件故障、非法搭线监听和未经授权的使用等问题的应对策略。

2．网络安全

网络安全主要关注的是由计算机网络连接所引发的安全隐患。鉴于许多互联网软件协议在设计之初并未充分考虑安全性，因此任何接入网络的设备都有可能成为攻击源。网络服务器往往以超级用户权限运行，这进一步增加了潜在风险。这些因素共同作用下，可能导致诸如未经授权的访问、信息完整性受损、身份伪造以及服务中断等多种安全问题的发生。

3．数据安全

在网站与用户之间进行的信息交换过程中，部分信息可能涉及个人隐私或敏感资料，因此保障这些信息的安全成了关注的重点。安全性的考量主要围绕着确保信息的私密性、完整性以及不可抵赖性等方面展开。

（二）安全问题的表现形式

针对网站的攻击手段多样，其复杂程度及表现形式与网站部署的安全防护策略密切相联。这些攻击方式各有特点，主要可以归纳为以下几种类型。

1．程序错误处理

在操作计算机时，系统偶尔会进入一种混乱状态，在这种状态下，计算机对所有输入均无响应。这可能是由于程序出错或使用了未经授权的软件所致。通过网络手段也可以导致正在运行的计算机出现类似的无响应或死机现象。这类问题通常与 TCP/IP 协议或相关服务程序有关，具体表现为故意向输入端口发送含有异常偏移字段值或长度字段值的数据包。当这些数值超出正常范围时，操作系统无法妥善处理，从而引发系统崩溃。

2．网络欺诈

网络欺诈是指在互联网环境中针对万维网实施的一种攻击手段。此类技术可用来盗取个人隐私或破坏数据完整性，从而威胁使用网页浏览器的用户的安全。有时，由于网站管理员、设计师、页面开发者、运维人员及程序员无意识地犯下错误，也都可能导致安全漏洞的出现。编程上的失误可能削弱系统的安全性，还可能导致系统故障。

3．网络协议的安全隐患

在互联网的TCP/IP协议设计初期，安全因素并未得到充分考量。攻击者通过深入研究这些协议存在的缺陷或弱点，实施针对系统的侵袭行为，从而可能导致系统运行异常乃至完全失效。

4．IP地址伪装

通过改变发送数据包的源IP地址，使一台主机能够冒充另一台拥有特定权限或被其他设备信任。此类技术往往依赖特定软件来实现其功能。在互联网上还可以找到许多允许用户自定义源IP地址的工具集，利用这些工具可以有效地掩盖真实发起者的身份。

5．远程攻击

远程攻击指的是针对非本地计算机发起的攻击行为，不论目标系统与攻击者处于同一局域网内还是相隔甚远。实施此类攻击时，并不需要直接接触受害者设备。

6．缓冲溢出攻击

这种类型的漏洞在多种操作系统及应用程序中十分常见，且具有较大的安全隐患。其核心机制在于：当向容量有限的缓冲区内写入超出其承载能力的数据时，会导致两种潜在后果：一方面，过量数据可能覆盖邻近存储区域的内容，从而引发程序运行异常乃至系统崩溃或重启；另一方面，此漏洞还可能被恶意利用来执行未经授权的操作代码，允许攻击者实施任意指令，甚至获取到系统的最高控制权限。

（三）安全问题的引发因素

网站的其开放性特质导致了它面临着众多安全威胁。这些安全隐患的成因多样，但大致可以归纳为三类主要因素。

1．人的因素

在商业活动中，人始终扮演着核心角色，而网站面临的安全挑战中，相当一部分源于人为因素。提及这些因素时，人们通常首先联想到的是恶意破坏行为。然而，事实上，这里所指的人为因素远不止于蓄意破坏。

（1）由于网站管理人员注意力分散所引发的失误。由管理人员疏忽导致的安全事件屡见不鲜，例如将某一用户账号中的两个数字位置颠倒；意图点击“OK”按钮却误触了“Cancel”；或是不慎删除了关键文件等情形。

（2）经验不足。例如，当一位客户的数据库出现故障时，若负责的技术人员恰好在外或休假，这可能导致企业面临重大损失的风险。在这种情况下，企业管理层可能会指派另一位计算机工程师来处理问题，但这位工程师可能从未接触过该客户所使用的数据库软件。在尝试解决问题的过程中，由于缺乏相关经验，他可能会无意间引入新的错误。

（3）调整数据。对于掌握相关技术的计算机操作员来说，变更数据相对容易。若缺乏有效的监管措施，可能会给某些人提供机会，从而对信息完整性构成威胁。

（4）恶意破坏。有关故意破坏行为与恐怖活动的报道频繁出现，这类事件无疑会导致数据完整性严重受损。

2．网络因素

鉴于互联网具备全球覆盖、公开访问、无障碍连接、资源共享以及动态变化等特性，任何人都能够轻易地接入网络空间。这种开放式的环境提供了便捷的信息发布途径，同时也能够让客户更加迅速地找到所需的产品或服务。然而，随着信息交流的便利性增加，在线数据被非法拦截的风险也随之上升。在这种背景下，如何平衡开放性和保密性成了亟待解决的问题。为了解决这一矛盾，必须依靠一系列先进的安全措施来确保特定信息既能在一定程度上对外公开，又不会泄露敏感内容。

3．其他因素

网站的运行依赖错综复杂的网络生态系统，其中系统安全性至关重要，尤其是数据库服务器的稳定性和各类网络设施的安全防护能力。自然灾害如雷击以及软件层面的问题等不确定因素，也可能对该系统构成潜在威胁。

二、网站的安全策略

网站安全策略在网络信息安全体系中扮演着至关重要的角色，是确保信息环境稳定与可靠的核心要素。它为维护基础信息设施的安全提供了结构化的框架，还明确了管理网络安全所需遵循的原则和方法。策略规定了相关管理人员应当遵守的行为准则及其责任范围，从而为实现信息网络系统的全面保护提供了坚实的依据。

网站的安全措施通常涵盖物理防护、访问控制、信息安全以及网络防护等多个方面，这些策略并非一成不变，而是需要随着环境和技术的发展而不断更新。因此，负责安全管理的人员应当定期审查并适时调整安全政策，以应对新威胁。接下来我们将对各部分进行详细探讨。

（一）物理安全策略

为保障计算机系统、网络服务器、打印机等硬件设施及通信线路免受自然灾害、人为破坏以及非法监听的威胁，可采取以下措施。

（1）验证用户身份及其访问权限，防止非授权操作。

（2）确保计算机系统在良好的电磁兼容环境中运行。

（3）建立健全安全管理体系，以阻止未经授权人员进入控制室，并防范各类偷盗与破坏行为的发生。

（二）访问控制策略

访问控制构成了网络安全防护机制的核心部分，其主要目标在于确保网络资源免遭未经授权的使用与访问。它不仅是维护网络环境安全、保护数字资产的关键措施之一，而且在各种安全策略中扮演着至关重要的角色，是保障信息安全的基础，涵盖了多个关键领域。

1. 网络接入控制

作为网络访问的第一层防护机制，它负责管理哪些用户能够登录服务器并获取网络资源，同时控制用户接入网络的时间和工作站位置。网络接入控制过程可以细分为三个步骤：用户名的识别与验证、用户密码的识别与验证以及用户账户默认限制检查。在这三个环节中，任一环节未通过都将阻止该用户进入网络。

对网络用户的用户名和密码进行验证是防止非授权访问的重要措施之一。当用户尝试注册时，需要输入用户名和密码。系统会先检查提供的用户名是否有效。只有在用户名合法的情况下，才会继续核验所提交的密码；反之，则拒绝访问请求。密码的安全性对于保护用户账户至关重要。为了增强安全性，密码不应直接显示于屏幕之上，并且长度至少应为 6 个字符，推荐使用数字、字母及特殊符号的组合形式。所有存储的用户密码都必须经过加密处理。

用户可以选择一次性口令或便携式验证工具（如智能卡）来完成身份认证。网络管理者应具备控制与限制普通用户账户使用情况的能力，包括访问时间及方式等。用户名或账号构成了所有计算机系统中最为基础的安全机制之一。创建用户账号的权利应当仅限于系统管理员。每位用户在访问网络时都必须提供个人口令作为身份证明。在成功验证了用户名和口令的有效性之后，系统将执行用户账号默认权限的检查。对于付费网络服务而言，一旦用户的可用额度耗尽，系统应立即对该用户账号实施访问限制，使其无法继续访问网络资源。网络系统需要记录所有用户的访问行为以供审查。如果发现有连续多次输入错误口令的情况，则视为潜在的安全威胁，并应及时触发警报。

2. 网络访问控制机制

这一安全策略旨在防止未经授权的网络活动。通过赋予用户及用户组特定权限，该机制能够精细地管理他们对目录、子目录、文件及其他资源的访问权限，并规定了可执行的具体操作类型。实现上述功能的方法包括受托者指派与继承权限屏蔽两种。前者用于调控用户或用户组使用网络服务器上资源的方式；后者则起到过滤作用，决定子目录可以从其父级目录继承哪些权限。基于访问级别的差异，用户大致可以分为三类：具有最高权限的系统管理员、普通用户以及负责监督网络安全状态和资源利用情况的审计人员。

3．目录级别安全控制

网络系统应当具备对用户访问目录、文件及设备的管理功能。在这一层级上设定的权限适用于所有子目录及其包含的所有文件，还允许为特定子目录或文件单独设置更细致的访问规则。对于目录与文件的访问权限通常包括但不限于以下八种：系统管理员权限、读取权限、写入权限、创建权限、删除权限、修改权限、文件搜索权限以及存取控制权限等。每位用户所能行使的具体权限由其个人授权情况、所属用户组的权限分配状况以及继承自上级目录的权限屏蔽设置共同决定。网络管理员需要根据实际需求为用户配置合适的访问权限，以此来合理调控用户对服务器资源的操作范围。通过灵活组合上述八种基础权限，既能够支持用户高效地完成工作任务，又能有效维护网络环境与服务器的安全。

4．属性安全控制

在管理文件、目录及网络设备时，网络系统管理员应当为这些资源设定访问权限。这种做法通过将特定的安全属性与网络服务器上的文件、目录和设备相关联来实现增强的安全保护。基于权限安全之上，属性安全提供了额外一层防护。所有网络资源都应事先被赋予一组预定义的安全属性。每位用户的访问权限由一张访问控制列表决定，该列表明确指出用户对于不同网络资源的操作范围。通过调整属性设置，可以覆盖或修改已有的受托者指派和有效权限。通常来说，这些属性能够控制如向文件写入数据、复制文件、删除目录或文件、查看目录和文件内容、执行文件操作、隐藏文件、资源共享以及设置系统级属性等多种行为。实施属性安全措施有助于保护关键的目录和文件免遭非授权用户的意外删除、修改或查看。

5．网络服务器的安全管理

通过网络，可以在服务器控制台上执行一系列操作，如模块的加载与卸载、软件的安装及删除等。为了保障网络服务器的安全，可采取多项措施：设置密码保护机制以锁定控制台，防止未授权用户对重要信息进行修改、删除及损坏数据；同时还可以配置登录时间限制、非法访问者的识别与响应策略，如设定自动关闭的时间间隔等手段来进一步加强安全防护。

6．网络监控与访问控制

为了保障网络安全，管理员需对整个网络环境实施持续的监视，并通过服务器记录下所有用户对于网络资源的使用情况。面对未经授权的访问行为，系统应当采取图形、文本或音频等形式发出警报，以便迅速引起管理人员的关注。针对企图非法入侵的行为，服务器将自动追踪并记录其尝试次数；一旦这些未授权访问活动累计达到预设阈值，相关账户将被即时锁定，以防止进一步的安全威胁。

7．网络端口与节点的安全管理

为保护网络中的服务器端口，通常采用自动回呼装置和静默调制解调器，并通过加密技术来确认节点身份。自动回呼装置的主要作用是阻止未经授权的用户冒充合法用户访问系统，而静默调制解调器则旨在抵御黑客利用自动拨号软件发起的攻击。网络还会对服务器端及客户端实施访问控制措施，要求用户提供身份验证工具，如智能卡、磁卡或安全密码生成器等。只有在成功完成身份验证后，用户才被允许接入客户端，随后客户端还需与服务器端相互认证，以确保通信双方的身份合法。

8. 防火墙管理

作为一种迅速发展且广泛应用的网站安全保障技术，防火墙通过配置路由器或堡垒主机来构建内外网络之间的安全屏障，并利用软件设定 IP 通信的安全规则，在确保服务正常提供的同时有效抵御外部非法访问。

防火墙是一种位于两个网络之间、由多种组件构成的安全系统，其特征在于所有内外双向的数据流均需经过此系统进行审查，唯有符合本地安全政策规定的访问请求才能获得通行许可。该系统具备高度抵御攻击的能力。通过在内部网络与外部互联网间构建一道防护屏障，防火墙能够对试图进入内网的信息流量进行筛选，判断是否允许其通过，并且控制从内部发起的外向通信或服务请求，以此防止未授权访问以及阻止非法用户进出。防火墙还能够限制某些特定协议在网络中的传输。

然而，防火墙本质上属于一种被动防御机制，其功能主要限于监控并管理通过自身边界传输的数据流。对于那些绕过防火墙直接建立的连接所引发的安全隐患，或是来自内部知情者的恶意行为，防火墙则显得无能为力。尽管防火墙在保护基于 TCP/IP 协议族的通信方面发挥了重要作用，但它并不能提供全面的安全保障，许多安全威胁依然存在于其防护范围之外。因此，虽然防火墙是网络安全体系中的重要组成部分，但仅依靠它来抵御所有类型的网络攻击显然是不够的。

（三）数据加密策略

加密技术的核心在于保障网络内部的数据、文档、密码及控制信息的安全，同时也确保了传输过程中的数据安全。根据实际应用场景的不同，常见的网络加密手段主要包括链路加密、端点加密以及节点加密三种。其中，链路加密侧重于保护相邻网络节点间通信线路的信息安全，端点加密则是为从发送方到接收方整个路径上的数据提供全程保护，而节点加密旨在加强从源头至终点这一过程中所有中间环节的安全。基于具体网络环境的特点，用户可以灵活选择适合自己的加密策略。加密算法作为实现信息安全转换的关键工具，能够以较低的成本实现高效的安全防护效果。通常而言，在维护信息机密性方面，加密是不可或缺的重要手段之一。

（四）网络安全管理策略

在网络安全领域，除了实施上述技术手段，强化安全管理机制与建立相应的规章制度也是保障网络稳定、安全运行的关键因素。具体而言，有效的安全管理策略涵盖以下几个方面：界定安全管理级别及其适用范围，制定关于网络使用操作指南及人员进出数据中心的规定，规划系统维护流程以及紧急情况下的应对方案等。

三、网站推广

网站推广策略大致可分为两大类：一类是采用传统方式进行宣传；另一类则是利用互联网技术实现的新型推广策略。

（一）网站推广的传统方式

网络作为一种广告媒介，展现出了极其广阔的发展潜力。然而，传统媒体的作用依然不可或缺。特别是对于企业网站的推广来说，仍需借助传统渠道的力量。这些传统宣传方式主要包括以下几种形式。

1．户外广告

这类广告形式多样，从道路两旁到地铁站内，巨幅的网站宣传牌以其精美的设计吸引着人们的目光，并且在夜间还能为行人提供照明之便；在公交车内外以及火车车厢内的流动广告也为城市增添了一抹独特的色彩，给过往的旅客留下了难以忘怀的印象。

2．广播、报纸与电视台

广播、报纸与电视作为拥有庞大受众基础的传统媒体形式，具备显著的传播优势和良好的宣传效果。因此，在开展网站推广活动时，它们是极为重要的渠道选择之一。

3．口头传播

尽管这种方法是最古老的信息传递形式之一，但在许多情况下，人们获取某个网站地址的方式往往是通过朋友或同事之间的直接交流。因此，企业不应忽视这种传播渠道的价值。企业应当充分利用各种公关活动的机会来推广其官方网站及服务内容。基于人际关系网络进行的口耳相传信息往往被认为更加可靠。

4．企业公关

在与外界进行沟通交流的过程中，企业往往会使用大量的信封、信纸、宣传资料、名片及各类礼品等物资。若能在这些物品上印制企业的官方网站链接和电子邮箱地址，成本低廉，还能有效提率企业的信息传播效率与公众认知度。

5．注册专业数据库

这意味着将企业的相关信息录入国内外知名的行业数据库中。通过这种方式，当网络用户搜索相关信息时，能够轻松地找到本企业的网站信息。

6．向现有客户发送通知

一旦企业建立了官方网站，应立即通过信函或电子邮件的方式直接告知所有现有客户，未来部分业务交流将可通过网络平台进行。在网站内容发生任何变动时，也应及时通报给客户。这样做体现了对客户的重视，同时也能够有效地推广企业的在线平台。

值得注意的是，商业网站的成功推广首先依赖其自身的吸引力。因此，在实施任何推广策略前，必须全面评估网站的质量，确保信息内容丰富而且准确及时；网站的设计应体现出专业水平，并且企业需明确界定目标市场。若网站缺乏吸引人的实质内容，即使采用再先进的推广手段，也难以避免给人以虚假宣传之感。

（二）几种常用的网上推广策略

互联网开辟了一系列创新的广告与传播途径，被视作继报纸杂志、广播及电视之后的第四类媒体。值得注意的是，互联网在信息传递方面展现出了超越传统媒介的独特优势。网络平台上的宣传手段丰富多样且富有弹性，特别是多媒体技术的应用，极大地增强了其表现力，这是传统形式难以企及的。再者，互联网实现了多方向、互动式的交流模式，这使在线推广活动能够实现更加个性化的服务体验，支持一对一精准营销。综上所述，网络媒体已成为网站推广中不可或缺的强大工具。

网站运营者应充分利用互联网的独特优势及其对目标市场的精准定位，吸引更多的潜在用户关注网站，并培养他们成为忠实的回头客。因此，在执行网站推广策略时，企业不应忽视网络媒体的作用。

接下来我们将从搜索引擎优化、电子邮件列表以及网站间的相互链接等多个角度来进行探讨。

1．登记搜索引擎

作为互联网用户获取信息的关键渠道，搜索引擎在促进网站知名度方面扮演着至关重要的角色。尤其值得注意的是，在主流门户网站的搜索服务中注册自身站点，能够极大地增加其曝光度。随着网站被收录进更多搜索引擎目录之下，该网站主页获得访问的机会也将显著增加。

2．使用电子邮件进行推广

电子邮件作为互联网所提供的一项重要服务，在企业网站的推广过程中也应当得到充分利用。

3．网站链接

与搜索引擎相比，网站链接能够更加高效地吸引访问者，包括行业链接、建立友链、广告交换及付费广告等从而有助于提升其影响力。网站链接提供了多种不同的形式供选择使用。

第九章 人力资源竞争力提升的时代要求

第一节　强化人力资源跨文化管理的战略地位

一、跨文化人力资源管理战略深度解析

跨文化人力资源管理战略是跨国企业在实现其全球业务目标时的关键手段，它主要关注如何在多样化的文化环境中高效地获取、分配并利用人力资源，从而制订出既具前瞻性又切实可行的发展规划。此策略跨越了地理和文化的界限，而且强调对人力资源进行全面而细致的管理，涵盖人才招聘渠道、人员配置模式以及提高工作效率等方面。

跨文化背景下的人力资源战略主要围绕三大核心职能展开：人才招聘、人员配置以及人力资源的充分利用。该战略还覆盖了三个重要的人力资源活动领域：所在国、母国及第三方国家。对于国际化企业而言，其员工构成呈现出多样化特征，有来自东道国的本地职工，还有从母公司派遣过来的员工，以及源自第三国的专业人士。这种多样化的团队组成促使跨国企业在制定人力资源政策时必须展现出更高的灵活性与适应能力。

当跨国企业在全球市场中寻求建立竞争优势时，它们需要构建符合自身特定情况与运营环境的人力资源管理战略，以此促进其国际业务的长期增长。相对于本土企业的做法而言，跨国企业采取的人力资源管理方案通常具备以下几项特征。

（1）随着职能与活动的日益多样化，跨国公司在企业战略规划、业务范围界定、文化认知深化、客户服务水平提高、跨文化交流能力培养及战略性决策制定等多个维度上对人力资源管理提出了更高要求。这拓宽了人力资源部门的责任范围，也增加了其操作层面的复杂性。

（2）相较于本土企业，跨国公司在制定人力资源略时需要具备更为宽广的

国际视角。除了涵盖传统的人力资源管理领域，如招聘、选拔、培训、薪酬设计、绩效考核及劳动关系维护，还应当承担起更具战略意义的角色，比如协调外派员工与所在国政府之间的互动，以及解决由于工作目标不一致导致的不同国籍员工间的潜在矛盾。因此，在规划其人力资源政策时，跨国公司必须充分考虑员工多元化的国际背景，更加有效地整合利用全球范围内的人力资源，并积极参与员工个人生活的相关事务中。

（3）跨国经营面临较高的风险及复杂的外部环境，其中包括管理控制与多样性之间的冲突，以及要面对当地的文化特性高度敏感性。这些问题使人力资源的多样化可能引发多种难以预见的风险。因此，跨国企业在制定其人力资源管理战略时，必须充分考虑上述因素，以有效应对跨国运营中的复杂局面和不确定性挑战。

跨文化的人力资源管理战略与本土企业的战略规划之间，在核心议题上展现出明显的不同，这种差异主要体现在两个重要的维度上：首先，企业的运营模式。在实行全球化策略时，跨国公司需明确其海外分支机构与总部以及其他分支之间是采取集权管理还是分散经营的方式。其次，子公司的内部管理机制。这一点着重考察了子公司如何适应所在地区的文化环境及其运营策略与母公司整体战略方向的契合程度。

企业所处的外部与内部环境因素，比如国家层面的政治局势、经济发展水平、社会文化特质及行业特点等外界条件，以及企业身的国际化架构、总部对国际化的态度、核心竞争实力和海外拓展经历等内在要素，共同对企业人力资源管理战略及其实施产生着深远影响。跨文化的人力资源管理战略对于跨国企业在实现其长远目标方面扮演着极其重要的角色，具体表现在以下几个方面：一是增强企业的竞争优势；二是提高运营效率；三是加快市场响应速度；四是加强组织灵活性与适应能力；五是激发学习与创新潜力。

鉴于跨国公司在市场上的优势往往根植于其独有的优质资源，因此在规划跨文化人力资源战略时，有必要全面审视自身的优势与不足，并结合外界环境中的机遇和挑战。此方法有助于识别并发挥独特的人力资本价值，解决组织内部的关系及运营难题，进而形成一套具备竞争优势的人力资源管理体系。

二、人力资源本地化管理的深度解析

（一）人力资源本地化的内涵阐述

人力资源本地化，作为跨国企业在海外运营时采用的一项关键性人事策略，随着这些企业的发展而逐步演化出两种显著不同的模式：一种较为传统，另一种则更为现代化。这种演变也促使了关于人员本地化的理解和实践分化为传统与现代两大类别。

传统意义上的人力资源本地化理念，主要探讨了跨国企业派遣员工通过获得目的地国家的公民身份或长期居住许可，逐步融入当地社会，并以本土成员的身份加入外国公司工作的过程。这一进程可以从三个维度来观察：（1）外派人员的薪酬体系紧密对接于东道国的劳动力市场标准，旨在确保薪资水平与当地市场状况相匹配；（2）这些员工在目的国的停留时间显著增加，有时甚至会长期定居；（3）他们积极参与并适应当地文化环境，以此促进与所在社区的全面融合。

当代的人力资源本地化理念更加侧重于跨国企业在其运营地广泛录用当地员工，并逐步让这些本土优秀人才接替外籍管理人员来负责企业的经营与管理。这一“本地化”策略的核心在于对当地人力资源的重视与发展。为了达成此目标，跨国企业会从提升本地员工的专业素质、控制运营开支以及深化社会联系等多方面入手，设计出一系列行之有效的人事政策，旨在积极吸引、培养和管理当地的杰出人才。

（二）人力资源本地化的驱动力分析

作为跨国企业在海外运营策略中的关键环节，人力资源本地化扮演着至关重要的角色，它对于促进企业在他国市场的成功投资与发展起到了基石般的作用。这种战略选择背后的主要推动力可以归纳为以下几点。

1．企业经营本地化战略的核心支撑

本地化人力资源策略是跨国企业在推行地区性经营计划时不可或缺的一环。通过精心培育位于不同地区的价值链各环节，能够加强并拓展企业的竞争优势，而且有助于确保其在全球范围内的稳定增长。尤为重要的是，人才的本地化提高了企业内部协作效率，还使企业能够基于更精准的市场洞察作出决策，进而更好地实现地方化战略目标。在本国与东道国同时开展业务，也有助于跨国企业分散政治和经济风险，为其国际化进程打下稳固的基础。

2．改善与东道国的关系，促进共赢发展

本地化实质上反映了跨国公司投资策略的深化。这一过程促进了东道国接收更多的外国直接投资，为当地经济发展注入了资金、前沿技术、专业知识以及管理经验，同时也增加了就业机会，进而有助于建立和维护与当地政府及社区的良好关系。这种互惠互利的合作模式，为跨国企业在海外市场的持续成长奠定了坚实的基础。

3．降低管理成本，提升经营效益

本地化的人力资源配置是企业减少运营成本的一种内在需求。通过与所在国优势资源的紧密合作，跨国公司可以显著降低其运营开支，提高效率和盈利能力，进而增强自身的竞争优势。许多跨国公司在利用所在国劳动力成本较低的特点时，会选择以低于母国标准的薪酬水平雇用当地员工，以此大幅削减企业的管理及运营成本。如今，这种策略已成为驱动跨国公司投资决策的关键因素之一。

4．利用本地员工的地域优势，确保公司平稳运作

在全球范围内，关键人才的短缺促使跨国公司不得不重视当地人力资源的有效利用。尽管派遣员工对于企业国际化战略至关重要，但他们通常难以充分把握全球化带来的各种机会。理想的跨国人才要拥有深厚的专业知识、技能和经验，还应对东道国的政治、经济以及法律体系有深入的理解。只有依靠那些能够深刻洞察本地情况并为之提供策略建议的人才，跨国企业才能确保在当地平稳发展，并使其业务适应本土环境，从而在竞争激烈的市场中稳固地位。为了吸引并保留这类宝贵的地方资源，许多跨国机构设计了多种激励措施，如带薪假期、住房支持、继续教育的机会以及全面的健康保险与退休金方案等，旨在增强员工的安全感、归属感及个人成就体验。

（三）人力资源本地化管理的核心策略与实践

在跨国企业于海外开展业务的过程中，实现人力资源的本地化管理至关重要，这一目标的达成依赖一系列精心设计并执行的核心策略。接下来将详细探讨这些促进人力资源本地化管理的有效措施。

1．树立正确的本地化理念

构建恰当的本土化观念对于跨国企业在海外市场的成功至关重要。在企业治理层面，人力资源管理团队应当深入理解并积极采纳本土化策略，运用有效的管理手段。本土化的实质并非简单地让本地员工取代外籍员工，而是实现一种更为平等的合作模式。优秀的跨国企业会平等地对待派驻海外的员工与当地雇员，促进每一位成员的职业成长，不因其国籍差异而有所区别。真正成功的国际领导者能够巧妙融合本土化与全球化思维，在管理实践中强调多样性和包容性的重要性。

2．加强沟通与理解

本地化策略应当根植于企业的核心价值观之上，尤其重视母公司员工与东道国员工之间的交流管理。通过实施这些策略，旨在帮助团队成员认识到彼此间的文化差异，并欣赏对方的优点，努力缩小观念上的差距并采取包容态度。当出现意见不合时，应及时澄清事实真相，消除无端的担忧，避免基于国籍或民族进行不恰当的归类，同时注重沟通技巧的培养。在管理实践中，公司需要公开选拔、晋升等职业发展路径，确保整个过程透明公正。人力资源的有效开发对于构建一支负责任、可信赖且有能力的企业管理团队至关重要，这将促进企业长期稳定发展。因此，积极构建跨文化工作环境，提倡团结协作的企业文化，有助于增强来自不同文化背景员工之间的相互理解和合作。

3. 合理的福利待遇

在实施本地化战略的过程中，妥善处理福利待遇差异的问题至关重要。推行统一的福利政策，确保员工之间待遇平等，是当前本地化策略发展的重要趋势。设计恰当的福利体系能够避免企业在向海外转移生产时，利用某些国家或地区劳动保护法律制度尚不健全的情况来削减成本，从而侵害当地员工权益并损害自身在当地的形象。理想的福利机制应当能够在维持企业财务健康的为全体员工提供公平的薪酬和晋升机会。管理团队需要提前预见可能出现的各种矛盾，比如，在缩小与本土员工福利差距时，不应简单地降低外派人员的福利水平，而应努力维护整个团队的凝聚力。通过增进沟通和相互理解，帮助来自不同文化背景的成员保持高昂的工作热情。在福利管理实践中，采取灵活且富有人文关怀的方法，并准备多种解决方案，以保证福利安排既公正又合理。

三、跨文化人力资源管理中的人员整合策略

（一）跨文化沟通管理

跨文化人力资源管理的一项关键策略在于促进跨国企业内部持续性的对话交流，特别是加强管理层与基层员工之间的沟通。这样的互动有助于确保企业的优秀管理实践、方法论及核心价值观能够在并购过程中得到有效传播、理解与融合。构建高效的沟通体系能够加强并购双方的团队协作精神，还能够提高整体管理水平，改善员工的工作环境和生活质量，同时为个人职业发展创造更多机会。

1. 跨文化沟通的目标

跨文化人力资源管理的核心目标在于增进员工及管理层对于各国文化价值观念、人员管理实践的理解，以消除内部来自不同国家的员工间可能存在的误解，纠正偏见，构建共享的文化基础，从而促进拥有不同文化背景员工之间的和谐关系。此过程应当融入人力资源管理的所有关键环节，如组织架构的设计、人才招募、教育与培训、绩效考核、薪酬体系的建立、领导力培养以及职业发展规划等。

2. 跨文化沟通的组织协调

有效的组织协调与沟通构成了管理活动的根基。尤其在跨国并购的情境下，双方熟练运用现代企业间的协作交流策略显得尤为关键。母公司的架构与东道国当地的文化契合度、结构稳定性以及员工对于这些框架的认可程度，共同奠定了良好沟通的前提条件。如何通过优化内部体系实现对跨文化环境的有效管理，则成为这一过程中亟待解决的核心议题。

组织协调工作主要通过两种途径实现：一是通过对信息流的管控，包括筛

选和分配以调节信息量；二是提高信息传输效率，确保反馈能够迅速传达至目标位置。

增进沟通反馈是提升组织内部协调能力的有效途径之一，它涉及信息的接收、询问与响应以及基于所获取信息采取相应措施。研究发现，员工普遍愿意向上级寻求指导，并积极听取指示，据此调整自己的行为。因此，构建更加开放的交流环境的核心在于促进上级与下属之间乃至同事间的相互理解和信息共享。

（二）员工期望值的有效管理

准确掌握员工的期待能够增强团队的凝聚力，还能有效激发员工的工作热情与责任感，从而减少因目标不一致而产生的内部摩擦，为工作的顺利开展奠定基础。为此，人力资源部门需要广泛收集并仔细分析双方企业员工的相关信息，如职业经历、技能水平以及薪酬期望等，并将这些数据与公司的长远规划进行对比研究，制订出既符合公司战略发展方向又能兼顾员工个人需求的整合方案。

（三）员工安置管理

在企业并购完成后，如何促进新组织采纳高效且有序的管理模式，并防止在此过程中可能出现的非理性行为，成为人力资源管理部门面临的一项关键挑战。这就意味着，在执行并购操作时，管理层必须遵循合理与合法的原则，从而尽可能地减轻因失业等因素给员工及社会带来的负面影响。规范化的管理能保证双方利益的最大化，同时也能有效减少潜在的风险与损失，确保员工得到妥善安置。为此，人力资源部门应当制订详尽周全的计划，科学构建并购后企业的组织架构，理顺内部管理体系，并精心准备各部门及等个人的工作职责描述，以实现人员的最佳配置。在整个过程中，人力资源团队需要展现出极高的谨慎性和敏锐度，通过广泛的沟通交流和细致的人事调整，来顺利推进这一复杂而敏感的整合过程。

（四）人力资源协同管理

人力资源协同管理的主要目的在于推动企业内部业务的融合，这在并购后的组织构建中占据着至关重要的地位。通过实施跨国并购活动，公司能够在更广泛的地理范围内实现资源的有效配置，进而促进被合并双方业务流程的一体化及合作效益的最大化。为达成上述目的，参与跨国并购的企业需从多个维度出发，采用综合性的方法和策略来加强协同管理工作。

向双方企业的员工广泛开展宣传与教育活动，清晰地传达企业合并的目的及其重要性，并向股东及相关利益方详尽解释此次合并所带来的潜在益处及长期价值加深员工对于合并行动的理解和支持，同时也为后续整合过程奠定了良好的基础。合并双方的高层管理团队应当积极投身于业务与文化的整合进程中。通过派遣具备丰富经验的管理人才及专家小组至被收购企业，能够有效提高其运营效率，促进新公司战略目标的实现，并确保战略执行过程中的稳定性和一致性，从而防止潜在的不稳定因素和内部冲突的发生。构建新的文化体系同样十分重要。这要求我们，增强文化调和的努力，特别是要重视并购后企业员工的情感需求与心理健康，协助他们实现情感层面的和谐与满足。也需加强员工对国际化的认识，培养多元文化的观念，以此促进来自不同文化背景员工之间的交流与协作。

采用企业培训与发展策略实施在职及离岗教育是增强员工协作意识与管理技能的有效方法之一。系统化的教育和学习，有助于员工更快地融入并购后的新环境，并满足新岗位的要求，提升其专业水平与综合素质，进而为公司整体业绩的增长作出更大贡献。

（五）组织学习管理

在跨国企业的人力资源管理体系中，组织学习管理占据着至关重要的位置。特别是在多元文化背景下，绩效评估等环节有可能触发跨文化的误解，从而诱发文化冲突及一系列不利后果，如沟通障碍、职业道德标准下滑、团队整体表现减弱以及人才流失等问题。若这些问题得不到有效处理，则很可能会在其他管理层级中重现。

组织学习的目标在于预防此类情况的重现，从而让企业整体获得益处。在管理实践中，一定程度上的文化误解几乎是难以彻底消除的。因此，对于跨国企业的管理者而言，关键在于如何有效地防止这些误解进一步发展成为严重的文化冲突。通过组织学习机制，可以采用多样化的手段揭示跨文化的误解，并公开地加以处理。与传统观点相异的是，组织学习并不追求掩盖存在的分歧，而是更加注重于促进沟通和理解，并采取积极措施来解决这些问题。

在面对挑战时，跨国企业应当运用组织学习机制来深入探究问题的本质，并探索有效的解决策略。具备良好学习能力的组织，能够通过高效的信息处理流程，促进内部行为模式的积极转变。为了实现这一目标，管理层需要展现出开放包容的态度，激励员工分享个人见解，加强跨文化沟通与理解，以此提高团队合作精神及整体运营效率。

第二节　创新企业人力资源管理模式

一、创新企业组织模式的重塑与演进

伴随着科学技术的迅猛进步及对人力资源管理理解的日益深入，企业组织

架构正面临前所未有的转型，显现出一系列显著的发展趋势。

（一）打破边界，多元融合

长久以来，人力资源管理的理论与实践均基于管理学中强调的权利、责任与利益明确划分的直线管理模式。但随着市场环境复杂性的增加，此类传统管理模式逐渐暴露出其局限性，难以跟上时代快速变迁的步伐。因此，未来的企业组织将致力于打破部门间的传统界限，构建多部门及多群体间“可渗透”或“半渗透”的边界机制，形成“网络化组织”以此促进信息流通与资源共享。

在企业“网络化组织”建设方面所取得的成果中，我们能够明确地识别出以下几个显著特征：

1．工作小组与团队的跨职能运作

如今，企业活动不再仅仅围绕着以个人和群体为基本单元的传统职能界限展开，而是转向了跨职能团队或工作组作为主要执行单位的新模式。在这样的工作框架下，来自研发、市场推广、财务管理等不同领域的成员会聚一堂，通过紧密合作，展现出远超传统作业方式的问题解决能力。

2．信息获取与部门沟通的强化

借助网络化管理与运营模式，企业能够收集更为广泛且详尽的市场资讯，同时还能提高各部门间的沟通效率，强化跨部门间的工作协同。这种信息流通及沟通渠道的畅通无阻，为企业制定策略提供了更加稳固的支持基础。

3．客户需求与供应商关系的优化

采用网络化的组织架构，企业能够更有效地识别市场动态，进而更好地适应客户多样化的需求。通过强化与供应商之间的合作关系，有助于保障供应链的稳定及运作效率。

4．与利益相关者的和谐共生

在当前的网络化企业环境中，组织追求自身的经济利益，也重视与各利益相关方（如员工、投资者及商业伙伴等）建立并维持稳固的合作关系。秉持着价值共创和共同成长的原则，努力营造互利共赢且和谐共存的商业环境。

综上所述，企业组织模式向网络化方向的转变，是其适应社会发展趋势、增强市场竞争力的重要途径。通过突破传统框架限制、促进跨领域合作、提高信息交流效率、加强与客户之间的互动，并构建与各方利益相关者之间的良性互动关系，这样的组织结构能够展现出更为旺盛的发展活力和创新能力。

（二）精简层级，激发活力

扁平化结构通过精简管理层级来扩大管理范围并提高工作效率。许多跨国大企业正逐步削减中层管理者职位。这表明扁平化管理是未来企业发展与人力资源配置领域的显著趋势。

1. 适应快速变化的环境

随着市场环境的快速演变及经济状况变得愈加错综复杂，企业面临着需要及时作出反应的压力。以往采用的层级分明的管理架构由于其较低的工作效率，已不再适应当前市场的挑战。在这种背景下，扁平化的组织结构因其能够促进信息流畅、加速决策过程而逐渐被众多企业青睐。为增强自身的市场竞争力，公司应当考虑将更多的决定权和解决问题的责任分配给基层员工。

2. 信息技术的快速发展

随着科技的进步，尤其是信息技术领域的迅猛发展，办公自动化已经变得越来越普遍。以往可能需要花费数日才能完成的文档传输过程，如今仅需几分钟甚至几秒钟就能实现。在这个信息流通极其便捷的时代背景下，传统意义上的中层管理者所扮演的角色重要性有所下降。

3. 人力资源成本的上升

在当今充满挑战的市场环境下，企业要想脱颖而出，往往需要依靠技术创新或产品革新来获得竞争优势。提高生产效率与控制成本是达成这一目标的重要手段之一。鉴于人力成本持续攀升的趋势，不少企业不得不采取缩减员工规模的做法。越来越多的企业开始更加注重团队成员的能力素质而非单纯的数量。同时也能显著增强企业的运营效能。

（三）灵活多变，激发潜能

灵活性管理指的是企业为了应对员工、顾客以及其他关键利益相关方多样化的需求，需打破传统框架，采取更加动态且富有创新精神的管理策略与实践。这种转型旨在使组织能够更有效地适应瞬息万变的市场条件，并满足个人独特的需求。

在传统的公司管理体系里，员工的行为通常被一系列严格的规则规范，旨在维护管理过程中的公正性、公平性和职责清晰度。然而，展望未来的企业环境，创新能力被视为关键要素，这意味着工作人员需要展现出更高的自主性和自觉意识，以实现工作的卓越品质。因此，向更加灵活的管理模式过渡构成了对现有管理框架的一种考验，同时也为具备高能力的人才提供了新的挑战与机遇。

（四）放眼国际，拓宽视野

全球化，也称为国际化，是指企业跨越地理边界，在世界范围内开展生产与经营活动的趋势。全球化为企业带来了多方面的益处，诸如成本节约、市场范围的拓宽以及增强竞争力等。因此，这一过程也伴随着一系列挑战，其中包括文化差异的理解与适应、法律法规的遵守以及供应链的有效管理等问题。面对这些挑战，企业必须采取灵活策略来应对，以促进自身的长期稳定发展。

二、创新人力资源管理模式

在未来的企业环境中，有六大关键利益群体：公司自身、股东（投资者）、消费者、职工、所在社区及战略合作伙伴。为了有效回应这些群体的需求，并促进企业的长期健康发展，人力资源管理的策略与实践需要不断创新与发展。

（一）服务于企业战略目标的实现

人力资源管理的主要目标在于通过有效的策略支持企业的长远规划与实施。为达到此目的，相关团队需合理调配资源、明确工作重心，并采取多项措施促进企业战略的成功落地。具体来说，组织内的人力资源管理工作应当聚焦于几个关键领域，以确保其活动能够紧密围绕企业发展方向展开，进而提供高效的服务。

1. 提高企业生产效率

生产效率作为评估员工在产品与服务价值创造方面效能的重要尺度，在人力资源管理领域占据着核心地位。通过引入尖端技术来增强这一指标，对于提升企业的财务表现及其在全球市场中的竞争位置极为关键。面对全球化进程中日益加剧的人才争夺战，尤其是针对高水平技术及管理人员的争夺，中国的企业若想脱颖而出，则需不断寻求途径以优化其工作效率。

2. 增强经营盈利能力

企业的长远盈利能力是其持续发展与生存的关键。提高营业利润往往需要通过诸如新产品研发、品质提升、运营成本控制及市场拓展等途径来实现。在此过程中，人力资源管理发挥着至关重要的作用，无论是职位设置还是工作流程的改进，都对企业最终的盈利状况有着直接影响。

3. 保障企业持续生存

面对市场与经济环境的持续变迁，企业维持其生存与发展面临着多重考验。人力资源管理部门肩负着至关重要的职责，即确保组织能够在不同条件下稳健运作，并保持其竞争优势。

4. 提高市场和环境适应性

企业能否在市场上立足并持续发展，在很大程度上取决于其适应市场变化的能力。其中，人力资源的灵活性是决定组织整体应变能力的重要因素之一。通过加强人力资源管理，可以促进形成既富有弹性又高效运作的团队结构，从而使企业在面对外部环境变动时能够迅速作出反应，保障了企业的长远稳定与发展。

5．建立竞争优势

作为全球最具活力的市场之一，中国市场吸引了大量跨国公司的目光。在这样竞争激烈的环境下，合理高效的人力资源管理成为企业获取竞争优势的关键因素。通过实施先进的人力资源策略，能够确保管理层与员工队伍的质量，人力资源使企业在激烈的市场竞争中占据有利地位。

（二）为投资者服务

作为企业资金的主要来源，投资者对于促进公司成长具有不可或缺的作用。基于这一点，公司的人力资源管理策略应当围绕着“满足投资者需求”这一核心目标展开，以此来确保能够长期获得并保持投资方的信任与支持。

（三）将客户服务理念融入人力资源管理

随着市场竞争的不断升级，越来越多的企业领导者开始重视售后服务和用户体验的重要性。他们逐渐意识到，在激烈的市场环境中，赢得客户的全面满意对于企业的生存与发展至关重要。

因此，将客户服务的观念深深嵌入企业的人力资源管理体系中显得至关重要。为了达成这一目标，企业在以下几个关键领域需要付出努力。

1．树立并强化为客户服务的理念

企业应当致力于使每一位员工都能深入领会“客户至上”这一核心价值观念，并将其转化为实际行动的指导原则。这不限于口号层面，更应在日常工作的每环节中得到体现。向客户提供高品质的产品被视为实现该理念的关键步骤之一，因为只有优质的产品才能赢得客户的信任与忠诚。

2．提供卓越的客户服务体验

除了确保产品本身具备高质量，企业还应当致力于优化服务流程中的每个细节，以保证顾客在与公司接触的每一步都能体验到专业、高效且周到的服务。为此，企业需不断改进服务程序，加强服务团队的专业技能，并构建起能够迅速反应的机制，以便及时有效地处理客户的各类问题。

3．迅速回应客户的投诉或问题

在客户服务领域，迅速回应客户的投诉或疑问至关重要。企业应当构建高效的问题反馈及处理体系，以确保顾客的意见能够得到及时的关注与合理的解决。这样的做法有助于防止潜在客户的流失，还能通过展现积极解决问题的态度来提高客户对企业的信任度。

4．致力于为客户降低成本和费用

在向顾客提供商品与服务的过程中，公司应当始终着眼于提升客户的成本效益。这可以通过精简生产流程、提高运营效率等手段来实现，从而有效减少客户的支出。采取这种以客户利益为核心的成本管理策略，有助于增加顾客满意度，提高公司在市场上的竞争地位。

5．不断创新以满足客户的多样化需求

消费者的需求在持续演变和提升。企业必须具备敏锐的市场感知能力，并通过不断的产品与服务创新来应对这种变化，从而更好地满足顾客日益增长且多样的需求。为此，构建一种促进创新思维的企业文化变得尤为重要，这能够激发团队成员的创新能力，促使公司持续推出引领行业趋势的新产品和新服务。

总而言之，为了将客户服务的核心理念有效整合进企业的人力资源管理实践中，企业需在不同层面上进行周密的规划与执行。通过持续增强员工的服务意识和专业技能，公司能够更精准地响应客户需求并超越其期望，在日益激烈的商业竞争环境中占据优势地位。

（四）优化为员工服务的机制

在企业的人力资源管理体系中，为员工提供全面而周到的支持被视为一项至关重要的职责。毕竟，人力资源管理的核心在于人——企业的每一位成员；没有了他们，这一概念便失去了意义。因此，如何更有效地满足员工的需求，并为此采取切实可行的措施，成为人力资源部门亟待解决的关键议题。

1．确保公平对待每一位员工

企业的基本运作，包括产品制造、日常管理和财务记录等，主要依赖员工的辛勤工作，他们是确保企业平稳运行的重要支柱。因此，保证每位员工受到公正对待显得尤为重要。这直接影响他们的工作态度与效率，也是维护整个组织稳定及促进其长期发展的基石。

2．全面提升员工士气

员工的积极性对企业整体氛围及其业绩有着直接的影响。提升员工的积极性不能单纯依靠增加薪资待遇来实现。在未来的人力资源管理实践中，将更加倾向于采用一种综合性的策略以增强员工的积极性，如创造优良的工作环境、提供多样化的职业成长机会以及营造和谐的企业文化等措施。

3．实施适当的授权机制

合理的授权机制能够显著提升员工的积极性与创新能力。未来，人力资源管理的趋势将更加侧重于激发每位员工的主动性及创新意识。因此，培养员工自我管理和自我控制的能力对于企业来说至关重要。当然，这种授权应当在一定的条件和监督框架内实施，以防止企业管理陷入无序状态。

4．全力保障员工的安全与健康

人才被视为组织不可或缺的资产，其安全与福祉构成了企业长期繁荣的基础。因此，在未来的人力资源管理实践中，将更加重视在所有业务流程中体现“以人为本”的原则，确保员工的职业安全和身心健康得到全面保护。

5．不断提升员工的适应能力

在当今这个日新月异的时代背景下，个体的适应能力对于其生存与发展显得尤为重要。因此，人力资源管理部门肩负着促进员工增强适应性的重任，这涉及提供多样化的培训与个人成长机会，还包括激励员工不断学习新知识、掌握新技术，激发他们的创新意识，丰富他们的问题解决技巧。通过这种方式，可以确保员工更加从容地面对未来的各种挑战和机遇。

（五）深化社区服务

当前，企业和社区间的联系愈发紧密，彼此间形成了相互支持、共同成长的关系。鉴于此，未来的人力资源管理部门应当更加主动地承担起服务社会的角色，这既是对企业长期发展战略的支持，也体现了对社会责任的担当。

1．坚守法律法规，树立遵纪守法典范

企业为了确保可持续成长，必须成为遵守法律法规的典范。这要求企业在日常运营中不仅需要严格遵循政府制定的各项法律法规，而且需要积极地尊重并执行所在社区的社会习俗和伦理标准。通过这样的做法，企业能够为其自身及所在社区的共同繁荣奠定稳固的基础，从而获得社会公众的信任与敬意。

2．积极承担社会责任，助力社区发展

企业在追求经济效益的同时，也应承担起相应的社会责任。特别是在其所在的社区中，企业应当尽其所能地参与各类公益活动，如支持希望工程、协助改善地方治安状况以及参与环境清洁工作等。通过这样的实际行动，可以促进社区的整体发展，同时也有助于增强企业的公众形象和社会影响力。

3．重视道德建设，培育企业文化

道德规范在社会中扮演着关键角色，同时也是构建企业文化不可或缺的一部分。中国悠久的历史长河孕育了诸多宝贵的道德遗产，诸如诚实守信、仁慈博爱及礼仪之道等价值观念。企业应当主动汲取并继承这些优良的道德传统，并将其融入自身的企业文化体系，使之成为全体员工共同遵循的行为指南。强化道德教育还能有效提升员工对于公司文化的认同感，进而增强他们的忠诚度与归属意识。

4．关注环境保护，实现可持续发展

随着科学技术的持续进步，全球各地日益紧密地联系在一起。环境保护关乎地球未来的发展，也是企业实现长期可持续发展的关键因素之一。鉴于此，各企业应当加强对环保工作的重视，在生产过程中尽可能减少污染物排放，并积极倡导与实践绿色环保理念。唯有如此，才能促进企业与所在社区之间的和谐共处，共同推动社会经济的健康稳定发展。

（六）与战略伙伴协作共赢

战略合作伙伴是指与企业形成长期合作关系的实体，这种合作有助于确保双方发展的持续稳定，促进资源共享和优势互补，共同面对市场挑战，形成互利共赢的局面。在未来的工作中，向这些关键伙伴提供优质的服务将成为人力资源管理领域的重要方面，也是推动企业实现长远发展的重要因素。

企业与多种战略伙伴合作，这些伙伴大致可以包括政府部门、供应商、工会、合资方及媒体五大类别。它们各自在支持企业运作和促进其成长方面发挥着至关重要的作用。

1．政府部门

（1）从企业的视角来看，其必须向政府部门申请相应的运营许可，并依法缴纳相关税费。实际上，无论哪个行业中的企业，在日常经营与管理活动中均受到政府的监管。因此，加强与政府之间的沟通显得尤为重要，这有助于确保企业的经营活动符合法律法规要求，还能增强政府对企业的好感度和支持力度。

（2）从公共管理的视角分析，企业能够维持稳定的发展环境，在很大程度上依赖政府的有效治理与支持。同时，企业为社会贡献了就业机会并缴纳了必要的税费，这对于推动社会发展至关重要。因此，构建一种基于相互理解和支持的长期合作关系成了政府与企业双方共同追求的目标。

2．供应商

对于现代企业而言，供应商的作用不可或缺。因此，在企业进行人力资源管理时，应当高度重视与供应商之间的关系构建，致力于形成持久而稳固的合作纽带，以此来保障供应链的持续稳定性和可靠性。

3．工会

工会作为劳动者权益的代言人，其追求的目标与企业通过发展为员工带来福祉的目标是一致的。从某种角度来看，工会可被视为企业的重要战略伙伴之一，因为借助它在员工群体中的影响力，能够有效促进企业运营活动的顺畅实施。随着对劳动者权益保护意识的不断增强，未来工会将更加积极地站在员工立场上，促进企业与员工之间的和谐共进，鼓励员工为企业经济效益和社会责任目标贡献力量。因此，在人力资源管理过程中，企业应重视与工会之间的沟通协作，共同努力保障员工福利及推动企业持续健康发展。

4．合资方

合资方是指与企业创立者共同出资建立公司的一方。他们对共享公司的收益。这种基于共同投资的利益分配机制，促使合资企业内的各方形成了稳固的战略联盟关系。

人力资源管理团队承担着为合资伙伴提供支持的任务，旨在维护其利益，也致力于促进合作关系的持续健康发展。

5. 媒体

媒体为企业提供了关键的宣传平台，同时也成为企业与公众之间交流互动的重要纽带。

因此，对于企业而言，其人力资源管理团队与媒体建立稳固的合作关系显得尤为重要。通过这一渠道，可以有效地向公众传达公司的正面形象及其核心价值观念，从而提高品牌的知名度和良好声誉。利用媒体平台还可以促进企业与社会各层面之间的交流与协作，共同致力于企业和整个社会的持续发展。

第三节　增强人力资源风险管理能力

在当今社会，人力资源被视为企业成功的关键因素之一，它构成了企业持续发展的基础。因此，越来越多的企业开始注重提升其人力资源管理的有效性。但是，由于个体的复杂性和来自企业内外部环境的多重影响——包括全球经济一体化进程的加速、科技领域的快速进步以及个人自主意识的日益增强——企业在进行人力资源管理工作时遇到了前所未有的难题，并面临着各种不确定性。面对这些新的挑战，如何有效地识别并控制人力资源管理过程中可能出现的风险，成为企业管理层需要认真研究和解决的核心问题。

一、人力资源管理风险的定义及解析

从概率论的视角来看，人力资源管理中的风险可被分解为三个关键组成部分：事件、发生概率及结果。在这一分析框架下，“事件”具体指的是在进行人力资源管理过程中可能出现的失误或非预期收益的具体情况，识别这些事件需要对企业的人力资源管理工作有深入的理解；发生概率用来评估已识别事件实际发生的可能性大小；而“结果”则侧重于探讨如果某一特定事件真的发生了，它可能带来的影响范围及其严重程度。

研究指出，在企业运营过程中，人力资源管理方面的风险占据了重要位置，这种风险贯穿人力资源管理的观念、制度及技术三个层面。其根源主要在于人力资源本身固有的特点以及在管理过程中的特殊属性。基于以上分析，可以将人力资源管理的风险解释为：由于人力资源特有的性质及其不当管理所引发的问题，比如人员配置不合理、人才效能未得到充分发挥或流失等现象，这些都可能给组织带来实质性和非实质性损失的风险。具体来说，人力资源管理

风险的产生根源主要体现在两方面：一方面源于人力资源固有的特性，如其动态变化、主观能动性以及智力属性；另一方面则归因于管理实践中的缺陷或不当，这包括了在执行过程中可能出现的各种错误与疏漏。

人力资源管理面临的风险主要体现在三个关键领域：（1）人员配置不当，指的是选聘或指派的员工与岗位要求不匹配；（2）未能充分挖掘和利用人才潜力，造成资源浪费或工作效率低下；（3）重要员工的离职，给企业带来直接或间接的损失。

二、人力资源管理风险的具体内容

在人力资源管理过程中所面临的风险遍布其各个环节与不同阶段，涵盖了多种潜在的不确定因素。具体来说，这类风险首先体现在人员层面，即由直接参与的人力资源活动引起的问题。其次是外部环境带来的挑战，这主要包括：企业运营的大环境及市场变动对企业内部人事管理策略的影响；工作分析环节可能产生的风险，主要在于对岗位职责界定、评估等步骤中可能出现的偏差；招聘流程同样存在不确定性，表现为人才选拔失误或招聘计划未能达成目标；绩效考核和管理体系中的问题也是重要的一环，涉及评价标准设定与实施过程中的各种难题；薪酬体系的设计与落实过程中也潜藏着一定的风险；在执行员工培训与发展方案时遇到的问题也是不容忽视的一部分；在处理员工关系以及促进沟通交流的过程中，还可能会出现一些矛盾和冲突。最后，在跨文化或国际化背景下，如何有效管理多元文化团队成为特有的挑战。综上所述，上述各个方面共同构成了复杂多变的人力资源管理风险，要求组织必须具备全面识别、准确评估并妥善应对这些风险的能力。

三、人力资源管理风险的成因解析

国内人力资源管理风险方面的研究集中在人力资源管理过程中的多个维度，并对导致此类风险的各种因素进行了详尽剖析。研究特别关注了招聘、培训、员工流失及人力资源外包等环节中存在的潜在问题，并提出了在现实情境下有效应对这些问题的策略。

关于人力资源风险的根源，学术界通常主张从自然因素与人为因素两方面进行综合考量。这种分类基于人力资源管理对象的特点。自然因素主要涉及人类心理和生理结构的复杂性，以及西蒙提出的“有限理性”概念。人的内在构造极其复杂，当前的研究尚不足以完全揭示其全部运作机制。由于这一复杂性，个体在做决策时表现出一定的不确定性，如信息获取、处理、输出及反馈过程中存在的主观性和客观依赖性，加之有限理性的限制，使人们在面对选择时难以全面探索所有可行方案及其可能产生的后果，进而给生产经营活动带来潜在的风险。

人为因素主要与人力资源中个体劳动力所持有之人力资本权益相关。由于这些权益具备自主性、排他性和可交易性的特点，可能会引发人才流失或是工作态度消极等问题。一旦员工个人的职业目标与所在机构的目标出现偏差，他们或许会选择离职或是在工作中表现得不够积极主动，进而给组织带来损失。

从人力资源管理流程的角度来看，风险源主要有两个方面：一是人力资源固有的属性所带来的挑战；二是由于对人力资源管理过程执行不当所引发的问题。

1．人力资源本身的风险

1954年，美国管理学专家德鲁克首次提出了人力资源的概念，特别指出了这种资源与其他类型资源之间最根本的区别——其固有的“人性”特征。正因如此，人力资源的独特属性也决定了它所携带的内在风险。

（1）人类心理与生理结构的复杂性至今尚未完全阐明，这导致了个体在作出决策时表现出一定程度的不确定性。这种不确定性贯穿信息获取、处理、输出及反馈的全过程，还与人类有限理性这一特征紧密相连。根据有限理性的假设，人们在进行具有明确目标的行为决策过程中，并不能总是找到所有可能的选择及其后果的所有相关信息。因此，这种局限性增加了生产活动中的不确定性因素。

（2）人力资源的主动性。在构成生产力的各种要素中，人力资源是最具活力且唯一具备主观能动性的。这种主动性意味着人力资源的应用深受个人意愿与行为的影响。一旦个体的目标与组织目标出现分歧，则可能阻碍组织目标的达成，甚至给组织带来不利后果。与其他物质资源相比，人力资源是一种能够自我驱动的资源，其潜在价值的释放程度取决于个人主观能动性的发挥。通过恰当的激励机制，该资源的价值可以持续增长；反之，如果激励措施不当，则可能会产生负面效应，进而影响到整个组织的发展进程。

（3）人力资源的动态特性。人力资源的发展是不断变化的过程，这种动态性体现在员工素质与行为模式的变化之中。人力资源具备自我调整的能力，使其整体素质随时间而演变。当员工的能力和特质能够与组织的战略目标相匹配时，将有助于促进这些目标的达成；反之，则可能成为实现组织目标过程中的障碍。由于个体的独特性和复杂性，人们的行为结果往往难以完全预测，这便构成了管理人力资源时所面临的风险之一。

（4）人力资源的流动性。由于人力资源具有主动性和变化性，因此其流动性也十分显著。作为个人固有的资产，人力资源的所有权完全由个人掌控，包括对其的开发与利用。如果个人权益未能得到应有的认可和保障，那么个体可以基于实际控制权选择停止有效使用自身资源的行为。在现代社会背景下，企业很难维持长期稳定的雇佣关系，同样地，员工也很少会选择终身服务于同一家公司。在成熟的市场经济体系里，人力资源的流动性表现得尤为突出。

（5）人力资源的特性还包括时效性和个体间的差异性。作为一种资源，人力资源在其开发、利用和分配过程中受到个人生命周期的制约。若未能在适当的时间内加以有效运用，则会随着时间自然老化乃至消亡而逐渐丧失其价值与效能。因此，唯有适时且恰当地开发利用人才资源，方能最大化地发挥其潜在作用；反之，则可能导致资源浪费。由于智力水平、体力条件、技能掌握程度及知识积累等方面的个体差异，每个人所能产生的实际效用不尽相同，这使人力资源的价值分布呈现出明显的非均衡特征。鉴于此，人力资源管理中容易出现用人不当或资源配置不合理等问题。

2．人力资源管理过程的风险

人力资源管理过程中存在的风险，往往源于对这一领域内科学性、复杂度以及系统化特点理解不足。在实际操作中，如职位设计与分析、招聘选拔、绩效考核、员工发展及培训等各环节的不当处理，都可能带来负面影响。这些潜在问题的根本原因在于人力资源管理体系本身的复杂特性、整体架构的紧密关联性以及信息分布不均等因素。

（1）人力资源管理的内在复杂性。当代管理理论的多样性体现了其自身的复杂性、渗透性、交互性和灵活性，同时也揭示了管理本质上是充满挑战的过程。作为这一过程的一部分，人力资源管理同样表现出高度的复杂性。这主要是因为人力资源体系是自然生成秩序与人为构建秩序相互交织的结果，它融合了组织结构的特点及人工系统的特性。一方面，为了确保劳动纪律和企业运作效率，需要建立一套相对稳定且量化的评估标准；另一方面，考虑到人类行为本身的多样性和不可预测性，还必须采取灵活多变的方法来激发员工的积极性。随着市场竞争环境日益激烈以及全球经济格局的快速变化，人力资源管理面临的不确定性也随之增加，给管理者带来了更大的挑战。

（2）人力资源管理的系统性特征。该特性首先体现在其作为整体的统一性和协调性上，由多个相互关联的部分构成，但这些部分并非简单的叠加，而是形成了有机的整体。在实践中，只有当各部分或各个层级间能够有效协同工作时，才能增强系统的有序性和运行效率。另外，人力资源管理的目标一致性也是其系统性的重要方面，强调的是组织目标与员工个人职业发展目标之间的和谐统一。现代人力资源管理的核心在于，不局限于组织的需求配置人员，更重要的是将组织的发展愿景与每位员工的职业规划相结合，促进两者共同进步。在这在一过程中，重视相互支持和资源的有效利用成为关键原则。人力资源管理系统还具备对外界变化作出反应的能力以及自身具有灵活性。外部环境的变化会导致人力资源管理系统特性的调整，进而影响系统内部各要素之间的关系及其功能。为了维持并提升系统的原有优势及持续发展的可能性，人力资源管理系统必须具备适应外界变化的能力。

（3）信息不对称现象。在理想情况下，所有参与者都应对其他各方的特性、策略选择范围及收益函数有着完全的理解，这意味着个人掌握的信息应当成为全体成员共享的信息。但在现实世界里，信息通常是不均衡分布的。这种不平衡导致了员工行为的不确定性，使精确预测其行动变得困难重重。再加上人力资本的独特属性，这些因素共同构成了人力资源管理中面临的风险根源。鉴于员工通过自身的人力资源获取利益，追求个人利益或投机的心理倾向普遍存在。当信息不对称时，这类动机可能会转化为实际行动，从而导致管理者与被管理者之间出现非合作、低效的“道德风险”。此类风险有可能促使员工采取与组织日标相冲突的行为，给机构带来潜在的危害。

四、人力资源管理四个关键环节风险的研究方面

（一）招聘风险及其影响

招聘活动实质上是雇主与求职者之间相互认识和选择的过程。然而，由于双方在信息获取上的不对称性——求职者对企业的真实情况了解有限，而企业对求职者的实际能力也难以全面掌握——导致企业在招聘过程中面临两种主要的逆向选择问题。可能会错误地录用并不适合公司文化的员工，这种情况会导致资源被浪费于培训及适应阶段，还可能对团队的整体表现和工作氛围产生负面影响。也可能因判断失误而错过那些真正符合岗位需求的人才，这将迫使企业在未来付出更高的成本去寻找合适的候选人，并且失去利用这些人才创造价值的机会。无论是哪种情形，都会给企业带来额外的成本负担、降低工作效率以及丧失市场机遇的风险。

（二）培训风险及其多维度考量

员工的职业再教育对于组织的长远发展及其对市场变化的适应能力至关重要。不过，在此类培训的过程中，企业可能会遭遇多种挑战。首先在于培训材料的选择是否得当。若培训内容与企业的实际需求不符，或过于侧重理论而忽视实践操作，则可能导致培训成效不佳。其次，选择合适的受训人员同样重要。错误地将资源投入已经掌握了所需技能的员工身上，或是忽略了那些急需技能提升的关键岗位人员，都会使培训投入难以获得预期收益。最后，培训的内容和参与者都经过了精心挑选，但如果缺乏有效的成果评估机制以及后续的

应用策略，那么这种培训活动也很可能只停留在表面层次，无法实质性地促进员工个人成长及增强公司的整体竞争力。

（三）人员流失风险及其对企业的影响

员工的流动涵盖了入职与离职两个方面。尽管从行业整体视角来看，这种流动性可能为组织带来新的活力和创新思想，但对于单个企业而言，特定的人才流失可能会造成显著的负面影响。直接后果表现为相关职位的成本增加，因为企业不得不投入资源于招聘培训新员工以填补空缺。相比之下，间接影响更为深远，如项目进度受阻、团队士气受损以及客户关系恶化等。特别是关键岗位人员的离开，还可能导致商业秘密泄露给竞争者，进而对企业的生存构成严重威胁。

（四）人力资源管理外包风险及其复杂因素

人力资源管理外包是指企业通过与外部专业机构签订合同，将部分或全部的人力资源管理工作委托给这些机构来完成的一种合作模式。尽管这种做法能够带来一定的便利性和效率提高，但它同时也伴随着一系列潜在的风险。首先在法律层面上，由于我国针对此类业务的法律法规还不够健全，特别是在人力资源管理外包这个相对较新的领域内，缺乏明确的法律指导和有效的监管机制，这使企业在实施外包时可能会遭遇法律挑战及合规问题。其次，从内部管理的角度分析，当企业决定将某些人力资源管理职能外包出去时，有可能会影响现有员工的职业发展路径，如职位调整、培训机会减少甚至裁员等，这些问题如果处理不当，则可能引起员工群体中的不满情绪，进而对组织的凝聚力以及工作效率产生负面影响。再次，选择合适的外包合作伙伴对于企业来说也是重要的决策过程。如果所选的服务提供商未能达到预期的服务标准或存在不良信用记录，那么企业的市场声誉和品牌形象都可能受到损害。最后，关于商业信息的安全性，因为人力资源管理过程中会接触大量的敏感资料和商业机密，所以一旦决定将这部分工作外包给第三方，就意味着要承担数据泄露给竞争对手或其他恶意第三方的风险。综上所述，企业在考虑采取人力资源管理外包策略之前，必须全面评估所有相关的风险因素，并提前制订好相应的风险管理计划。

五、对人力资源管理风险评价的再思考

虽然企业界对人力资源管理领域内的风险议题给予了越来越多的关注，但我国在此领域的研究仍处于起步阶段。当前的研究大多局限于人力资源管理的某一特定方面或环节，而缺乏从整个系统角度出发的综合探讨。这种片段化的

研究方法忽视了各管理环节间的内在联系，也未能充分认识到人力资源风险管理的整体性和系统性特征。未来的研究应当更加侧重于构建全面的人力资源管理系统视角下的风险管理体系，将人力资源管理过程中的所有环节视为统一的整体来进行深入剖析。通过采取这种系统性的研究方法，可以显著提高企业在人力资源管理上的竞争力。

第四节 变革中的人力资源管理

一、未来人力资源管理部的多重角色

（一）经营者角色的深化与拓展

长期以来，人们普遍认为人力资源部门与公司的主要生产和销售活动相分离，仅扮演辅助角色，其职责往往被简化为文件管理和数据录入等看似技术含量不高的任务。然而，随着对这一领域理解的不断深入，人力资源管理对于提升企业竞争力的战略意义逐渐得到了认可。最近，来自美国的一份研究报告指出，超过三分之二的高级人力资源管理者已经成为公司决策过程中的关键参与者，并且有超过一半的人会出席董事会会议。这表明，人力资源部门的角色正在经历一次根本性的转变。

面向未来，人力资源部门将在企业运营中扮演更加核心且多元化的角色，这一趋势主要体现在以下几个方面。

1．战略层面

在此阶段，人力资源部门的活动将与企业长远发展的需求紧密结合。这意味着，在未来的运营过程中，人力资源管理者将在制定公司的经营方针、愿景规划、文化塑造、盈利目标设定、产品或服务策略调整、组织架构设计以及预测商业周期等方面发挥积极作用，从而为企业的整体发展战略提供坚实的支持。

2．管理层级

在此层级中，人力资源部门将承担一系列中期的人力资源管理任务，旨在支持管理者与员工更有效地完成其职责。这涵盖了建立人员选拔标准、设计招聘推广方案、探索新型招聘途径、构建长期薪酬体系、规划职业成长路线以及制订员工培训与发展计划等内容。这些措施共同构成了企业管理体系中的关键环节。

3．操作层面

在具体操作层面上，人力资源部门将致力于实施短期且日常的人力资源管

理活动，旨在提高整体工作效率。这包括但不限于推进招聘流程、构建并维护常规控制机制、监管薪酬计划以及设立年度绩效考核体系等任务，这些构成了人力资源部门日常工作的核心内容。

（二）支援者角色的强化与细化

人力资源部门在组织中扮演着辅助者的角色，其核心任务之一便是支持直线经理处理与员工相关的各项事宜。事实上，任何有关人力资源开发和管理举措的成功实施，都高度依赖直线经理们的积极投入及贡献。鉴于此，为确保这些项目的顺利推进，企业的人力资源团队必须向直线经理提供全方位的支持与服务。

支援者角色主要体现在以下几个方面。

（1）为直线经理提供人力资源管理方面的支持，包括但不限于协助进行人员招聘、员工培训与发展、激励机制设计以及冲突调解等工作。

（2）促进个性化服务的发展。在此情境下，“客户”这一概念涵盖了传统意义上的外部合作伙伴，也包含了组织内部的所有成员。人力资源部门将坚持“以客户为中心”的理念，致力于为每一位“客户”提供卓越的服务体验。

（3）建立并实施一系列标准化的人力资源管理流程与政策，旨在帮助直线经理及员工更有效地执行和遵循这些规定。

（三）监督者角色的明确与落实

人力资源部门承担着确保所有职工享有公正与稳定待遇的重要职责。通常情况下，监管活动主要集中在以下几个关键领域：

1. 严格遵循相关法律规范

企业人力资源管理部门应当全面了解并遵守所在地区的法律法规及用人政策，以此保障公司所制定的人力资源策略、执行办法以及福利计划等均能符合法定标准。

2. 建立并实施公正的人力资源管理措施

组织应当秉持平等原则，确保不会因为雇员的性别、国籍、族裔或年龄等因素导致薪酬待遇上的不公。人力资源管理部门将承担起监管这些规定的责任，以维护其有效性和权威性。

3. 对企业内部发生的任何不公正行为实施严密监控

一旦察觉到存在不公情况，人力资源部门应当即刻发出警示，并迅速通报给相应的管理层成员，以确保能够采取适当措施来实现问题的公正处理。

（四）创新者角色的激发与引领

人力资源部门作为创新的推动者，肩负着探索并实施新型员工管理策略的重要使命。面对日益激烈的全球市场竞争以及错综复杂的经济政治形势，创新能力已成为企业维持其竞争优势的关键因素之一。

创新者角色主要体现在以下几个方面。

1. 持续学习

充满活力且富有创新精神的人力资源部门，是吸引和留住顶尖人才的关键所在。因此，人力资源团队需要保持一种求知若渴的精神状态，不断地更新自己的知识体系，接纳新的信息、理念、技能与技术。

2. 积极进取

人力资源部门应当以企业战略目标为导向，在实践中勇于创新，不断尝试新方法解决人力资源开发与管理中遇到的问题。

3. 促进员工创新能力的发展

人力资源管理部门应当致力于构建支持创新的工作环境，激励员工运用其智慧与创造力，以助力达成企业既定目标。

（五）适应者角色的前瞻与应变

作为企业变革的推动者，人力资源部门肩负着引领组织转型以及维护其灵活性与适应性的重任。面对瞬息万变的市场环境，为了获取并维持竞争优势，公司必须持续探索和应用新技术及创新管理架构。从这个角度出发，人力资源部在扮演适应者角色时显得尤为关键且面向未来。这要求该部门密切跟踪市场趋势及技术进步，适时调整人才管理策略与实践，从而确保公司在应对不断变化的外部挑战时能够保持敏捷，并长期保持竞争力。

二、未来人力资源部的组成特点与趋势

在当今瞬息万变的商业领域中，企业正面临日益加剧的竞争压力。人才作为推动企业发展战略实施的关键资源，其地位变得愈加重要。鉴于此，如何增强对顶尖人才的吸引力及其团队凝聚力成了人力资源管理领域的首要任务。为了应对这一核心挑战，未来的人力资源部门结构可能会呈现出以下几个明显特征和发展方向。

（一）高层管理人员的深度参与与领衔

如今，众多公司已深刻意识到人力资源对于企业发展的重要性，并因此设立了诸如人力资源副总裁等高级管理岗位，旨在对人才的培养与管理工作进行更为精细的划分及独立运营。这反映出越来越多的人力资源部门负责人正逐渐成为企业核心管理层的一员，且这一趋势预计将在未来变得更加显著。通过高

层管理者更加密切地参与相关事务，能够提高人力资源团队在制定关键决策时的话语权，还促进了其战略规划与整个组织目标之间的紧密对接。

（二）优秀人才会聚人力资源部

目前，人力资源部门员工的薪酬普遍偏低，这一现象导致了该领域内优秀人才的流失。为了解决这个问题，企业应当重视并提高人力资源部门员工的薪资待遇，以此吸引更多的高素质人才加入。一支由经验丰富、创新能力强和专业素养高的人才组成的团队，能够展现出高效能和执行力，助力企业在人才发展战略上取得持续进步。

（三）预算的显著增加与良性循环

已有大量证据表明，对人力资源领域的投资通常能够带来显著的经济效益。这一发现为未来企业中人力资源管理职能的发展奠定了坚实的基础。预计未来该部门将获得更加充裕的资金支持。这为其实施更高效的人力资源策略提供了必要的物质条件，同时也增强了其吸引顶尖人才的能力。随着资金投入的增长，企业能够吸引更多优秀的人才加入，从而加速发展并提高运营质量，最终形成一种积极向上的循环：增加资金支持——引入更多高素质人才——促进企业发展——进一步加大投资力度。这种正向循环机制为企业持续成长及其竞争力的增强提供了持久的动力。

参考文献

［1］张洪峰．现代人力资源管理模式与创新研究［M］．延吉：延边大学出版社，2022．

［2］李志红．人力资源管理外包决策研究［M］．北京：首都经济贸易大学出版社，2023．

［3］史丽杰，薛文河，张运法．人力资源管理建设发展与创新研究［M］．北京：现代出版社，2023．

［4］马海刚，彭剑锋，西楠．HR+ 三支柱：人力资源管理转型升级与实践创新［M］．北京：中国人民大学出版社，2024．

［5］白丽莎．企业人力资源管理信息化发展及创新策略探索［J］．中国管理信息化，2023，26（16）：149-151．

［6］刘堃．信息化背景下人力资源管理创新发展研究［J］．现代国企研究，2019（10）：105．

［7］王世梅．企业人力资源经济管理的创新路径探讨［J］．企业改革与管理，2024（13）：64-66．

［8］王晓敏．创新人力资源管理的有效策略［J］．中国商人，2024（7）：199-199．

［9］张璨，杨枫．大数据时代企业人力资源管理创新模式［J］．今日财富，2024（19）：95-97．

［10］汪昕宇．现代企业人力资源培训与开发［M］．北京：中央民族大学出版社，2019．

［11］丁伟杰，紫树梁，郭利新．人力资源信息化建设与档案管理［M］．哈尔滨：哈尔滨出版社，2023．

［12］林丽琼．人力资源管理理论与实践创新研究［M］．北京：中国书籍出版社，2024．

［13］汤秀丽．新时代人力资源管理理论创新与实践研究［M］．北京：水利水电出版社，2020．